U0466602

改变历史的
企业家

英国DK出版社　编著

张翎　译

科学普及出版社
·北京·

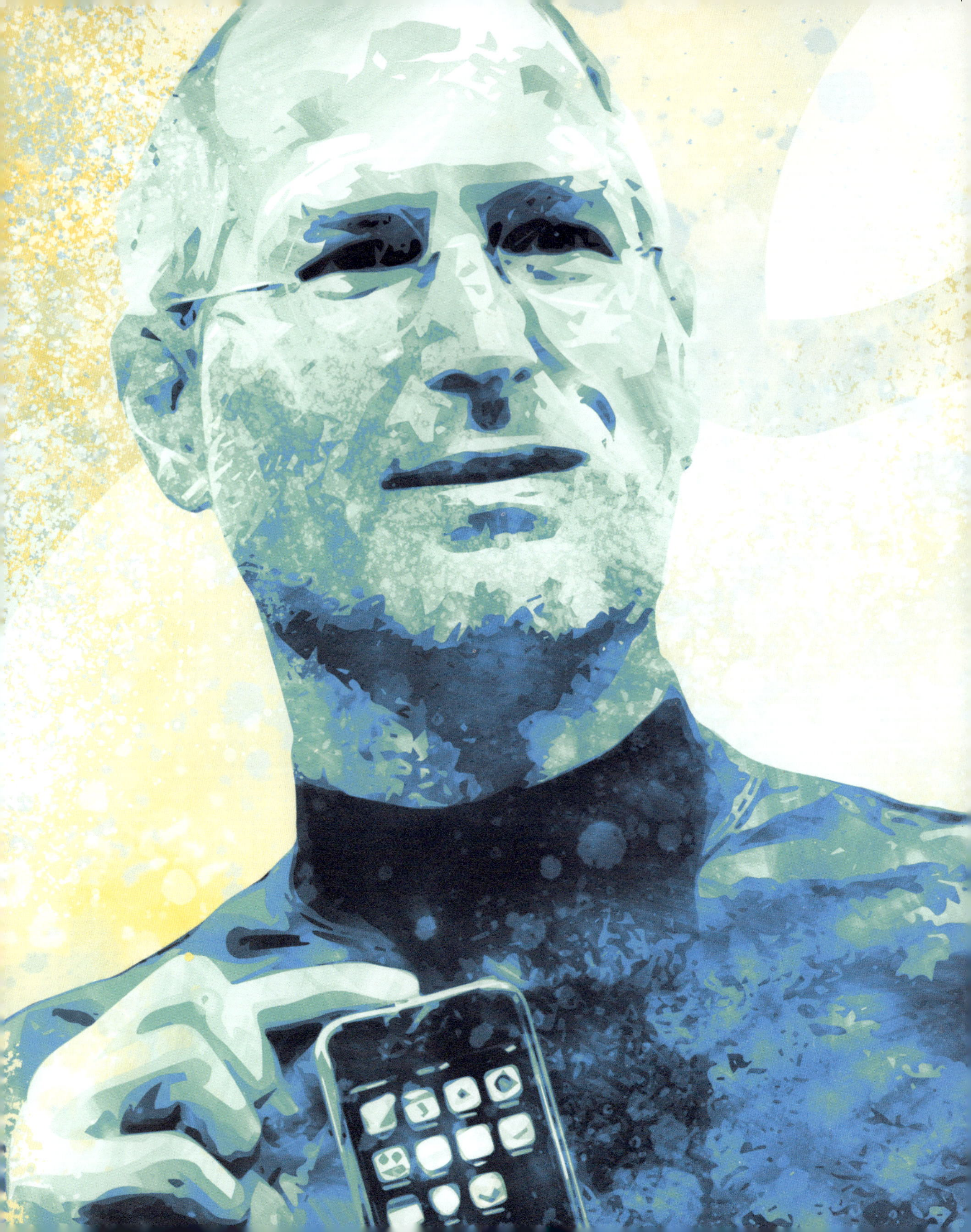

DK

Original title: Entrepreneurs Who Changed History
Copyright © 2020 Dorling Kindersley Limited

本书中文版由Dorling Kindersley Limited授权科学普及出版社出版，未经出版社允许不得以任何方式抄袭、复制或节录任何部分。

版权所有　侵权必究
著作权合同登记号　01-2021-2156

图书在版编目（CIP）数据

改变历史的企业家 / 英国DK出版社编著；张翎译. — 北京：科学普及出版社，2021.11（2024.7重印）
书名原文：Entrepreneurs Who Changed History
ISBN 978-7-110-10309-8

Ⅰ.①改… Ⅱ.①英…②张… Ⅲ.①企业家－生平事迹－世界 Ⅳ.①K815.38

中国版本图书馆CIP数据核字（2021）第197744号

总策划	秦德继
策划编辑	张敬一　杜凡如　褚福祎
责任编辑	杜凡如
责任校对	张晓莉
责任印制	李晓霖

科学普及出版社
http://www.cspbooks.com.cn
北京市海淀区中关村南大街16号
邮政编码：100081
电话：010-63582180　传真：010-62179148
中国科学技术出版社有限公司
惠州市金宣发智能包装科技有限公司印刷
开本：787mm×1092mm　1/16
印张：18.75　字数：320千字
2021年11月第1版　2024年7月第2次印刷
印数：10001—13000册　定价：128.00元
ISBN 978-7-110-10309-8/K・177

凡购买本社图书，如有缺页、倒页、脱页者，本社销售中心负责调换

www.dk.com

目录

06　内容简介

1 贸易与探索
1360—1780年

10　乔凡尼·迪·比奇·德·美第奇
15　约翰内斯·古腾堡
19　雅各布·富格尔
20　约翰·罗
21　查尔斯·泽维尔·托马斯·德·科尔马
22　本杰明·富兰克林
26　伊丽莎·卢卡斯·平克尼
28　名人录

2 工业与创新
1780—1890年

32　马修·博尔顿
33　詹姆斯·瓦特
39　科尼利尔斯·范德比尔特
43　P.T. 巴纳姆
44　比迪·梅森
46　莉迪亚·平卡姆
47　李维·施特劳斯
49　奥波博城邦的贾贾
51　弗里德里希·拜耳
52　安德鲁·卡内基
56　名人录

3 科技与垄断
1870—1940年

60　贾姆谢特吉·塔塔
62　约翰·D.洛克菲勒
68　卡尔·本茨
73　托马斯·爱迪生
76　亨利·福特
82　C.J. 沃克夫人
84　梅丽塔·本茨
85　托马斯·巴塔
86　名人录

4
制造业与规模生产
1914—1960年

- 91 克拉伦斯·桑德斯
- 95 可可·香奈儿
- 101 路易斯·B.梅耶
- 105 松下幸之助
- 110 华特·迪士尼
- 112 雷·克洛克
- 113 霍华德·休斯
- 115 J. R. D. 塔塔
- 118 名人录

5
广告与消费
1930—1980年

- 122 雅诗·兰黛
- 129 李秉喆
- 130 恩佐·法拉利
- 134 玫琳凯·阿什
- 137 山姆·沃尔顿
- 140 井深大
- 141 盛田昭夫
- 146 法基尔·钱德·柯理
- 147 查尔斯·施瓦布
- 149 英格瓦·坎普拉德
- 153 莱昂纳多·戴尔·维吉奥
- 155 乔治·阿玛尼
- 156 菲尔·奈特
- 160 名人录

6
休闲与娱乐
1960—2000年

- 164 卡洛斯·斯利姆·埃卢
- 165 弗雷德里克·W. 史密斯
- 167 穆罕默德·尤努斯
- 171 乔治·卢卡斯
- 173 柳传志
- 174 罗伯特·L.约翰逊
- 176 詹姆斯·戴森
- 180 理查德·布兰森
- 186 阿里安娜·赫芬顿
- 188 弗罗伦索·阿拉基嘉
- 189 基兰·玛兹穆德-肖
- 190 约翰·麦基
- 194 奥普拉·温弗瑞
- 201 王健林
- 202 名人录

7
全球化与电子商务
1980年至今

- 207 比尔·盖茨
- 210 史蒂夫·乔布斯
- 217 黛比·菲尔兹
- 218 阿里科·丹格特
- 221 奇普·威尔逊
- 225 张茵
- 226 王雪红
- 228 杰夫·贝索斯
- 234 吴亚军
- 235 塞思·戈德曼
- 236 彼得·蒂尔
- 240 皮埃尔·奥米迪亚
- 244 李彦宏
- 248 杨致远
- 249 安娜·梅克斯
- 250 Jay-Z
- 255 埃隆·马斯克
- 259 萨拉·布雷克里
- 263 马化腾
- 269 阿比盖尔·福赛斯
- 272 拉里·佩奇
- 273 谢尔盖·布林
- 278 玛莎·莱恩·福克斯
- 282 加勒特·坎普
- 284 碧昂丝
- 289 马克·扎克伯格
- 294 安妮-玛丽·伊玛菲顿
- 296 名人录

内容简介

企业家是一群勇于追求梦想、推陈出新的人。他们在创建新的企业、推出新的产品或服务的同时，往往还承担着巨大的个人风险。他们的创新不仅推动了文明进步，创造了发展机遇，还给社会带来了深远影响。

一直以来，新的创意都是经济增长和社会发展的基本要素。如果没有企业家的贡献，社会上许多伟大的飞跃根本不可能发生。作为现代社会发展的根基，企业家的精神和投资资本、劳动力、自然资源已经并列成为提高生产水平的重要因素。

然而，虽然企业家们对社会和整体经济的发展做出了举世瞩目的积极贡献，但他们的新企业并不总受人欢迎。企业家们常常不走寻常路，试图挑战经济现状，利用市场机遇，大胆引入新技术，有时甚至跟着感觉走。他们不惧冒险，为了实现理想，即使名誉扫地也在所不惜。他们志存高远、才思敏捷、百折不挠，创业道路上的任何困难都无法阻挡他们的脚步，任何牺牲都不会让他们退却。如果创业失败，他们将付出沉重代价。但反过来，如果成功，他们也将获得巨大的个人回报，还会给社会带来深远的影响。

变革的车轮

尽管我们对古代企业家的生活知之甚少，但是在人类的历史长河中，各类企业家的创业案例始终贯穿其中。而从中世纪晚期到近代，关于创业的各种记载逐渐丰富起来。

随着资本主义在欧洲和北美陆续萌芽，企业家们开始转变传统的经营方式，不断实践创新，推动了国际银行业等关键行业的发展，约翰内斯·古腾堡的铅活字印刷机等重要发明也应运而生。

18世纪末到19世纪初，第一次工业革命让世界焕然一新。蒸汽机的广泛使用使自动化生产成为可能，刺激了西方经济的快速增长和生产率的大幅提高。现代交通工具的出现加速了全球化进程，企业家们得以在世界各地大展拳脚，安德鲁·卡内基和科尼利尔斯·范德比尔特等卓越的实业家也得以抓住机遇，创造了巨额财富。

到了19世纪下半叶，更多的创新与发明涌现出来。发明家托马斯·爱迪生将电力和电灯普及到全世界。与此同时，汽车也问世了。装配流水线的出现实现了汽车的批量生产，让汽车成为一种大众商品。

20世纪上半叶是一个多事之秋，世界见证了两次大战和经济大萧条等重大变故。而在这一时期，克拉伦斯·桑德斯、可可·香奈儿、华特·迪士尼等企

> **"生活中的很多失败，是因为人们在放弃时没有意识到他们离成功仅一步之遥。"**
>
> ——托马斯·爱迪生，1877年

业家眼光独到，分别在超市零售行业、时尚圈和电影圈创建起自己的帝国。

第二次世界大战结束后的几十年中，企业家们面临的机遇与风险倍增。随着交通与通信方式的日新月异，经济全球化程度不断提高。王健林和理查德·布兰森建立起了跨越多个经济领域的综合性企业帝国，而比尔·盖茨和史蒂夫·乔布斯等技术领袖则让计算机成为人们日常生活的必需品。

企业家的影响

到了20世纪90年代，互联网的普及不断改变着传统经营模式，成为经济发展中的一股革新力量。借着数字经济带来的大好机遇，如今的企业家们不仅能"振臂一呼，应者云集"，还善于统计分析消费者的品位、偏好，并对其产生潜在影响。马克·扎克伯格就是其中的佼佼者。

与此同时，热衷公益的企业家越来越多，他们试图通过体制创新来解决中长期社会问题。例如，穆罕默德·尤努斯提出了"小额信贷"概念，解救中小企业于水火之中。在新冠肺炎疫情的冲击之下，全球经济危机近在咫尺，要想维持企业发展，创新思路势在必行，因此小微金融行业还将进一步发展。

归根结底，企业家们只有坚持创新，才能吸引消费者的注意力并激发他们的想象力。时势造英雄，最优秀的企业家往往都是在经济最为动荡的关键时刻脱颖而出的。

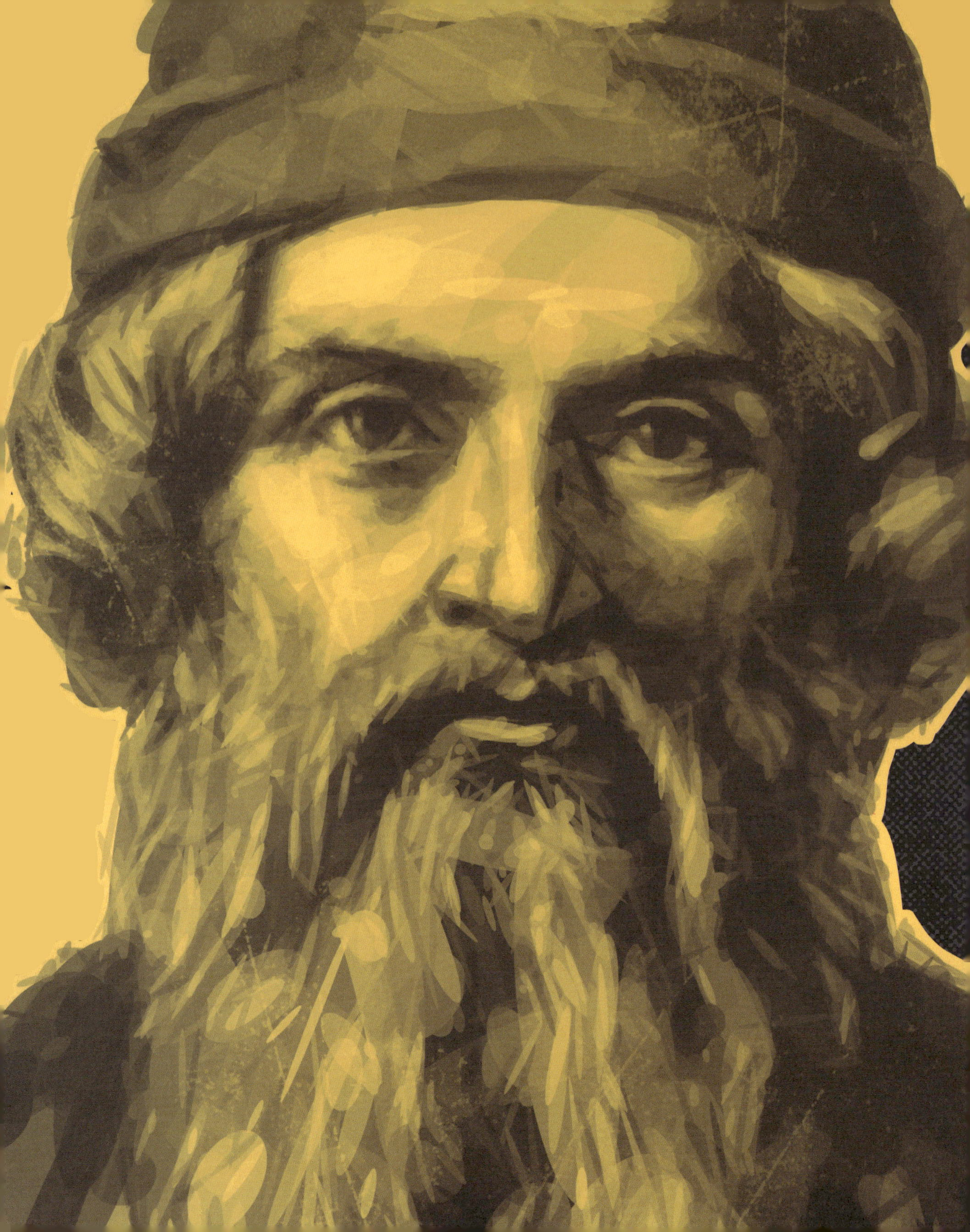

1

贸易与探索

1360—1780年

乔凡尼·迪·比奇·
德·美第奇

美第奇银行是15世纪欧洲最大的金融机构。乔凡尼·迪·比奇·德·美第奇在创立美第奇银行的过程中，为美第奇家族奠定了坚实的权力基础。美第奇家族拥有庞大的财富和极强的政治影响力，成为意大利佛罗伦萨15—18世纪的世袭统治者，也是艺术、建筑和科学发展的伟大资助者。

1360—1429年

美第奇家族起源于意大利托斯卡纳北部的穆杰洛地区。到了14世纪，该家族中的许多人都搬到了佛罗伦萨，开始涉足蓬勃发展的银行业。虽然当时的佛罗伦萨即将成为欧洲最大的金融中心，但美第奇一家却并不富裕。乔凡尼·迪·比奇·德·美第奇（Giovanni di Bicci de'Medici）大约出生于1360年。他的父亲一生平凡，于1363年因瘟疫病逝时，仅给5个儿子留下了6个金币。

美第奇银行

1382年，乔凡尼去亲戚维耶里·迪·坎比奥·德·美第奇（Vieri di Cambio de'Medici）在佛罗伦萨开的一家银行做学徒。不久后，他被派往罗马分行工作，为出入教廷的主教服务。他工作出色，3年后便晋升为分行经理，接着又晋升为初级合伙人。后来，他用自己全部身家买下了维耶里手中的股份，完全接管了这家分行。1393年，罗马分行正式成为

> "乔凡尼去世时**家财万贯**，但他更大的财富是**乐善好施的好名声**和**世人的祝福**。"
>
> ——尼可罗·马基亚维利（Niccolò Machiavelli），1526年

生平大事

职业生涯开端
1382年，乔凡尼开始在维耶里·迪·坎比奥·德·美第奇的银行做学徒，后被派往罗马分行工作。

创立美第奇银行
1397年，乔凡尼将自己独立管理的银行的总部从罗马搬到了佛罗伦萨，正式创立了美第奇银行。

开展教廷业务
1410年，乔凡尼为教皇候选人巴尔达萨雷·科萨（Baldassarre Cossa）提供资金支持，开始涉足利润丰厚的教廷银行业务。

权力平稳交接
1420年，乔凡尼正式退休，将美第奇银行的控制权交接给自己的儿子科西莫和洛伦佐。

"我不仅为自己赢得了好名声,还扩大了自己的影响力。"

——乔凡尼·迪·比奇·德·美第奇,1429年

乔凡尼·迪·比奇·德·美第奇

科西莫·德·美第奇

洛伦佐·德·美第奇

乔凡尼·迪·比奇·德·美第奇的儿子**科西莫**和**洛伦佐**继承了家族银行事业,逐步将美第奇家族发展成当时欧洲首屈一指的名门望族,使该家族在政治、经济和文化等领域拥有独一无二的影响力。

美第奇家族

父亲只给他留下了1.2个金币 | 去世时身价却高达180,000个金币

乔凡尼的独立经营机构，他聘请了来自佛罗伦萨另一个显赫的银行世家的贝内代托·迪·利帕西奥·德·巴迪（Benedetto di Lippacio de'Bardi）作为自己的合伙人。4年后，乔凡尼将银行总部搬到佛罗伦萨，正式创立了美第奇银行。

罗马分行保持运作的同时，那不勒斯分行和威尼斯分行也很快成立了。乔凡尼推行审慎经营策略，强调稳扎稳打，不追求快速扩张。除经营银行业务之外，乔凡尼还购置了佛罗伦萨的多处地产、农田、矿山和两家毛纺厂等不动产。

政治与权力

乔凡尼深受佛罗伦萨市民的爱戴，但始终排斥从政。1402年、1408年和1411年，他在不得已的情况下进入政府就职，仅在1421年当过一次佛罗伦萨政府的名义首脑。

1420年，经教皇马丁五世任命，美第奇银行荣任教皇银行，这对美第奇家族日后走向繁荣强大至关重要。同年，乔凡尼正式从银行退休。其子科西莫和洛伦佐接管银行之初，乔凡尼仍以顾问身份参与合约签署等事宜，确保权力平稳过渡。乔凡尼嘱咐儿子们远离政治，坚持"非必要、不参与"的原则。他一生低调，虽然于1422年被马丁五世封为蒙得维德伯爵，却并未使用这个头衔行事，宁愿保持公民的身份。

美第奇的遗产

乔凡尼一生乐善好施，在佛罗伦萨广建慈善设施（包括一间为孤儿修建的医院），为改善佛罗伦萨民生条件做出了巨大贡献。1429年乔凡尼去世时，美第奇银行在他将权力平稳过渡给儿子之后，业务蒸蒸日上。其子科西莫才能出众，美第奇银行在他的领导之下实现了在国内和国际市场上的持续扩张。

阿马迪·P. 贾尼尼

阿马迪·P. 贾尼尼（Amadeo P. Giannini）创立了意大利银行（Bank of Italy），即后来的美国银行（Bank of America），通过各地网点为普通民众提供银行服务，打造了庞大的银行帝国，并推动了美国的经济增长。

贾尼尼（1870—1949）出生于美国加利福尼亚州，父母是意大利移民。1904年，贾尼尼在美国旧金山创立了意大利银行，主要面向本地工人。1909年起，贾尼尼开始收购加利福尼亚州其他的银行，意大利银行实现了快速发展。截至1918年，意大利银行的网点已遍布整个加利福尼亚州，并于1930年更名为美国银行。随着银行规模不断扩大，到1949年贾尼尼去世时，美国银行已拥有超过500家分行。

15世纪，约翰内斯·古腾堡发明了铅活字印刷机，为欧洲开创了一个大众识字和读书的新时代。这一革命性创新标志着知识民主化时代的到来，使信息能够以更低的成本、更快的速度传播给更广泛的读者。

生平大事

发明印刷机

1450年前后，经过多年的努力和实验，古腾堡成功发明了铅活字印刷机。

资金来源

1452年，约翰·福斯特（John Fust）成为古腾堡的商业伙伴，并为他提供了大笔资金用于研究。

第一次印刷《圣经》

1455年，古腾堡印刷了拉丁文版的《圣经》，共分为两卷，每页42行，共有1280多页。

印刷革命

古腾堡印刷机分别于1465年在意大利、1470年在法国、1473年在西班牙、1476年在英国出现。

1400 年左右，约翰内斯·古腾堡（Johannes Gutenberg）出生在德国美因茨的一个商人家庭，从小受训成为一名金匠。1430年，由于美因茨爆发了商业派系争端，古腾堡举家搬到了法国斯特拉斯堡。在这里，古腾堡创办了许多不同的公司，并且都实现了盈利，其中包括一个他并未公开的项目：活字印刷机。1448年，古腾堡回到了德国美因茨，并在那里筹到了钱，继续进行研发工作。

公元7世纪，中国人发明了雕版印刷术，但雕版印刷成本昂贵，费工费时。直到15世纪，欧洲的书籍印刷依然依靠手工制作。1450年前后，古腾堡发明了铅活字印刷机，彻底改变了图书印刷工艺。他的设计以活字版为基础，当活字版印在纸

> "他们印刷的书，**页面干净，**字迹清晰，而且**准确无误。**"
>
> ——阿恩尼埃斯·西尔维乌斯·皮科洛米尼（Aeneas Silvius Piccolomini，后来的教皇庇护二世）评价古腾堡印刷的《圣经》，1454年

约翰内斯·古腾堡正在自己的工作室里**检查印刷机刚刚打印的样张**。

约翰内斯·古腾堡

1400—1468 年

古腾堡印刷机每天可印刷3600页

到了1500年，古腾堡印刷机已印刷了2000多万册书

张或羊皮纸上时，通过对其均匀施压，使成品图案更加清晰，字迹更好辨认。早期的亚洲印刷者用的是木活字或泥活字，也就是用木坯或泥坯刻字模，而古腾堡的创新在于使用铅活字，铅活字造价更便宜，也更耐用。将融化的铅合金（铅、锡和锑）浇注到黄铜字母模中，就可以制作出活字字母，再将字母按需要的顺序排列好，就可以印刷了。古腾堡还发明了印刷专用的油墨，其具有良好的附着性，能使转印到纸上的字迹干干净净。

第一批印刷书籍

推广铅活字印刷术需要投入大量资金，于是，古腾堡向当地的投资人约翰·福斯特借了很多钱。到了1455年，古腾堡已经印刷了一系列短文和一本拉丁文版的《圣经》。

但在同年，古腾堡遭遇了财务危机。福斯特厌倦了无止境地等待投资回报，便起诉了古腾堡，要求他偿还贷款。法院判决古腾堡交出大部分印刷设备以弥补福斯特的损失。福斯特在其女婿彼得·肖弗（Peter Schöffer，曾是古腾堡手下的一名刻字印刷工人）的协助下，用印刷机继续印刷《圣经》副本和1457年出版的《诗篇》。

尽管古腾堡在判决中损失了一些设备，但他还继续经营着一家印刷厂，并在那里印刷了《布列塔尼语－法语－拉丁语词典》(Breton-French-Latin Dictionary)。由于视力下降，古腾堡的印刷量有所减少。1462年，美因茨的控制权争端演变为暴力冲突，古腾堡不得不选择离开，搬到了附近的埃尔特维尔。

后来，古腾堡的铅活字印刷术传遍了德国。但他却并不富有。1465年，美因茨大主教开始向古腾堡发放奖励年金，以表彰他的成就。3年后，古腾堡与世长辞。

古腾堡印刷术标志着大众传播新时代的到来，但它最直接的影响却是精神上的。《圣经》及其他宗教经文首次被批量印刷，并被大众广泛阅读，为16世纪席卷欧洲的宗教改革奠定了思想基础。

查尔斯·查克·赫尔

查尔斯·查克·赫尔（Charles Chuck Hull）出生于美国科罗拉多州。他发明的3D打印技术广泛应用于各行各业，这是过去50年中极具革命性的技术之一。

查尔斯·查克·赫尔（1939— ）曾在一家用紫外线为家具处理塑料贴面的公司工作，当时，他就产生了用多层塑料打印三维立体物体的想法。1983年，赫尔开始尝试用计算机控制紫外线，将液态树脂固化成所需形状。他将这个过程称为光固化成型。1986年，他为自己的发明申请了专利，并同年与人合伙创立了3D Systems公司，该公司于1987年生产了第一台商用3D打印机。

> "古腾堡发明的印刷机是有史以来最伟大的创举。"
> ——马克·吐温（Mark Twain），1900年

活字印刷术最早出现在11世纪的中国，但古腾堡独创的铅活字使字母可以被快速地批量印刷出来。

15世纪和16世纪，德国的雅各布·富格尔通过努力使其家族在欧洲银行业和商贸领域如日中天。雅各布是一名成功的金融家，也是那时通过贷款获取利润的人之一，他的影响力和权力甚至比当时的某些君主还要大。人们称其为"富人雅各布"，他可谓实至名归。

生平大事

豪门联姻
1498年，雅各布·富格尔与当地的豪门千金结婚。丰厚的嫁妆让富格尔家族如虎添翼。

跻身贵族
1514年，神圣罗马帝国皇帝马克西米利安一世（Maximilian I）授予雅各布·富格尔"帝国伯爵"的光荣称号。

办福利院
1516年，雅各布·富格尔在奥格斯堡修建了富格尔福利院，为穷人提供住宿。

行使权力
1519年，雅各布·富格尔出资贿赂选民，让其盟友查理·哈布斯堡（Charles Habsburg）成为神圣罗马帝国皇帝。

雅各布·富格尔（Jakob Fugger）出生在德国的奥格斯堡，在家族里的11个孩子中排行第10。他的家族是当地有名的亚麻纺织大户。雅各布年轻时曾赴意大利威尼斯工作并学习记账。他在意大利待了7年，后来去了奥地利的因斯布鲁克，负责管理在当地的家族纺织企业。雅各布很快就证明了自己敏锐的商业嗅觉。他与中欧极具影响力的哈布斯堡王朝（Habsburgs）交易，向其提供长期贷款，获得了其在阿尔卑斯山蒂罗尔地区铜矿和银矿的利润份额，赚得盆满钵满。

这些贷款业务让富格尔家族的利润版图扩张到西里西亚（该地域的绝大部分属于现在的波兰）和纽什尔（现在属于斯洛伐克）矿区。很快，他们就垄断了这些地区的铜矿，并将铜分销到欧洲各地，赚到了巨额利润。1510年，雅各布的哥哥乌尔里希去世后，雅各布成为家族企业的领导人。作为一个精明而勤奋的领导者，他创办了一系列新的商贸公司，经营包括香料交易、土地购买和贷款等业务，这些公司也向欧洲各地的王宫贵族们提供了巨额贷款。

1525年，雅各布·富格尔去世时，富格尔家族成为当时欧洲最有权势的金融家族。雅各布没有子嗣，由侄子安东（Anton）继承家族企业。在安东同样卓越的领导下，富格尔家族在16世纪中期达到了财富巅峰。

> "一个创造了**非凡财富**、一生**自由**、生活**纯粹**的独一无二的人……"
>
> ——雅各布·富格尔为自己所写的墓志铭，1525年

雅各布·富格尔

1459—1525年

1671—1729年

作为一位雄心勃勃的金融改革者,英国经济学家约翰·罗说服法国政府成立中央银行,发行纸币以代替黄金和白银在市场中流通。虽然这个方案在混乱中结束,但他的创新之举却沿用至今。

生平大事

成为逃犯
1694年,约翰·罗在决斗中杀死对手后,逃到了荷兰阿姆斯特丹,开始研究银行业务。

发布提案
1705年,约翰·罗著书建议银行业进行改革,改革内容涉及建立中央银行、纸币和新信贷体系。

建立银行
1716年,约翰·罗创办了法国第一家中央银行,发行了价值数百万里弗的钞票。

从繁荣到萧条
1720年,法国中央银行在发行了数百万股股票后崩溃,导致货币贬值和严重的通货膨胀。

约翰·罗(John Law)出生在英国苏格兰爱丁堡一个富有的银行家及金匠组成的家庭中,他早年曾在家族企业中工作。后来,他以留学为借口去了英国伦敦,实际上却把时间花在了玩乐上。1694年,约翰·罗在一场决斗中失手将对手杀死,于是被判处死刑,但他逃到了荷兰阿姆斯特丹。在那里,他对金融越来越感兴趣,并于10年后回到爱丁堡,因为在这里他不用担心再次被捕。1705年,他出版了《论货币和贸易》(Money and Trade Considered)一书,建议各国中央银行使用以土地为担保的纸币,而非贵金属。

第一家中央银行
在法国定居后,约翰·罗发现法国的经济停滞不前,并且负债累累,而当时的摄政王对约翰·罗推行的金融改革十分欢迎。1716年,约翰·罗在巴黎成立了私营银行,后来被国有化为皇家银行。这家银行与约翰·罗为了开发法国殖民地贸易而专门设立的密西西比公司密切关联。然而,"密西西比泡沫"于1720年破裂,这导致了金融恐慌和皇家银行的崩溃。人们指责约翰·罗是这场灾难的罪魁祸首,他不得不离开法国去意大利,最终在贫困中死去。

约翰·罗

德·科尔马是法国保险业的奠基人之一,他成功设计并制造了世界上第一台商用机械计算器。

查尔斯·泽维尔·托马斯·德·科尔马(Charles-Xavier Thomas de Colmar)在担任法国陆军物资督察时,因工作中常常需要重复计算,于是他就有了发明计算器的想法。退伍后,德·科尔马于1819年与别人合开了一家保险公司,这同样是一个完全依赖于计算的行业。次年,他获得了四则运算计算器的发明专利,结束了加、减、乘、除手工计算的历史。1822年,四则运算计算器开始小规模生产。1851年,计算器升级换代,性能得到大幅提高。直到1878年,这款计算器都是市面上唯一的商用机械计算器,它不仅提高了德·科尔马自己保险公司的计算效率和盈利能力,还提高了银行、其他保险公司、国内和国外政府机构的计算能力。德·科尔马将赚到的钱继续投入研发,以发明更先进的计算器。四则运算计算器的生产一直持续到1914年,此时德·科尔马已去世44年。

"使用托马斯·德·科尔马的**计算器**……可以立刻**得出结果,而且不会算错**……"
——路易斯·本杰明·弗朗索厄(Louis-Benjamin Francoeur),1822年

查尔斯·泽维尔·托马斯·德·科尔马

1785—1870年

生平大事

获得专利
1820年,德·科尔马的第一款四则运算计算器获得了5年专利权。

广获好评
1821年,德·科尔马因其发明被授予荣誉军团骑士勋章。

正式投产
1822年,第一代计算器在法国巴黎投产;1851年,第二代计算器性能大幅提高。

改进设计
1858年,第三代计算器投产,对乘除运算进行了简化。

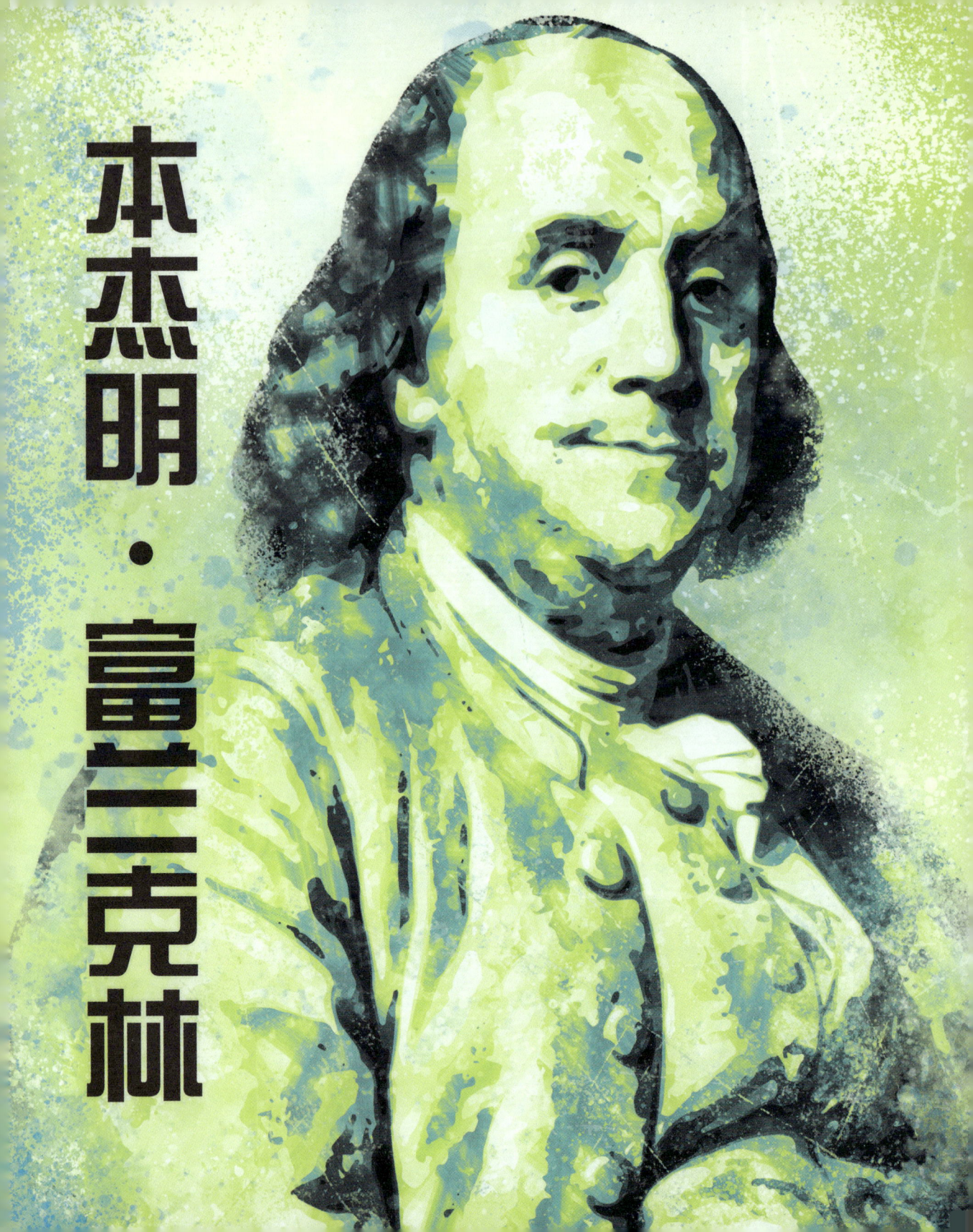

本杰明·富兰克林

本杰明·富兰克林出身平民，却成为北美殖民地著名的人物之一。除了政治活动和科学发明为人们津津乐道以外，他还是一位非常成功的企业家。他的印刷出版公司让他成为当时极富有的人之一。

本杰明·富兰克林（Benjamin Franklin）出生于美国波士顿的一个普通家庭，他的父亲以制造蜡烛为生。富兰克林在家中17个孩子中排行15，只上过两年学，10岁就开始帮父亲工作。他坚持自学，微薄的收入大多用于买书。富兰克林在12岁时开始给哥哥做学徒，第一次接触到出版行业。1723年，富兰克林搬到了美国费城，继续从事印刷工作。1724年到1726年，他旅居英国伦敦，后来回到费城定居，做过短期公司职员，然后又做回了印刷工作。

1728年，富兰克林筹措了足够的资金，与朋友休·梅雷迪斯（Hugh Meredith）合开了自己的印刷公司。两年后，他买断了朋友的股份，开始独立经营。富兰克林的印刷业务源源不断，与当时的宾夕法尼亚、特拉华、新泽西和马里兰州等殖民地谈下了纸币印刷合同。1729年，富兰克林买下了自己经常投稿的《宾夕法尼亚公报》（Pennsylvania Gazette），并将其经营得风生水起，大获成功。报纸好评如潮，一直办到了1800年。

特许经营制度

富兰克林勇于创新，开创了美国历史上第一个特许经营制度。1731年起，富兰克林逐步在当时美洲的多个殖民地成立了特许印刷分店：他负责

> "**收益或许**是暂时且**不确定的**，但**费用**却是**固定且确定的**。"
>
> ——本杰明·富兰克林，1757年

生平大事

开始创业
1728年，年仅22岁的富兰克林创办了一家印刷公司，并专门从英国进口了新设备。

出版年鉴
1732年，富兰克林出版了《穷理查年鉴》，连续26年销量过万。

正式退休
1748年，富兰克林从印刷业退休，专注于政治和科研。

回馈社会
1751年，富兰克林帮助创立了青年教育学院和费城市医院。

1706—1790年

>"不要浪费时间，也不要浪费金钱，好好利用它们。"
>
>——本杰明·富兰克林，1758年

为特许经营商租店面，购买印刷设备；反过来，特许经营商需要在前6年向他支付年利润的1/3，6年后，特许经营商才可以向他购买印刷设备。富兰克林最赚钱的业务是出版《穷理查年鉴》(Poor Richard's Almanack)。这是一本包含气象和星象信息的年历，上面还印有富兰克林本人写的一些名言警句，于1732年首次出版。

到了1748年，富兰克林积累了大量财富，于是选择正式退休，让负责日常运营的领班大卫·霍尔（David Hall）接管印刷厂，自己则将更多时间投入到政

*年轻的**本杰明·富兰克林**正在自己的费城印刷厂里操作一台18世纪的印刷机。*

治活动中，身兼多种公职。他还坚持进行科学研究，其中关于电的研究最为著名，他的发明很多，比如避雷针、柔性导管、游泳脚蹼、双焦点眼镜、玻璃琴和新型壁炉等。

1757年，富兰克林回到了伦敦。此后18年中，他大部分时间都留在那里。在此期间，富兰克林成为伦敦社会中德高望重的人物。然而，随着英国政府和美洲殖民地之间的矛盾日益尖锐，他不得不于1775年回到了北美。富兰克林从最初的英国保皇派，成为后来的美国独立的支持者，在美国独立和立国文书的起草方面做出了重大贡献。富兰克林是唯一全部签署过《独立宣言》《美利坚合众国宪法》和《巴黎条约》的美国开国元勋。富兰克林还曾担任外交官出使欧洲，1776年，他在法国成立了一个支持美国独立的同盟。这对美国取得独立战争的胜利起到了重要作用。1785年，富兰克林在回国后担任了宾夕法尼亚州州长。

无私捐款

1790年，富兰克林去世时，在遗嘱中留给波士顿和费城各1000英镑（等值于当时的4400美元）的基金，用于为当地手工业者提供小额贷款，并规定直到200年后，波士顿和费城才能自主管理这笔遗产。到了1990年，基金的规模如富兰克林所预期的一样，增长得非常顺利。费城用这笔钱设立了奖学金，并建立了富兰克林研究所（一个科学博物馆），而波士顿则用这笔钱成立了本杰明·富兰克林理工学院。

卡尔·贝塔斯曼

德国出版商卡尔·贝塔斯曼（Carl Bertelsmann）成功创建了全球大型媒体集团之一——贝塔斯曼集团。

1835年，贝塔斯曼（1791—1850）成立了自己的同名出版公司，专注于宗教作品和赞美诗的出版工作。贝塔斯曼去世后，他儿子接手了这家公司，后来又被他的外孙女婿接手，公司业务扩展到小说、历史书籍和教材的出版，还兼并了数家竞争对手。到了20世纪中叶，贝塔斯曼公司已经成为一家全球性的大众传媒集团，出版物包括音乐、广播、音像制品以及各类书籍等。

富兰克林一生有诸多发明，申请专利的数量却为**零**

去世时，富兰克林的遗产价值**4350万美元**

1928年起，富兰克林的**头像**被印在了**100美元**的钞票上

伊丽莎·卢卡斯·平克尼

18世纪，农学家伊丽莎·卢卡斯·平克尼成为美洲殖民地上第一个成功种植热带经济作物槐蓝属植物的人。在全球纺织行业蓬勃发展之际，她又将此类植物加工成一种高品质的蓝色染料，使南卡罗来纳州因出口染料而走向繁荣。

1722—1793年

伊丽莎·卢卡斯·平克尼（Eliza Lucas Pinckney）出生在西印度群岛的安提瓜岛，父亲是一名英国军官。她在英国上学时就对植物学产生了兴趣。1738年，16岁的平克尼随家人搬到了当时的英属南卡罗来纳殖民地，在那里，他们拥有3个种植园。她的母亲不久后就去世了，一年后，父亲因工作安排，返回安提瓜岛处理军务。作为4个孩子中的老大，平克尼开始亲自掌管家中的瓦布种植园及其中的20名奴隶。同时，她还要照看其他种植园，包括两块稻田和3个生产焦油和木材的种植园。

平克尼经常与父亲通信。父亲会从加勒比海给她寄来种子，让她试验新作物，比如无花果、生姜、苜蓿、棉花和槐蓝等，以增加种植园的收入。1744年，平克尼成功地培植了槐蓝，并很快就用其制作高档靛蓝染料。她出口了大量用来印染花布的染料到英国的纺织行业。1745年，平克尼与其他种植者分享了自己的经验，开启了南卡罗来纳州的"靛蓝繁荣"；截至1765年美国革命爆发时，该州的靛蓝染料出口已经占到了殖民地出口总额的1/3。

生平大事

举家搬迁
1738年，平克尼一家搬到英属南卡罗来纳殖民地的瓦布种植园。

培育槐蓝
1744年，平克尼成功培植了槐蓝属植物，让家族种植园摆脱了债务危机。

丝绸副业
1744年，平克尼与律师兼种植园园主查尔斯·平克尼（Charles Pinckney）结婚，并在他的种植园中尝试养蚕。

分享技术
1745年，平克尼通过分享种植经验，开启了南卡罗来纳州的"靛蓝繁荣"。

重新掌权
1758年，平克尼的丈夫因疟疾病逝，平克尼开始再次管理庞大的家族种植园。

> "我坚信，靛蓝染料是具有**极高经济价值的商品**。"
>
> ——伊丽莎·卢卡斯·平克尼，1741年

名人录

从古代到中世纪，再到近现代，企业家们通过冒险而进行大胆的创新活动，为现代资本主义和全球贸易的发展奠定了基础。尽管他们当中有些人的创业以失败告终，但他们却在金融和国际贸易等领域为后人铺平了道路。

帕西翁
（前440—前370）

前430年，在希腊的奴隶交易市场上，来自叙利亚的帕西翁（Pasion）被卖给了希腊比雷埃夫斯港的两位银行家。帕西翁头脑精明，通过为主人打理货币兑换业务，最终获得了自由，还获得了希腊的外国居民身份。帕西翁继承了其主人的银行生意，并做起了军火贸易。他通过向雅典军队捐赠1000块盾牌和一艘战舰，正式成为雅典公民。后来，他又通过投资房地产，使财富不断增加，成为雅典富有的人之一。

伊本·阿尔-萨尔乌斯
（？—1294）

伊本·阿尔-萨尔乌斯（Ibn Al-Sal'us）出生于巴勒斯坦的一个阿拉伯家庭，在叙利亚的大马士革长大。他是一位重要的地方官员，也是一名受人尊敬的成功商人。在吸引了马穆鲁克苏丹们（埃及、阿拉伯半岛部分地区和黎凡特的统治者）的注意后，萨尔乌斯于1290年成为苏丹阿尔-阿什拉夫·哈利勒（Al-Ashraf Khalil）的首席顾问，并多次协助他在巴勒斯坦和亚美尼亚等地领导马穆鲁克运动并获得了成功。然而，萨尔乌斯与其他马穆鲁克官员一直不和。1293年，阿什拉夫·哈利勒遭到暗杀，萨尔乌斯失去了靠山。次年，他因金融犯罪入狱并死于酷刑。

乔瓦尼·维拉尼
（1276—1348）

乔瓦尼·维拉尼（Giovanni Villani）出生于意大利佛罗伦萨，是一位银行家和编年史学家。1300年，他加入了佩鲁齐家族开办的银行，并在接下来的7年中担任该家族在欧洲的业务代表。1308年，他回到了佛罗伦萨，积极参与公民政治活动，并于同年开始撰写《新编年史》（New Chronicles）。这是一部关于佛罗伦萨的开创性历史著作，共分为12册。后来，乔瓦尼·维拉尼不幸病故于欧洲黑死病浩劫中。

理查德·惠廷顿
（1354—1423）

理查德·惠廷顿（Richard Whittington）就是人们熟知的狄克·惠廷顿（Dick Whittington），是英国家喻户晓的传奇人物。惠廷顿出生在英国格洛斯特郡一个显赫的贵族家庭，由于他不是长子，不能继承父亲的财产。后来，他去伦敦学习经商，做起了高端丝绸的出口生意，而且做得非常成功。赚到钱后，他开始放贷，并涉足政坛。惠廷顿曾经3次当选伦敦市市长，还将大部分财产捐出，用于资助优秀的作品和修建公共设施。

卡特琳娜·莱梅尔
（1466—1533）

卡特琳娜·伊姆霍夫（Katerina Imhoff）出生在德国纽伦堡的一个商人家庭。1484年，她嫁给了商人迈克尔·莱梅尔（Michael Lemmel）。卡特琳娜·莱梅尔本身就是一个成功的企业家，广泛涉猎房地产、金属制造和酿酒等多个行业。1516年，失去了丈夫的卡特琳娜·莱梅尔去玛丽亚·麦伊修道院当了修女，并出资修缮了修道院。1525年，德国爆发农民起义，修女们被迫逃难。当她们重返修道院时，发现这里已经被洗劫一空。莱梅尔无力挽回修道院的损失，8年后与世长辞。

罗丝·洛克
（1526—1613）

罗丝·洛克（Rose Lok）出生在英国伦敦一个富裕的家庭，父亲是一位商人兼政府官员。洛克和家人都是新教改革的主要支持者。作为家里19个孩子中的一个，洛克做了"丝绸女工"，将成品卖给有钱的顾客（包括王室成员）。1543年，洛克嫁给了一位新教徒商人兼船主。1553年，信仰天主教的玛丽一世（Mary Ⅰ）登上英国王位，洛克逃到了比利时的安特卫普寻求庇护。1558年，玛丽一世去世后，洛克流亡归来。此时，她的第一任丈夫已经去世。洛克再婚，并写了一本关于她早年生活的回忆录。她于1613年去世，享年86岁。

以撒·勒梅尔
（1558—1624）

以撒·勒梅尔（Isaac Le Maire）出生于比利时，是安特卫普的一个杂货商。1585年，西班牙入侵比利时时，他离开祖国，以外国商人的身份定居荷兰阿姆斯特丹。1602年，荷兰东印度公司（VOC, Vereenigde Oostindische Compagnie）成立，勒梅尔成为该公司最大的股东和董事。直到1605年，无休止的公司斗争迫使他选择离开。他先后去了荷兰东印度公司的几家竞争对手那里工作。其中，一家澳大利亚公司于1615年发现了一条从大西洋经南美洲到太平洋的新航线，但勒梅尔并没有从这一发现中获得任何经济利益。

吕宋助左卫门
（1565—？）

吕宋助左卫门（Luzon Sukezaemon）出生在日本堺市，原名纳屋助左卫门（Naya Sukezaemon）。1593年前后，他去了菲律宾最大的岛屿吕宋岛做贸易，后来便自己改了名字。吕宋助左卫门从岛上购买陶器，然后运回日本高价出售，并用外贸赚到的钱给自己修建了一栋豪宅。吕宋助左卫门的奢侈高调让当地一位武士领主心生嫉妒，于是没收了他的财产。作为对抗，吕宋助左卫门将自己的宅子捐给了当地的一座寺庙，然后逃到了柬埔寨，继续在那里经商。

路易斯·德·吉尔
（1587—1652）

路易斯·德·吉尔（Louis de Geer）出生于比利时，后移居荷兰，学习铜匠手艺。后来，他成为一名金属制造商和银行家。随着三十年战争（1618—1648年）的爆发，各方对武器的需求令金属供不应求，德·吉尔趁机与瑞典皇室建立了密切联系。他垄断了瑞典的铜铁贸易，创建了瑞典的金属加工业。德·吉尔被封为瑞典贵族，是成立瑞典非洲公司（Swedish Africa Company）的关键人物。1648—1663年，该公司贩卖了大量奴隶。

约翰尼·帕姆斯丘奇
（1611—1671）

约翰尼·维特马赫（Johan Wittmacher）出生于拉脱维亚的里加，于1647年移居瑞典。他在瑞典创办了斯德哥尔摩银行（Stockholms Banco），被封为贵族，并被赐予瑞典姓氏帕姆斯丘奇（Palmstruch）。该银行用现金存款作为贷款的资金来源，并且其发行的纸币可以直接兑换黄金或白银，这在银行中属于首创。1668年，该银行由于发行的过量纸币超过自身资产而崩溃，帕姆斯丘奇后来被判处死刑，最终又减刑为监禁。

威廉·佩特森
（1658—1719）

威廉·佩特森（William Paterson）是苏格兰人，曾先后在英国布里斯托尔、巴哈马等地工作。后来，他成为一名富有的外贸商人，定居伦敦。1692年，他提议成立一家可为政府提供贷款的银行。1694年，英格兰银行正式成立，佩特森是创始董事。1695年，他在与同事发生冲突后离职。他一直想促成苏格兰在巴拿马建立殖民地，但他1698年的远征最终以失败告终。1707年，英格兰和苏格兰成功合并，他是坚定的支持者。

玛丽·凯瑟琳·戈达德
（1738—1816）

玛丽·凯瑟琳·戈达德（Mary Katherine Goddard）出生于美国康涅狄格，和弟弟一起在美国巴尔的摩和费城经营报纸生意。1774年，她成为《马里兰杂志》（*Maryland Journal*）的编辑和出版商，同时还经营一家印刷公司和书店。1775年，她被任命为巴尔的摩邮政局局长，是美国历史上首次担任该职务的女性。为了支持反英革命，她于1777年印刷了《独立宣言》的第二份副本，该版本首次包含了签署人姓名。后来，她遭到免职。此后，她继续经营书店，直至1810年。

梅耶·阿姆斯洛·罗斯柴尔德
（1744—1812）

梅耶·阿姆斯洛·罗斯柴尔德（Mayer Amschel Rothschild）出生于德国法兰克福的一个犹太家庭。他曾在银行当学徒，后来开始经商，从事稀有货币和奢侈品交易，之后又开始涉足银行业务。罗斯柴尔德最早的客户是黑森-卡塞尔伯国（Hesse-Kassel）的威廉九世（William IX），他是当时德意志邦国中最富有的统治者。随着法兰克福的家族业务蒸蒸日上，罗斯柴尔德决定扩张，让两个儿子分别于1804年和1811年在伦敦和巴黎开展业务。虽然罗斯柴尔德于1812年去世，但他已经为一个国际银行帝国打下了坚实基础。

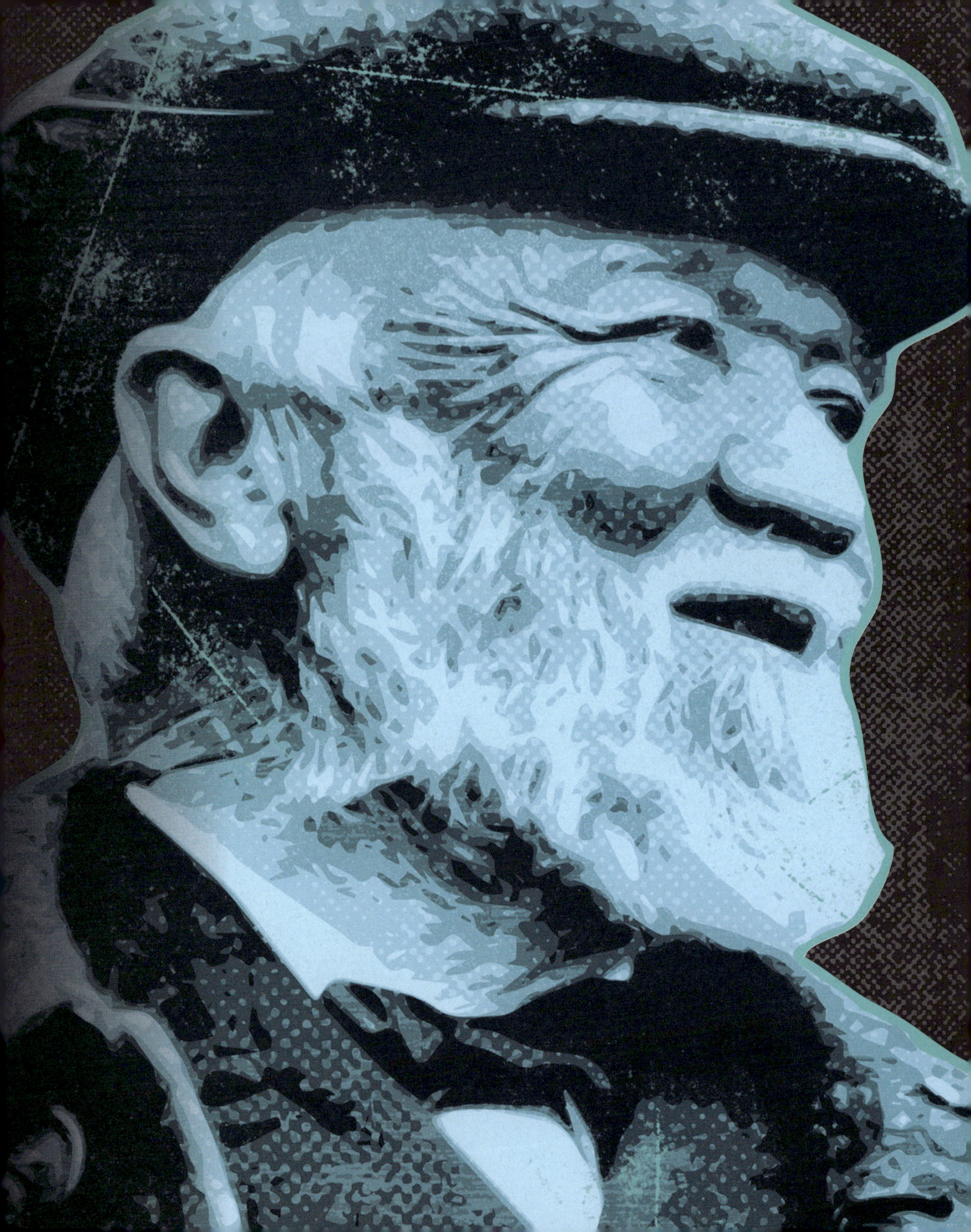

2

工业与创新

1780—1890年

1728—1809年

马修·博尔顿

作为英国早期的实业家之一，金属制造商马修·博尔顿与工程师詹姆斯·瓦特合作，利用蒸汽机实现了工业生产模式的飞跃。

1743年，马修·博尔顿（Matthew Boulton）从学校毕业之后，加入了父亲的金属制品公司，生产金属扣等饰品。博尔顿是一个充满创造力和野心的人。父亲去世后，他接管了公司，并努力扩大公司规模。1762年，他建立了英国第一家大型制造厂——索和工厂（Soho Manufactory）。当时，只有当河水水位足够高时，水轮才可以有效发电，因此博尔顿希望改善工厂的电力供应。这激起了他对詹姆斯·瓦特（James Watt）的兴趣。瓦特是一名苏格兰工程师，改良了一种以蒸汽为动力的新型发动机。1775年，博尔顿和瓦特强强联手，将蒸汽动力引入到索和工厂及其厂房的生产中，其中包括皇家造币厂。博尔顿自己的蒸汽动力工厂也获得了铸币许可证，为皇家造币厂铸造了数百万枚硬币。

生平大事

建立工厂
1762年，博尔顿在英国伯明翰附近建立了索和工厂，其占地13英亩（约52609平方米）。

改进动力
1768年，博尔顿与瓦特会面。瓦特改良的新型蒸汽机可以提供更大、更高效的动力。

游说议会
1775年，博尔顿成功说服英国议会，将瓦特的专利权延长17年。

当选会员
1785年，博尔顿与瓦特一起当选为英国皇家学会会员。

> "先生，我出售的是全世界都想要的东西——动力。"
> ——马修·博尔顿，1776年

詹姆斯·瓦特

1736—1819年

詹姆斯·瓦特是英国的一位科学设备制造商和工程师，他改良的蒸汽机成为工业革命中的主要动力来源。

1736年，瓦特出生在一个造船工人家庭，最早学习的是科学仪器制造。1764年前后，他修理了托马斯·纽科门（Thomas Newcomen）设计的早期型号的蒸汽机，从此便对蒸汽机产生了兴趣。瓦特意识到，这种老式蒸汽机可以通过改良，在提供更强大动力的同时，减少燃料消耗。有了实业家马修·博尔顿作为他的合伙人和支持者，瓦特于1775年开始生产新型蒸汽机，并很快被多家矿山、工厂和磨坊使用。通过不断进行热力学实验，瓦特对蒸汽机做了进一步改良。到了1790年，瓦特共注册了3项新专利，获得了超过70000英镑的版税，并成为英国皇家学会会员。

生平大事

制造设备
1757年，瓦特在英国格拉斯哥大学成立了一个工作室，用于制造科学设备。

重大突破
1764年前后，瓦特通过增加单独的冷凝器，提高了老式蒸汽机的热效率。

强强联手
1775年，瓦特与博尔顿合作成立博尔顿-瓦特公司，新型蒸汽机得到了商业化推广。

不断创新
瓦特坚持研究工作，在1800年退休之前，他又获得了多项重要发明专利。

> "我和实验是好朋友……理论是不可靠的。"
> ——詹姆斯·瓦特，1794年

新型蒸汽机为棉花、面粉、纺织品、啤酒、钢铁、造纸、铸币等各行各业的生产提供了动力。

博尔顿和瓦特的蒸汽机使用的燃料比老式蒸汽机减少了75%

1775—1800年，供应了全世界几乎1/3的蒸汽机

1808年，为东印度公司铸造了9000万枚硬币

博尔顿-瓦特公司生产的新型蒸汽机是推动工业革命的创新之作。相比于老式蒸汽机的设计，新型蒸汽机替换了水力、马力等传统动力手段，为工厂、磨坊、矿山、农业和运输业的新型机械提供了一种更有效且更高效的动力。

老式蒸汽机

1698年，托马斯·萨弗里（Thomas Savery）发明了第一台蒸汽机。1711年，托马斯·纽科门在此基础上进行了改进。早期蒸汽机的主要用途是抽水，其工作原理是通过加热、冷却、再加热蒸汽来提供动力，但效率非常低。1764年，瓦特在格拉斯哥大学修理纽科门蒸汽机时意识到，可通过增加单独的冷凝器，从根本上提高蒸汽机的热效率。

老式蒸汽机的蒸汽加热和冷却过程是在工作缸中反复进行的，而瓦特将原有的工作缸分离成了汽缸和冷凝器两个部分：蒸汽从锅炉进入汽缸并保持温度，然后再进入冷凝器冷却成水，流回锅炉，循环使用。

博尔顿-瓦特公司生产的新型蒸汽机的优势在于，它可以安装在任何地方，而传统的动力设备则有诸多限制，比如水轮机必须安装在河边。

瓦特面临的难题是，如何将这种新型蒸汽机变成一种商品。1768 年，他与医生兼发明家约翰·罗巴克（John Roebuck）合作，并于 1769 年为自己的设计申请了专利。但罗巴克在 3 年后破产了，他将自己在瓦特蒸汽机中的份额转让给了马修·博尔顿。金属制造商博尔顿对这种高效的蒸汽机很感兴趣，因为他自己的金属制品工厂正在饱受水车供电不稳定之苦。

乔治·斯蒂芬森

乔治·斯蒂芬森（George Stephenson）被称为"铁路之父"，他制造了第一辆商用蒸汽机车，开发了世界上第一个客运铁路网。

斯蒂芬森（1781—1848年）是一名自学成才的工程师。他从修理矿井蒸汽机开始，通过不懈努力，终于在1814年发明了第一台蒸汽机车。1823年，他在英国纽卡斯尔建立了一家工厂，生产出了世界上第一批商用火车，其中就包括屡获殊荣的"火箭"号蒸汽机车。他很快就被铁路公司聘为总工程师，负责英国早期客运铁路网络的大部分建设，包括连接曼彻斯特和伯明翰等新兴工业中心的大型枢纽工程。

完美的合作

1774 年，瓦特搬到了伯明翰，继续研发蒸汽机。博尔顿与瓦特的合作很快就获得了成功。虽然两个人在许多问题上观点不同，但是相互欣赏使他们团结在一起。博尔顿是一位商人，他聘请了最好的设计师和工匠，开发在英国甚至

> **"这是我能想到的最好的蒸汽机，没有之一。"**
>
> ——詹姆斯·瓦特，1765年

"它将比任何**造币机**的**生产速度都快**，更容易操作，所需**工人更少**，**费用更低**，而且制作的硬币**更漂亮**。"

——马修·博尔顿，1789年

欧洲都广受欢迎的产品；而瓦特则是一位勤奋的工程师，专注于修复蒸汽机已有机型的缺陷，并将它们升级为市场的主导产品。在博尔顿的工厂里，瓦特不仅拥有丰富的资源，还有全英国最好的钢铁工人来协助他制造新型蒸汽机。此外，瓦特还可以自由进行其他创新研发。

博尔顿成功地延长了瓦特蒸汽机的专利权时间，并开始为英国康沃尔郡的锡矿和铜矿生产新型蒸汽机。在此之前，康沃尔郡的矿井一直依靠效率低下的纽科门蒸汽机进行抽水作业。

动力革命

为了充分利用这一发明，博尔顿建议瓦特制造一台能够产生旋转动力的蒸汽机，因为上下垂直运动的蒸汽机只能用于抽水。1781年，瓦特研制出了一种名为"太阳与行星"的曲柄齿轮传动系统，后来又推出了采用"平行运动"设计的（活塞推拉式）双向汽缸蒸汽机，以及控制蒸汽机转速的离心调速器。1790年，瓦特又在蒸汽机上增加了一个压力表，由此形成了瓦特蒸汽机的最终设计。面粉厂、棉纺厂、造纸厂和钢铁厂纷纷大量订购这款蒸汽机，都想应用这项新技术。到了1800年，全世界正在运行的1500台蒸汽机中有450台是博尔顿–瓦特公司供应的，每台都能为整个工厂提供动力。

新的机遇

博尔顿一直在寻找蒸汽动力的新应用，并于1788年创办了索和造币厂（Soho Mint），希望彻底改变英国的铸币行业，杜绝伪造。他的新铸币机制造的硬币大小、形状一致，质量均匀，并且边缘带有字母。1797年，英国皇家造币厂委托博尔顿生产4500万枚新的1便士和2便士硬币。直到今天，博尔顿的印字技术仍在1英镑和2英镑硬币上使用。

1800年，博尔顿和瓦特选择退休，将公司传给了后人。通过开发和销售瓦特蒸汽机，他们推动了工业革命，开启了工业生产的摩登时代。

1775—1800年，詹姆斯·瓦特与合伙人马修·博尔顿在伯明翰的索和工厂里生产新型蒸汽机。 ▶

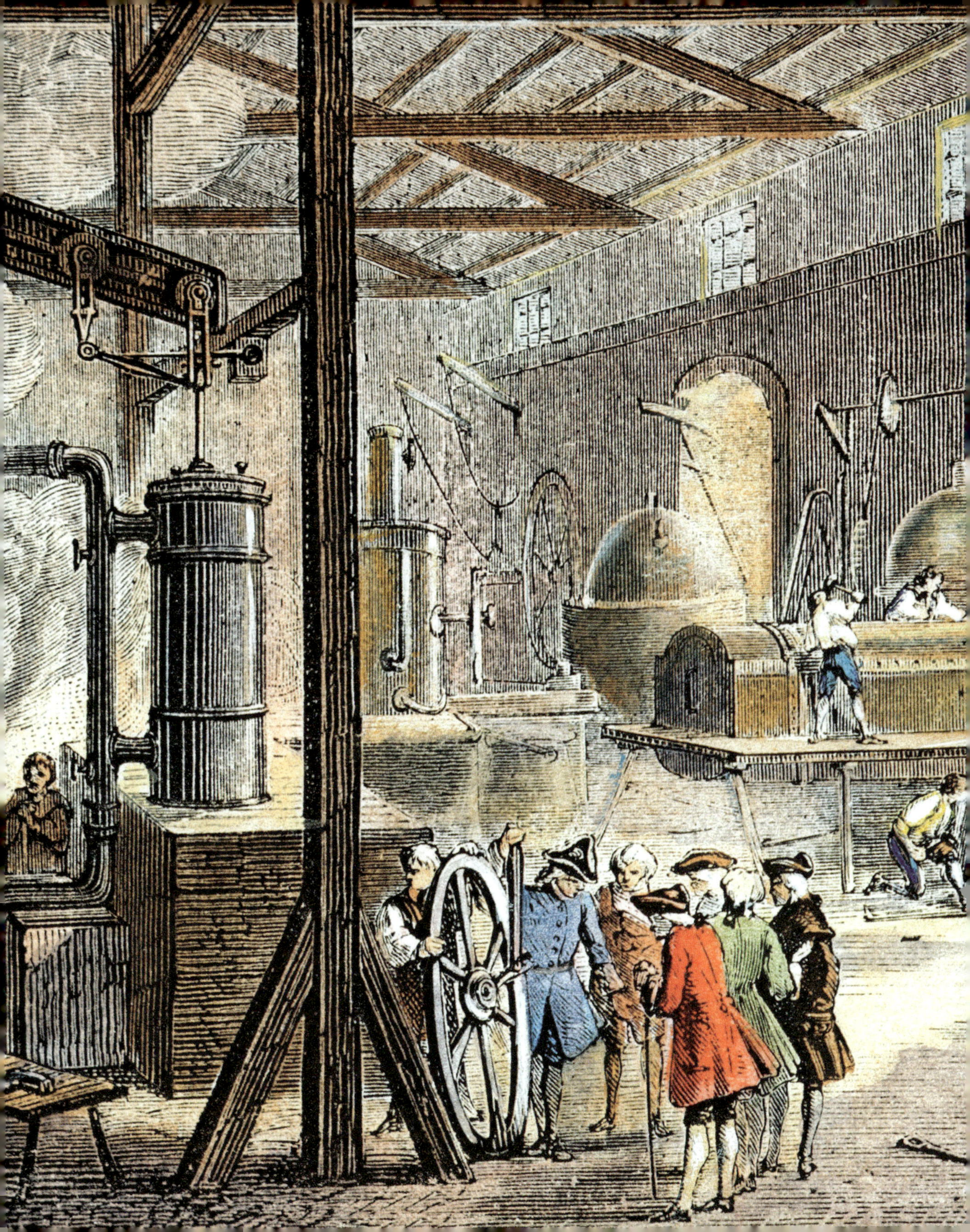

生平大事

轮船时代

1818年,范德比尔特加入托马斯·吉本斯(Thomas Gibbons)的轮船公司,学习如何管理商业集团。

第一桶金

1846年,范德比尔特控制了纽约哈得孙河上几乎所有的交通,成为百万富翁。

成立公司

1870年,范德比尔特对其经营的铁路进行整合,创建了美国最早的商业集团。

分割遗产

1877年,范德比尔特去世,将价值近1亿美元遗产中的90%都留给了儿子威廉,而其他子女只象征性地分到了一点儿。

科尼利尔斯·范德比尔特是19世纪的航运和铁路大亨。他的冷酷、精明,让商业对手望尘莫及。他提供的服务既安全可靠,又能在不损害顾客舒适性的前提下价格低廉,他借此削弱竞争对手,打破了航运垄断。他乐于接受新的交通方式,后期将业务从航运转向铁路运输。

1794年5月27日,科尼利尔斯·范德比尔特(Cornelius Vanderbilt)出生于美国纽约州斯塔滕岛。他家境贫寒,父亲是个摆渡工。范德比尔特从父亲身上学到了一种直言不讳、直截了当的处事方法,而他的母亲则教会了他节俭和勤奋。

11岁那年,范德比尔特离开了学校,与父亲一起在斯塔滕岛和曼哈顿之间做摆渡工。1810年,他发现了人生的第一个商机。他说服父母借给他100美元,买了一艘船,开始了自己的摆渡生意。父母借钱的条件是范德比尔特将利润分一些给他们,直到还清借款。

范德比尔特的摆渡生意很快就取得了成功。不到一年时间,他就还清了父母的借款,还多给了1000美元作为利息。范德比尔特明白,一边削弱竞争对手,一边积极推销自己的摆渡业务,他才能很快培养出一个庞大的客户群。在此后的每一次创业中,他几乎都会如法炮制。

轮船时代

在随后的两年中,范德比尔特组建了一整支营运资金高达数千美元的船队。1812年,英美战争爆发。在三年战乱期间,美国政府给了范德比尔特一份为东

范德比尔特的主要财富全都来自纽约和新泽西州的航运生意。在他去世时,范德比尔特家族成为全美国首屈一指的豪门。

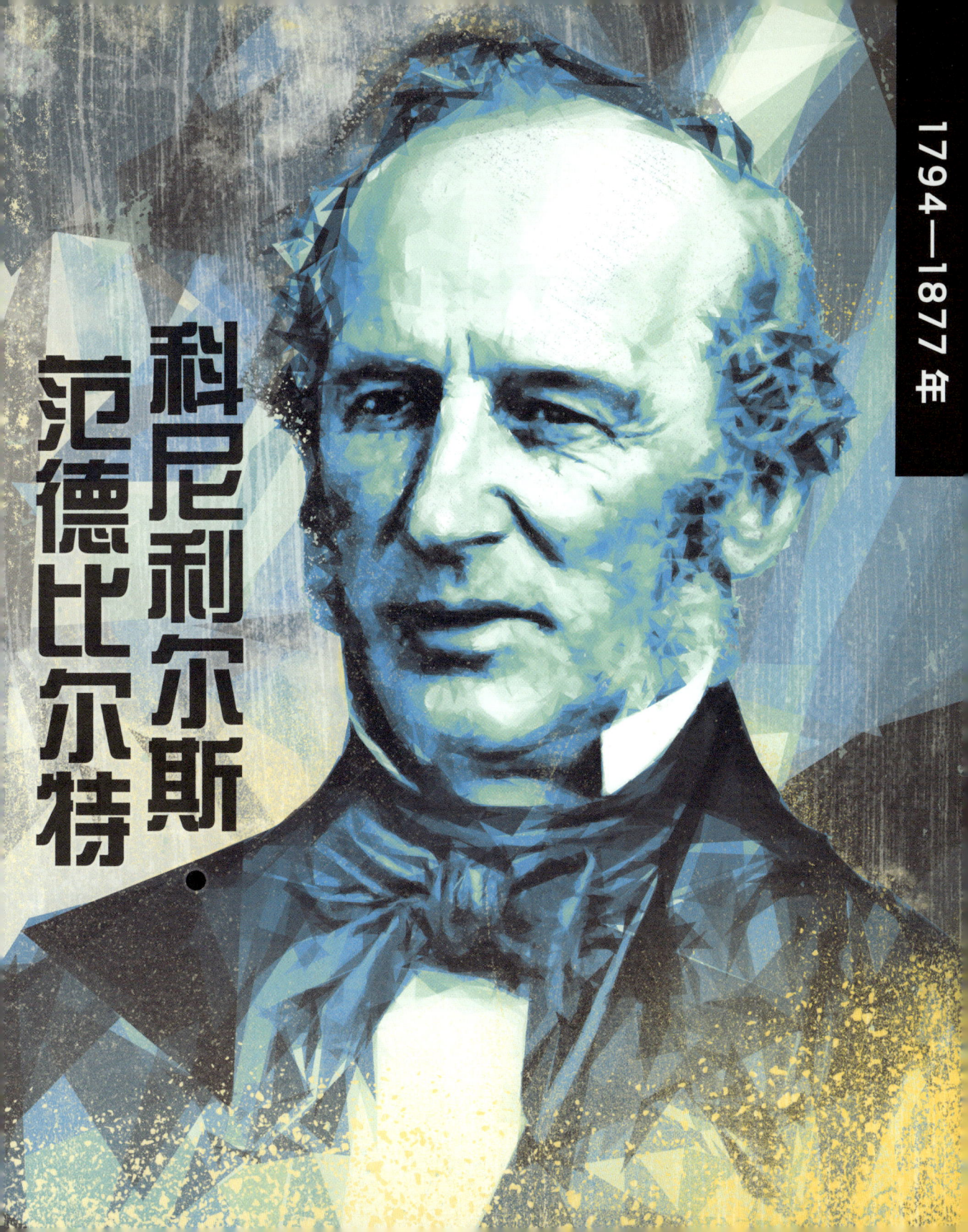

科尼利尔斯·范德比尔特

1794—1877 年

"生意场上不存在友谊。"

——科尼利尔斯·范德比尔特

1870年西部利益

海岸供船的合同。范德比尔特在航运方面非常成功,因此被誉为"海军准将"。范德比尔特善于从商业大亨们身上学习经验,托马斯·吉本斯就是他的一个榜样。1818年,吉本斯雇用范德比尔特经营自己的轮船生意。吉本斯当时正在与对手打官司,以打破其对纽约和新泽西之间轮船航运的垄断。吉本斯赢了官司之后,利用自己的轮船生意极力打压对手,最终令其破产。

海运业务

范德比尔特学习了吉本斯打击对手的经验,如法炮制,开始削弱竞争对手的轮船业务,打破其垄断局面,直到对手被迫出售了自己的公司。此时的范德比尔特已经是百万富翁了。他趁着1849年的加利福尼亚州淘金热,将自己的业务扩展到海运,将探矿者等客户从纽约和新奥尔良经尼加拉瓜运往旧金山。在美国内战期间(1861—1865年),范德比尔特把自己的所有船只都卖掉或租出去了,这使他成为当时美国最富有的人。

1864年,范德比尔特从航运业退休之后,收购了纽约和哈林铁路的大部分股票,正式投身铁路业务。他陆续收购了其他铁

范德比尔特买下了**纽约和芝加哥之间的多条铁路线**。为了争夺对伊利铁路公司(Erie Railroad Company)的控制权,他卷入了与投资人吉姆·菲斯克(Jim Fisk,右图)及其合伙人丹尼尔·德鲁(Daniel Drew)、杰伊·古尔德(Jay Gould)的著名商战之中。

争夺大赛

路，最终控制了从纽约到芝加哥的每一条线路。

范德比尔特制定了标准的铁路时刻表和票价，推动了美国铁路运输改革。他在纽约修建了中央车站。当时正值美国金融危机，铁路枢纽的建设工程创造了数千个就业机会。1870年，他通过合并形成了纽约中央铁路和哈得孙河铁路。

捐建大学

范德比尔特虽然拥有巨额财富，但并不热衷慈善。在第二任妻子的劝说下，他捐了100万美元（当时为美国历史上金额最大的慈善捐赠）在美国田纳西州纳什维尔建立了一所大学，也就是范德比尔特大学。他于1877年1月4日去世，享年82岁。

J.P.摩根

约翰·皮尔庞特·摩根（John Pierpoint Morgan）是美国著名的金融家、银行家和实业家，创立了多家跨国集团。

摩根（1837—1913）的第一份工作是会计。他于1895年创立的摩根银行成为世界上大型银行之一。1902年，摩根成为铁路巨头。通过不断兼并，他创立了美国最大的集团，其中包括美国钢铁公司和通用电气公司。同时他还加入了多家银行和保险公司的董事会，直接影响公司的经营决策。

美国内战期间，范德比尔特将最好的**轮船**给了合众国拥护者

1864年，70岁的范德比尔特开始投身铁路行业

留下了将近**1亿**美元的遗产

美国人巴纳姆是大型马戏的推广者，也是一名慈善家和出版人。他靠"怪诞秀"起家，通过宣传表演，让公共博物馆重现生机。巴纳姆的"地球上最伟大的表演"马戏团彻底改变了美国大众的休闲娱乐方式。

生平大事

重建博物馆
1842年，巴纳姆的美国博物馆重新开放，接待了超过3000万名游客，此博物馆在1865年毁于火灾。

促进文化交流
1850年，巴纳姆为女高音歌唱家珍妮·林德组织了美国巡回演出，使她名利双收。

濒临破产
19世纪50年代，巴纳姆在美国桥港市经营不善，濒临破产。但他依靠欧洲巡演，东山再起。

马戏之王
1881年，巴纳姆与詹姆斯·A.贝利联袂打造了首个三环马戏表演。

> "不论做什么，都要**竭尽全力**。"
> ——P.T. 巴纳姆，1880年

1810年，菲尼亚斯·泰勒·巴纳姆（Phineas Taylor Barnum）出生于美国康涅狄格州的贝瑟尔。12岁时，他就开始做生意，在小镇集市上出售自制的樱桃朗姆酒。到了20多岁时，巴纳姆用自己挣的钱创办了《自由先驱报》（Herald of Freedom）。不过，极具推销天赋的他很快便将目光投向了演艺行业。他找来了一些样貌特殊的人，利用"怪诞秀"吸引充满好奇的观众。

1841年，巴纳姆买下了纽约的美国博物馆（American Museum）并重新开放和展出稀有动物及展品，例如，"斐济美人鱼"（据说是人头鱼身）和身高63厘米的侏儒艺人"拇指汤姆将军"。他还举债筹资，为瑞典女高音歌唱家珍妮·林德（Jenny Lind）安排美国巡演。虽然当时林德在美国没什么名气，但巴纳姆宣传到位，确保了其9个月的巡回演出场场爆满。1870年，60岁的巴纳姆建立了一个世界上最大的马戏团并自称其表演为"地球上最伟大的表演"。后来，马戏团在美国的巡回演出取得了全面成功。1874年，巴纳姆在纽约盖了一个竞技场（Hippodrome，也就是后来的麦迪逊广场花园）作为马戏团的固定表演场所。1881年，雄心勃勃的巴纳姆将他的马戏与詹姆斯·A.贝利（James A. Bailey）著名的"伦敦大秀"合并起来。直到1891年巴纳姆去世之后，这场大秀仍在继续巡回演出。

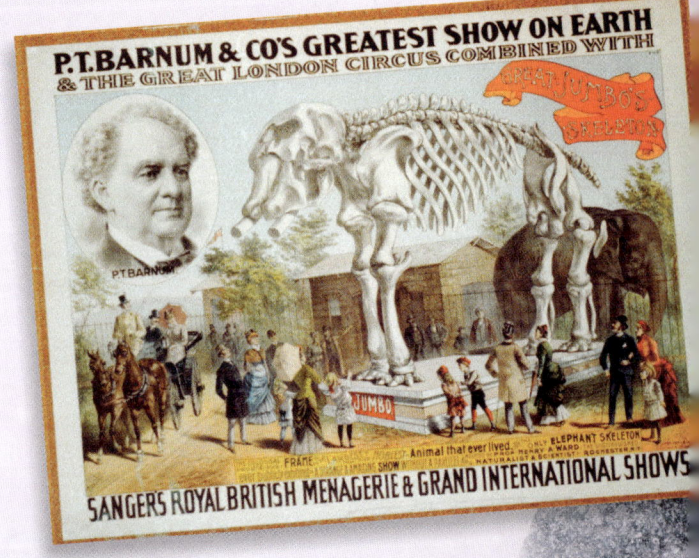

巴纳姆马戏团的台柱子包括大象"江豹"（Jumbo the Elephant）。1885年"江豹"去世之后，其骨架成为一个很受欢迎的景点。

P.T. 巴纳姆

1810—1891 年

比迪·梅森

1818—1891年

比迪·梅森重获自由之后，靠自己当奴隶时所学的技能，成为一名助产士和护士。她攒够了钱之后就开始在美国洛杉矶买地，成为一名成功的地产商。作为当时洛杉矶富有的女性之一，她将大部分财富都花在了社区建设上。

布里奇特·梅森（Bridget Mason）[小名"比迪"（Biddy）]于1818年出生在美国密西西比州的一个奴隶家庭。1836年，她被送到种植园主罗伯特·史密斯（Robert Smith）家里做工。1847年，史密斯开始信奉摩门教，决定带着家人和奴隶从密西西比州搬到犹他州，因为教会正在那里新建一个社区。已生了3个女儿的比迪跟随主人史密斯踏上了旅途。4年后，史密斯又举家搬到了另一个摩门教传教士的前哨地——加利福尼亚州的圣贝纳迪诺，比迪及家人又跟着主人搬到这里定居。史密斯很清楚奴隶制度在加利福尼亚州是非法的，但他还是不肯还比迪及其家人以自由。1856年，在曾经同为奴隶的朋友的帮助之下，比迪成功地向当地法官请愿，要求史密斯还她和其他奴隶自由。此后，比迪将自己的姓改为市长的中间名"梅森"。

后来，梅森和女儿们搬到了美国洛杉矶。梅森当奴隶时曾做过助产士和护士，对草药也相当了解，于是她利用这些技能找到了工作。梅森的医学知识让她变得很受欢迎。她一边工作，一边存钱。她知道拥有土地和房产很重要，于是便在洛杉矶的中心地段买了几块地。通过驾轻就熟的房产交易，梅森积累了大笔财富。她是一个慷慨的慈善家，资助了许多慈善机构，还与人联合创立了首家非洲卫理公会主教教堂，这也是洛杉矶最早的非裔美国人教会。

> "如果你把双手攥得紧紧的，那什么好东西都进不来。"
>
> ——比迪·梅森

生平大事

身份抗争
1856年1月，加利福尼亚州地方法官本杰明·海耶斯（Benjamin Hayes）宣布免除梅森奴隶身份，梅森重获自由。

积少成多
1856—1866年，梅森凭借过硬的护理技术成为了一名优秀的护士，每天存2.5美元。

开始投资
1866年，梅森花了250美元购置房产，成为洛杉矶第一批拥有土地的黑人妇女之一。

地产大亨
市中心地价快速上涨，梅森成为19世纪80年代洛杉矶富有的女性之一。

乐善好施
至1891年，梅森将积攒的30万美元中的大部分用于帮助身边的朋友和家人。

莉迪亚·平卡姆

1819—1883年

美国人莉迪亚·平卡姆以销售"女性补品"而闻名于世。她将自己的私家秘方发展成实验室生产的商品，在保健品行业大获成功。

莉迪亚·埃斯特斯（Lydia Estes）出生于美国马萨诸塞州林恩的一个贵格会教徒家庭。1843年，她与艾萨克·平卡姆（Isaac Pinkham）结婚。在养家糊口的同时，她常常用一些草药和菜根自制补品，并与邻居们分享，这为她日后的创业打下了基础。1873年，她的丈夫因经济萧条失业后，决定帮平卡姆销售补品。她的"草本复合饮品"的酒精含量约为18%，于1875年正式上市。虽然其疗效未经证实，也有不少人对它提出质疑，但是作为一种缓解经期不适、改善更年期问题的补品，受到女性的广泛欢迎。平卡姆是一个精明的营销者——她在广告中使用了自己的肖像，并亲自回复向她咨询的女性顾客。她还专门写了《生活妙招》手册，免费分发给女性。

> "平卡姆在广告中使用的**那张脸**，就是**她的财富**。"
> ——《纽黑文记事报》
> （*New Haven Register*）主编，1883年

生平大事

开始创业
1873年，全球经济大萧条使平卡姆一家一贫如洗，必须靠创业另谋生路。

大众营销
1876年，莉迪亚·平卡姆的"草本复合饮品"获得专利，并开始在美国销售。

提供咨询
19世纪80年代，平卡姆成立了全部由女性员工组成的咨询部门，负责回复客户信件。

李维·施特劳斯

1829—1902年

李维·施特劳斯本来是一个纺织品推销员。当他用金属铆钉加固工装裤口袋并获得了此项专利时，一个全球最具标志性的蓝色牛仔裤品牌诞生了。

李维·施特劳斯（Levi Strauss，原名勒布·施特劳斯，Loeb Strauss）18岁时从德国的布滕海姆移民到美国，与自家兄弟一起在纽约做批发生意。1853年出现了淘金热，于是施特劳斯西迁到旧金山，以自己的名字成立了一个家族分公司——李维斯公司（Levi Strauss&Co.），专门出售其兄弟们供应的纺织品，包括牛仔布、帐篷帆布、床上用品和服装等。

施特劳斯的生意越做越大，没过几年就寄了400多万美元回纽约。施特劳斯的顾客雅各布·戴维斯（Jacob Davis）是一名裁缝。1873年，施特劳斯和戴维斯开始用金属铆钉加固工装裤，并申请了相关专利。这种裤子就是今天十分流行的蓝色牛仔裤。到了19世纪80年代，这种耐用的铆钉牛仔裤成为畅销产品，施特劳斯开办了自己的牛仔裤工厂来完成订单。施特劳斯还是一位伟大的慈善家。他修建了许多孤儿院，设立了多项大学奖学金，还资助修建了一条从旧金山到圣华金谷的新铁路。

李维斯铆钉牛仔裤的**早期广告**主要面向劳动者，比如矿工、农民和牛仔等。

> "我不相信一个习惯忙碌的人能坦然接受退休。"
>
> ——李维·施特劳斯，1895年

生平大事

西进创业
1853年，美国淘金热吸引了大批矿工来到西部地区，施特劳斯也经巴拿马来到加利福尼亚州创业。

获得专利
1873年，施特劳斯与裁缝雅各布·戴维斯共同获得了用金属铆钉加固工装裤的专利。

乐善好施
施特劳斯热衷慈善，1897年，他在美国加利福尼亚大学伯克利分校资助了28个奖学金项目。

贾贾12岁时被卖为奴隶。他从一个划船的奴隶，一步一步成为邦尼帝国的皇室首领，最终成为国际棕榈油贸易中心——奥波博城邦的国王。

生平大事

卖身为奴
1833年，贾贾被奴隶贩子从家中带走，卖到了邦尼王国当奴隶。

皇室首领
1862年，贾贾成为安娜·佩普尔皇室的首领，加强了对邦尼贸易的控制。

创建城邦
1869年，贾贾建立了奥波博城邦作为棕榈油的主要交易地，并接管了更多的船坊。

孤岛流放
1887年，贾贾因妨碍英国在奥波博的利益而被捕，并被流放到圣文森特岛。

奴隶贩子将西非的姆巴纳索·奥克瓦拉奥祖伦巴（Mbanaso Okwaraozurumba），也就是人们熟悉的奥波博城邦的贾贾（Jaja of Opobo）带到了尼日利亚南部的邦尼王国。这里被规划出许多"船坊"，每间船坊都是一个由富商经营的独立交易单位。贾贾被卖到其中一个船坊，然后又被当成礼物送给了安娜·佩普尔皇室（Anna People Royal House）的阿拉利酋长（Chief Alali）。一开始，贾贾的工作是沿着河边的市场划船，他在这里遇到了许多当地商人和欧洲的棕榈油商人。贾贾在为酋长工作时也开始发展自己的棕榈油贸易，最终挣到了足够的钱为自己赎身。安娜·佩普尔皇室的首领去世后，野心勃勃的贾贾接替了他的位置。作为一个精明的商人，贾贾增加了与周边船坊的合作，还加强了与英国的贸易往来。在一次与其他船坊发生争执之后，贾贾于1869年建立了奥波博城邦。随后，贾贾继续接管其他船坊，并控制了英国商人的贸易路线，并垄断了棕榈油贸易，让奥波博成为该地区最繁荣的城邦。

树敌与流放

贾贾逐步越过了英国贸易商，开始直接向英国出口棕榈油，进一步增强了自己的经济实力。但这一做法违背了英国的利益。1884年，在柏林会议上，欧洲列强开会决定瓜分非洲殖民地的贸易权，英国宣称奥波博城邦归英国管辖。英国人指控贾贾非法交易，并于1887年将他流放到加勒比海的圣文森特岛。尽管英国人允许贾贾3年后返回，但他却死在了归途上。

> "**很快，（贾贾）就会击败**所有**对手，除非有人把他干掉**。"
> ——理查德·伯顿爵士（Sir Richard Burton），英国领事，1867年

1887年，**维多利亚女王**在白金汉宫**欢迎贾贾**的到来。贾贾受邀前往伦敦进行贸易谈判，结果刚到这里就被捕了。

奥波博城邦的贾贾

1821—1891年

德国商人弗里德里希·拜耳的第一份工作是染坊学徒，并负责向纺织业公司销售天然染料。拜耳通过自学，精通了人造染料工艺，创办了自己的染料公司，也就是日后的德国拜耳公司——全世界大型化学品和药品制造商之一。

生平大事

染色工艺
1839年，拜耳在化学制品经销商韦森菲尔德公司的染坊当学徒，学会了染色工艺。

销售染料
1848年，拜耳创办了自己的染料公司，成功搭建了销售网络。

改姓
1849年，为了与一个同名的骗子划清界限，拜耳将自己的姓氏由"Beyer"改为"Bayer"。

成立公司
1863年，拜耳与朋友韦斯科特一起合开了拜耳公司，经营染料生意。

在俄罗斯的扩张
1876年，拜耳公司在俄罗斯莫斯科开设了一家新工厂，扩大了染料的生产规模。

14岁时，弗里德里希·拜耳（Friedrich Bayer，原为Beyer）在德国乌珀塔尔的韦森菲尔德公司（Wesenfeld & Co.）当学徒，他逐渐熟悉了印染行业的运作，并成为一名优秀的销售人员。1848年，23岁的拜耳创立了自己的染料公司，并在欧洲建立起分销网络。

在19世纪50年代之前，染料都是从天然的植物、矿物和动物中提取出来的。在那之后，染料公司开始用煤焦油提取物与其他化合物混合，生产出颜色更为丰富的人造染料。拜耳决定和染料商朋友约翰·弗里德里希·韦斯科特（Johann Friedrich-Weskott）一起生产人造染料。他们尝试了各种新的化学组合，生产出的染料质量也远远高于竞争对手。1863年，两个人一起成立了公司，也就是日后的德国拜耳公司（Friedrich Bayer & Co.）。最初，他们只雇了12名工人。但随着公司的快速发展，到了1880年，员工人数已经增长到了300人。拜耳于1880年去世时，其染料和化学产品的销售网络已经覆盖了世界各地的纺织行业。可惜他没能在有生之年看到公司最著名的产品——止痛药阿司匹林，这是染料生产中的一种衍生品，于1899年首次面市。

> "在我当学徒的这些年里……我明白了，我宁可自己开公司，也不要为别人工作。"
> ——弗里德里希·拜耳

拜耳公司使用的**早期卷染机**，通过滚筒将织物浸入染料缸中染色。

弗里德里希·拜耳

1825—1880年

安德鲁·卡内基

1835—1919年

出生于苏格兰的安德鲁·卡内基采用了创新的纵向一体化流程来提高效率,领导了美国钢铁业的扩张。卡内基是他那个时代最富有的美国人。他不仅自己热衷慈善,还鼓励其他富豪慷慨解囊。

安德鲁·卡内基(Andrew Carnegie)13岁时,其父母因贫穷不得不从苏格兰的邓弗姆林移民到美国。那时的他便下定决心,一定要摆脱贫困。到美国之后,他的父亲仍然难以养活这个家庭。很快,卡内基就不得不自己打工挣钱。他在宾夕法尼亚的一家棉纺厂当童工。尽管每天要工作12个小时,他还是抽出时间学习读写。14岁时,他去了美国匹兹堡电报局当信使,并很快晋升为电报员。他酷爱读书,一直坚持自学。当地的安德森上校(Colonel Anderson)是一位大善人,他将自己的图书馆免费开放给这些童工。卡内基对这个可以让自己不断进步的机会非常感恩。所以他暗下决心,如果有一天自己有钱了,也一定要让其他的穷孩子能像自己一样得到贵人的帮助。

1853年,宾夕法尼亚铁路公司的托马斯·斯科特(Thomas Scott)发现了卡内基的才能,聘用他为自己的私人秘书和电报员。卡内基在这家快速发展的大企业里学会了至关重要的管理课。不到10年时间,卡内基就晋升为

> "**品德**本身就是奖赏,而且是唯一的、最大的奖赏。"
> ——安德鲁·卡内基,1902年

卡内基的"露西"熔炉建于1870年,到了1874年,日产量高达91吨,打破了当时的炼铁纪录。

生平大事

制造钢材
1872年,卡内基创建了埃德加·汤姆森钢铁厂;采用新的贝塞麦炼钢法,推进技术革新。

提高效率
19世纪90年代,他通过纵向整合来控制生产,购买了焦炭田、轮船和铁路。

盆满钵满
1901年,66岁的卡内基将公司以4.8亿美元的价格卖给了美国钢铁公司,然后退休。

慈善行为
1901—1919年,他将自己90%的财产捐给了教育和社会公益事业。

卡内基的第一份工作的工资是每周1.2美元

卡内基的人生分为3个阶段：读书、赚钱和捐钱

卡内基去世时，共捐出善款3.5亿美元

铁路主管。在斯科特的帮助下，卡内基开始投资快速发展的重工业，包括钢铁、铁路和石油。卡内基注意到，人们对钢铁的兴趣日益高涨，加上美国内战导致钢铁需求猛增，于是他便开始接触英国的钢铁制造商。

卡内基预见了钢铁在美国工业化进程中的重要作用。1865年，他离开了铁路公司，赴美国启斯东桥梁公司（Keystone Bridge Company）担任管理者，专心研究钢铁。1872年，37岁的卡内基创办了埃德加·汤姆森钢铁厂（Edgar Thomson Steel Works），也就是日后的卡内基钢铁公司。

卡内基的成功在于，他坚持研发和采用可降低大规模钢铁生产成本的创新技术。在观察了英国的贝塞麦炼钢法（Bessemer steelmakin process）后，他率先在美国使用了这种生产流程。到了19世纪90年代，他将更高效的平炉引入美国炼钢业，使美国的钢铁产量首次超过英国。为进一步提高效率，卡内基提出了严控炼钢各个环节的纵向一体化概念。他购买了焦炭田以获取原材料，还购买了铁路和轮船用来运输货物。

乔治·皮博迪

乔治·皮博迪（George Peabody）出生于美国马萨诸塞州，是美国著名的金融家，开创了国际信贷，并因在美国、英国等国家广施善举而闻名于世。

皮博迪（1795—1869）11岁便离开了学校，开始从事羊毛、亚麻和干货贸易。后来，他转战商业银行，于1827年首次访问英国，并于10年后迁居伦敦。他成了伦敦首屈一指的美国银行家，并帮助建立了美国的国际信贷业务。他的合资公司皮博迪-摩根（Peabody, Morgan & Co.）就是后来的摩根大通（J.P.Morgan）。他将自己的半数财产捐给了穷人，用于为他们修建图书馆、学校及收容所。

1901年，卡内基以4.8亿美元（相当于现在140亿美元以上）的高价卖掉了公司，全身心投入到慈善活动中，善举遍布美国及其他英语国家。

博施济众

卡内基认为富人只不过是财富的受托人，应该利用财富为别人谋福利。他经常就社会问题发表文章。他在《财富的福音》（The Gospel Of Wealth）中写道："人在死亡时坐拥巨额财富，是极其不体面的。"卡内基从未忘记安德森上校的善良，并信守自己的诺言，捐款500多万美元，在美国和其他地区修建了2509个图书馆。他还筹建了许多学院、学校、研究所及管理各项慈善捐助的信托机构，这些至今仍在造福大众，比如卡内基国际和平基金会和美国匹兹堡卡内基博物馆等。

卡内基的启斯东桥梁公司 承包了美国圣路易斯钢拱桥的钢结构拱梁。这座钢拱桥于1874年正式建成，至今仍屹立不倒。

启斯东桥梁公司

名人录

18世纪中期，工业革命席卷全球。企业家们组建了具备国际视野的大公司，大规模生产让更多的产品销往比以往任何时候都更广阔的市场。企业家们干劲十足，他们的成功也带来了更深远的影响。

丽贝卡·卢肯斯
（1794—1854）

丽贝卡·韦伯·彭诺克（Rebecca Webb Pennock）是美国宾夕法尼亚州一个钢铁制造商的女儿，受过良好教育。1813年，她嫁给了查尔斯·卢肯斯（Charles Lukens）博士，竭力主张丈夫投资钢铁生意。夫妻二人租了一家当地的钢铁厂，借钱将其改造成了锅炉板制造厂，专门生产蒸汽轮船的锅炉板。1825年，在丈夫和儿子去世之后，丽贝卡·卢肯斯获得了厂房的唯一控制权。为了应对经济衰退、债务和洪灾，她扩大了业务规模，到了1847年，她已经成为美国最优秀的锅炉板制造商。

埃伯哈德·安海斯
（1806—1880）

埃伯哈德·安海斯（Eberhard Anheuser）出生于德国，于1843年移民美国，并在圣路易斯定居。安海斯开了一家肥皂和蜡烛制造厂，经营得十分成功。此外，他还投资了当地的巴伐利亚酿酒公司。1860年，安海斯在酿酒公司濒临破产之际出资买断，亲自经营，并将其更名为E.安海斯公司。次年，安海斯的女儿嫁给了德国移民阿道弗斯·布希（Adolphus Busch），女婿后来也成了他的酿酒合伙人。1879年，他将公司更名为安海斯-布希公司（Anheuser-Busch），并逐步发展成为今天美国著名的啤酒生产商。

塞勒斯·麦考密克
（1809—1884）

塞勒斯·麦考密克（Cyrus McCormick）出生于美国弗吉尼亚州的一个农民家庭。他发明了机械收割机，解决了农民收割庄稼的效率问题。1831年，麦考密克设计出了收割机原型，并于3年后获得了专利。19世纪40年代，他开始在市场上推广收割机，并在芝加哥建立了一家收割机工厂，以美国中西部的农民为目标客户。专利到期之后，他依靠产品创新和营销技巧，使公司保持着良好的发展势头。他去世时，公司已闻名全球。1902年，公司在并购之后更名为万国收割机公司（International Harvester Company）。

塞缪尔·柯尔特
（1814—1862）

1830年，美国人塞缪尔·柯尔特（Samuel Colt）在海上航行时，制作了一个转轮模型，可以让手枪在无须重新装弹的情况下连续射击6次。1835年，柯尔特申请了该项发明专利，开始生产"左轮手枪"等武器。创业初期，柯尔特就遭遇了失败，只得于1842年关闭工厂。不过，他在1847年收到了1000支手枪的订单，所以工厂又重新开业。1855年，柯尔特成立了柯尔特专利火器制造公司，批量生产枪支。到了1862年，柯尔特成为当时世界上最成功的武器制造商。

亨利·内斯特
（1814—1890）

亨利·内斯特（Henri Nestlé）出生于德国法兰克福。在搬到瑞士之前，他曾在一名药剂师那里当学徒。他的研究领域颇广，但真正赚钱的发明是婴儿奶糊。这种奶糊是用婴儿配方奶粉与特制面粉混合而成的，并剔除了面粉中的淀粉等婴儿难以消化的成分。1869年，奶糊在欧洲和美国全面销售。1874年，内斯特卖掉了自己的公司，也就是今天世界上最大的食品公司——雀巢（Nestlé）。

托马斯·亚当斯
（1818—1905）

美国人托马斯·亚当斯（Thomas Adams）因首次向大众市场推出了口香糖而闻名。他发现了一种可以当作天然口香糖的树胶。这种树胶价格低廉，亚当斯最初试图将其作为橡胶轮胎的替代品，可惜试验失败了。但亚当斯意识到，这种树胶可以制造出好吃的口香糖，而且比云杉树脂或者甜石蜡做的口香糖口感更好。1869 年，他开始销售这款口香糖，并于 1871 年获得专利。通过添加香料，亚当斯做出了美国最受欢迎的口香糖。

伊丽莎白·霍布斯·凯克利
（1818—1907）

伊丽莎白·霍布斯·凯克利（Elizabeth Hobbs Keckley）出生在美国弗吉尼亚州的一个奴隶家庭。凯克利跟母亲学了裁缝手艺，为白人和获得了自由的黑人女性做衣服。在客人的帮助下，她为自己赎了身，这些好心人也形成了她最初的客户群。搬到华盛顿后，凯克利开了一家有 20 名裁缝的服装店。当时的第一夫人玛丽·托德·林肯（Mary Todd Lincoln）也注意到了她的才华，于是凯克利不仅成为第一夫人的私人设计师，还成了她的知己。为了救助获得自由的奴隶和受伤的黑人士兵，凯克利成立了慈善机构。她还出过一本自传。

查尔斯·T. 辛德
（1832—1915）

查尔斯·T. 辛德（Charles T. Hind）出生于美国俄亥俄州。他起初在密西西比河上跑船，是一名轮船船长。后来，他创办了自己的航运公司。1870 年，辛德预见铁路的商业潜力后，卖掉了航运公司，当上了铁路公司的代理商。1879 年，他移居加利福尼亚州，开始从事房地产和酒店相关的工作。他还投资了矿山和航运等业务，积极投身慈善事业。

戈特利布·戴姆勒
（1834—1900）

戈特利布·戴姆勒（Gottlieb Daimler）是一名德国工程师。1872 年，他为尼古拉斯·奥托（Nikolaus Otto）工作，协助奥托发明一种以石油为燃料的发动机。1880 年，戴姆勒与奥托产生矛盾，被奥托辞退。于是，戴姆勒便与一位前同事合伙创业。1885 年，他们在自行车上加装了汽油发动机，发明了第一辆摩托车，后来又发明了汽车。1890 年，他们成立了戴姆勒汽车公司，开始进行汽车的商业化生产和销售。

波斯·福斯特·艾姆斯·艾碧
（1836—1914）

波斯·福斯特·艾姆斯·艾碧（Persis Foster Eames Albee）的丈夫是美国新罕布什尔州的一位政治家。她是一名图书业务代表，老板是纽约的图书经销商大卫·H. 麦康尼（David H. McConnell）。1886 年，麦康尼转行开始销售化妆品，艾碧又成了他的销售骨干。她挨家挨户地上门推销，向女性顾客介绍他们的化妆品。艾碧最大的创新在于直销模式，她招募并培训了成百上千的女性作为"直销代表"，让她们有机会通过销售获得经济独立。她不仅参与新品研发，还开了自己的化妆品门店。后来，这家化妆品公司更名为雅芳（Avon），艾碧被尊崇为第一位"雅芳小姐"。

詹姆斯·J. 希尔
（1838—1916）

詹姆斯·J. 希尔（James J. Hill）出生在加拿大安大略省，童年时家境贫困。十几岁时，希尔搬到了美国的河流运输中心明尼苏达州，从事航运工作。1870 年，希尔创办了一家轮船货运公司，主要运输煤炭。随后，他又进入铁路行业，领导财团收购了破产的圣保罗和太平洋铁路公司。在希尔的领导下，公司繁荣发展。他又陆续购买了其他地区的铁路，并于 1890 年将它们合并为大北方铁路公司（Great Northern Railway），贯穿美国的东西海岸。

阿道弗斯·布希
（1839—1913）

阿道弗斯·布希在家里 21 个孩子中排行最末。1857 年，他从德国移民到美国的圣路易斯定居，并开办了一家啤酒厂。1865 年，他与当地酿酒商埃伯哈德·安海斯合作，并于 1873 年成为合伙人。他提倡使用冷藏保鲜技术，还开发出一种用于啤酒的巴氏灭菌工艺，以方便啤酒在美国范围内销售。布希参与了百威啤酒的开发，并将"百威"打造成世界名牌。1879 年，他的酿酒公司更名为安海斯 - 布希公司。安海斯去世后的第 2 年，布希成为公司的总裁。在他的领导下，该公司成为美国最大的啤酒生产商，在全国拥有众多酒厂、配套设施和分销中心。

乔治·吉百利
（1839—1922）

1861 年，英国兄弟乔治·吉百利（George Cadbury）和理查德·吉百利（Richard Cadbury）接手了父亲的巧克力和可可豆生意，并实现了公司盈利。1879 年，兄弟俩将巧克力工厂从英国伯明翰搬到了一个名叫伯恩维尔的村庄。他们为员工提供了优越的工作条件，所有员工都加入了社会保障计划。1893 年，乔治购买土地，在伯恩维尔建造了一个示范村，让员工拥有了经济适用房。除了支持慈善事业之外，他还致力于推动社会改革。1899 年，理查德去世之后，乔治成为吉百利公司的董事长。在他的领导下，吉百利公司继续发展壮大。

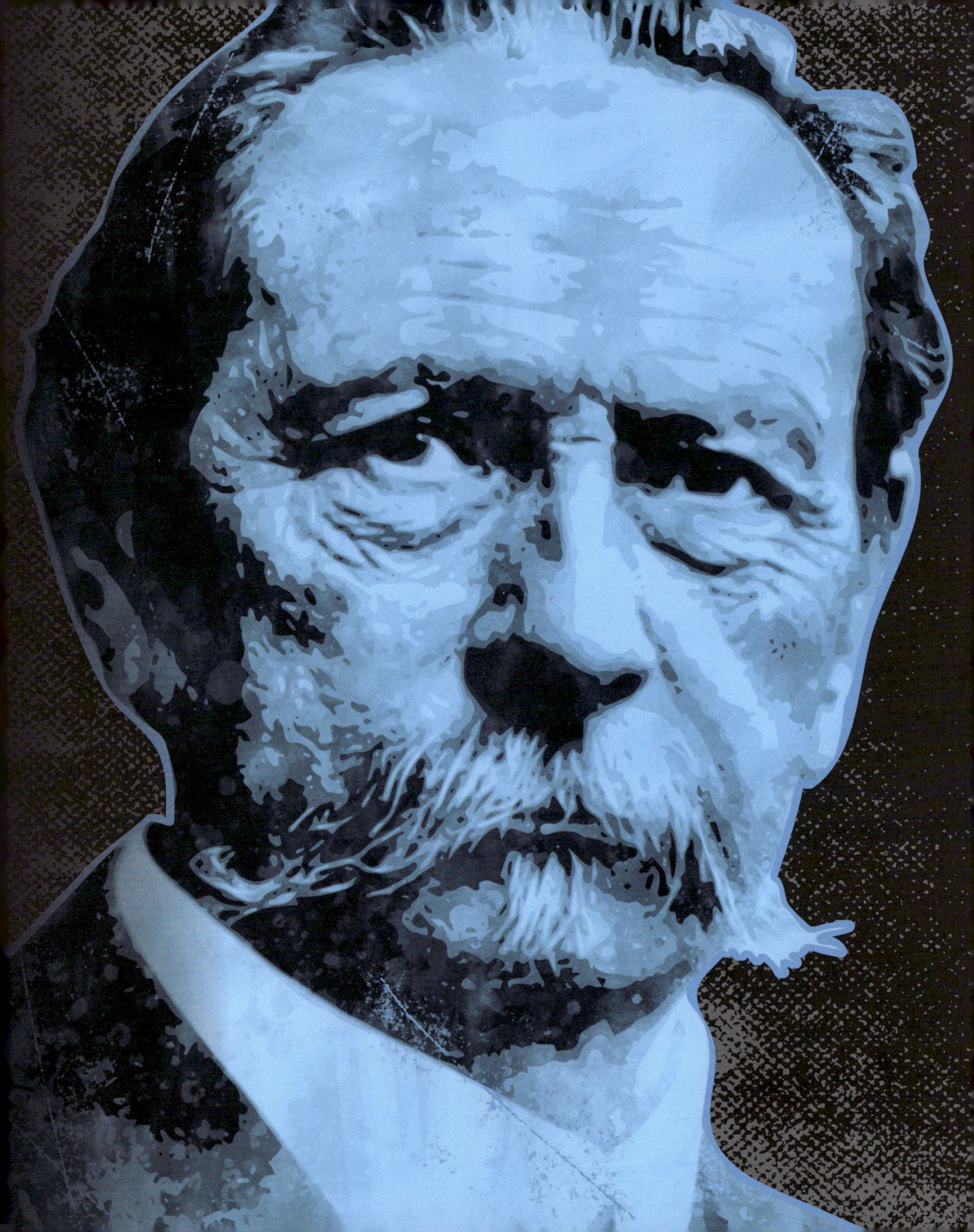

3

科技与垄断

1870—1940年

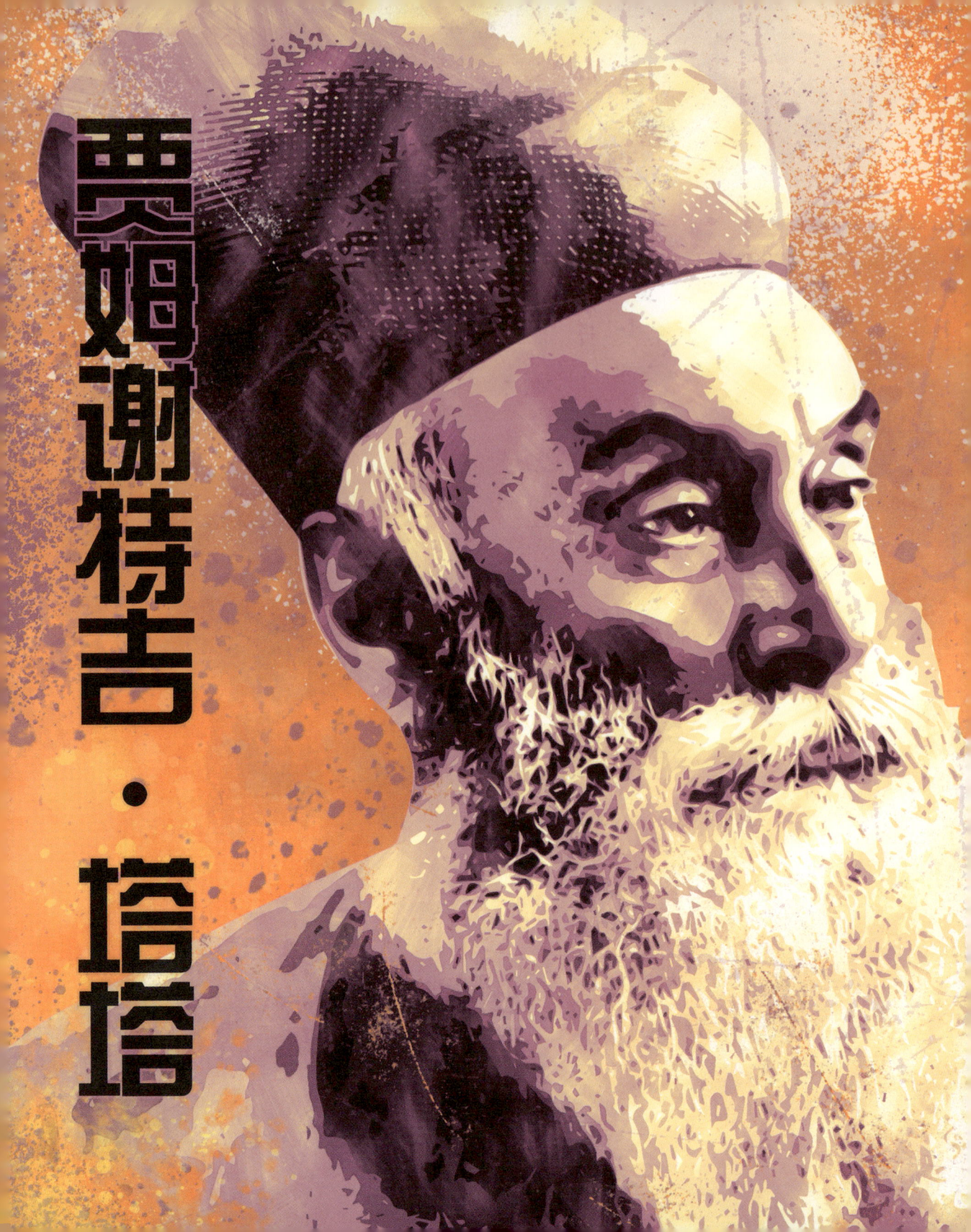

贾姆谢特吉·塔塔

1839—1904年

塔塔集团的创始人贾姆谢特吉·塔塔是印度的一名企业家、实业家和慈善家。在他的领导下，塔塔集团发展成为印度最大的商业巨头。塔塔证明了，在英国统治印度的鼎盛时期，他的祖国能够在纺织品和钢铁的生产和贸易方面与殖民者分庭抗礼。

1839年，贾姆谢特吉·努塞尔万吉·塔塔（Jamsetji Nusserwanji Tata）出生于印度古吉拉特邦的南部地区。1858年，塔塔在印度孟买读完大学之后，加入了父亲经营的棉花、鸦片和茶叶出口公司，并帮父亲在中国、日本、欧洲和美国等国家和地区设立了分公司。1868年，塔塔创办了自己的公司，也就是塔塔集团（Tata Group）的雏形。

塔塔坚信，自己一定能够在印度生产出高品质棉花，打破英国在印度纺织业的主导地位。1869年，他收购了一家棉纺厂。两年之后，他访问了英国的兰开夏郡，对其棉花生产工艺和贸易情况展开广泛调研。回国后，塔塔于1874年成立了印度中部纺织制造公司（Central India Spinning, Weaving, and Manufacturing Company），又在印度那格浦尔建立了皇后纺织厂（Empress Mills），该工厂既靠近铁路和棉花种植地，又有充足的燃料。到了20世纪，塔塔的纺织厂成为印度在全球纺织品贸易中的主要贡献者。

在此后的人生中，塔塔树立了3大目标：建立钢铁公司，利用水力发电，创建世界一流的科研所。1901年，塔塔开始筹备印度第一个大型钢铁厂，并于1907年成立了塔塔钢铁公司。他还计划在印度孟买建水电站，并于1906年成立了塔塔电力公司。塔塔对自己的工人十分爱护，他所有的项目均以史无前例的福利政策而闻名。

生平大事

初涉贸易
1858年，19岁的塔塔开始在父亲的出口贸易公司工作，帮父亲建立海外分公司。

生产棉花
19世纪60年代，塔塔在中国时意识到棉纺织业的巨大潜力，并于1869年收购了一家棉纺厂。

助力教育
1892年，塔塔成立了J.N.塔塔基金会，资助印度学生接受高等教育。

建造豪华酒店
1903年，塔塔建造了印度泰姬陵酒店。这是孟买第一座通电的高档建筑。

> "做生意要坚持诚信正直的原则，还要注重细节……这样才能成功。"
>
> ——贾姆谢特吉·塔塔

约翰·D.洛克菲勒

约翰·D.洛克菲勒是美国的石油大亨，靠炼油发家致富，他的标准石油公司是历史上非常成功的企业，其在石油行业的绝对垄断地位促成了美国19世纪末反垄断法的通过。

生平大事

学习记账
1855年，16岁的洛克菲勒上过一个短期商业课程后，在一家船运公司当助理簿记员。

开始创业
1859年，洛克菲勒开了自己的公司，第一年就赚了45万美元的佣金。

转战石油行业
1863年，洛克菲勒在克利夫兰建造了第一座炼油厂；1870年，他买断了合伙人的股权，完全控制了公司。

美国石油大亨
到1882年，洛克菲勒的标准石油公司提炼的石油占美国当时石油产量的90%。

洛克菲勒标准石油**加利福尼亚州公司**出版了自己的月刊，向股东、员工和公众说明其商业运作和计划。

1839年，约翰·戴维森·洛克菲勒（John Davison Rockefeller）出生于美国纽约。他刚开始工作时就特别勤奋，一心努力赚钱。有人将这归因于他不幸的童年：洛克菲勒的父亲是个旅行推销员，四处招摇撞骗，还犯有重婚罪。因家境贫寒，洛克菲勒从很小时就开始尝试各种赚钱方法。16岁时，洛克菲勒获得了第一份办公室工作，在一家船运公司担任助理簿记员。这份工作做了不到4年时间，洛克菲勒便与莫里斯·克拉克（Maurice Clark）合伙开了自己的公司，通过销售干草、肉类、谷物等商品赚取佣金。

石油热

早在19世纪60年代初，美国宾夕法尼亚州就出现了石油钻井。洛克菲勒从蓬勃发展的石油行业中看到了机遇：煤油是一种比鲸油更便宜的照明燃料。1863年，他在美国克利夫兰建起了自己的第一座炼油厂，这也是该地区最大的炼油厂。1870年，洛克菲勒成立了标准石油公司（Standard Oil Company），并很快以低价买断了合伙人手中的公司股份，同时开始收购竞争对手的公司，

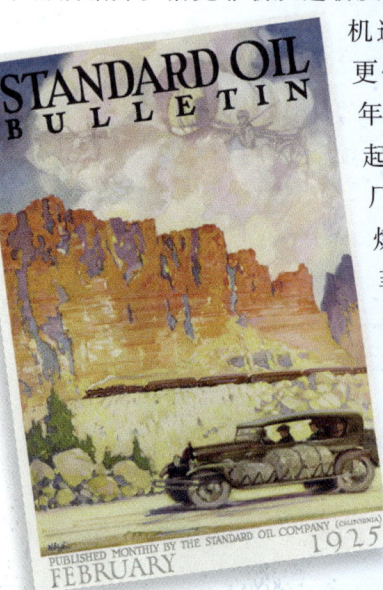

1839—1937年

弗里德里希·恩格尔霍恩

德国工业家弗里德里希·恩格尔霍恩（Friedrich Engelhorn）创立了化工生产巨头巴斯夫公司。

19世纪50年代起，恩格尔霍恩（1821—1902）开始在德国曼海姆生产并销售天然气。他发现煤制天然气的副产品焦油可以制作合成染料，于是开办了化工厂，专门生产焦油和苯胺染料。1865年，巴斯夫公司正式成立。目前，它发展成了一个庞大的化工企业，在全球80多个国家开展业务，苯胺染料仍在其产品组合中。

以期形成石油垄断。洛克菲勒的反对者将这种行为称为不见血的"克利夫兰大屠杀"。到了1872年，洛克菲勒的石油公司已经控制了克利夫兰几乎所有的炼油厂，他与铁路公司谈了足够优惠的石油运输价格，可以一边压低油价，拖垮竞争对手，一边接连买下了输油管道、石油码头，以及竞争对手在其他城市的炼油厂。1882年，洛克菲勒成立了由他本人担任负责人的标准石油托拉斯（Standard Oil Trust），几乎垄断了美国整个石油行业。有人钦佩他的商业能力，但更多的人不赞成他碾压并买断小型石油公司的做法，称其为强盗资本家。

标准石油托拉斯很快就成了记者和政客们的众矢之的。美国国会在1890年通过了反垄断法《谢尔曼法》（Sherman Antitrust Act，正式名称为《保护贸易及商业不受非法限制与垄断危害的法案》），裁定标准石油公司是一家垄断公司。虽然洛克菲勒解散了托拉斯，但其实它仍是一个由不同公司组成的体系。洛克菲勒不断向铁矿石及运输等行业扩张，并继续收购其他石油公司。1909年，洛克菲勒和同在公司任职的儿子利用美国新泽西州的法律漏洞，重建了托拉斯，使之成为一家单一控股公司。

公司解体

记者艾达·塔贝尔（Ida Tarbell）锲而不舍地揭露着洛克菲勒冷血的商业行为，最终促成了标准石油托拉斯的解体。1911年，庞大的标准石油公司被强行拆分成34个独立的公司，媒体报道铺天盖地。然而洛克菲勒早就在考虑退休和财产转移等问题。他是一位虔诚的浸信会教徒，在世纪之交，他开始把注意力放在慈善事业上。他捐建了美国许多知名大学和机构，包括1901年的洛克菲勒医学研究所（今天的洛克菲勒大学），以及1913年的洛克菲勒基金会。1937年，洛克菲勒去世，享年98岁，他一生的捐款高达5亿美元。

在纽约标准石油公司的炼油厂里，**员工们**正在往桶里倒发动机的机油，为运输做好准备。

> "用**公平而诚实**的方式尽力去**赚钱**是一种**宗教责任**；留你该留的，捐你能捐的。"
>
> ——约翰·洛克菲勒，1928年

小时候，洛克菲勒**渴望挣到10万美元** | 1880年，洛克菲勒控制了美国**90%的炼油厂和石油管道** | 今天，洛克菲勒**仍然是史上最富有的美国人**

"谁是世界上最穷的人？……我认识的最穷的人，除钱之外，一无所有。在这个世界上，没有任何其他东西是他愿意追求或思考的。"

约翰·D. 洛克菲勒
选自在第五大道浸信会教堂的演说，1897年

1942年，标准石油公司的一家炼油厂，工人正在用油管分离不同油田的原油。▶

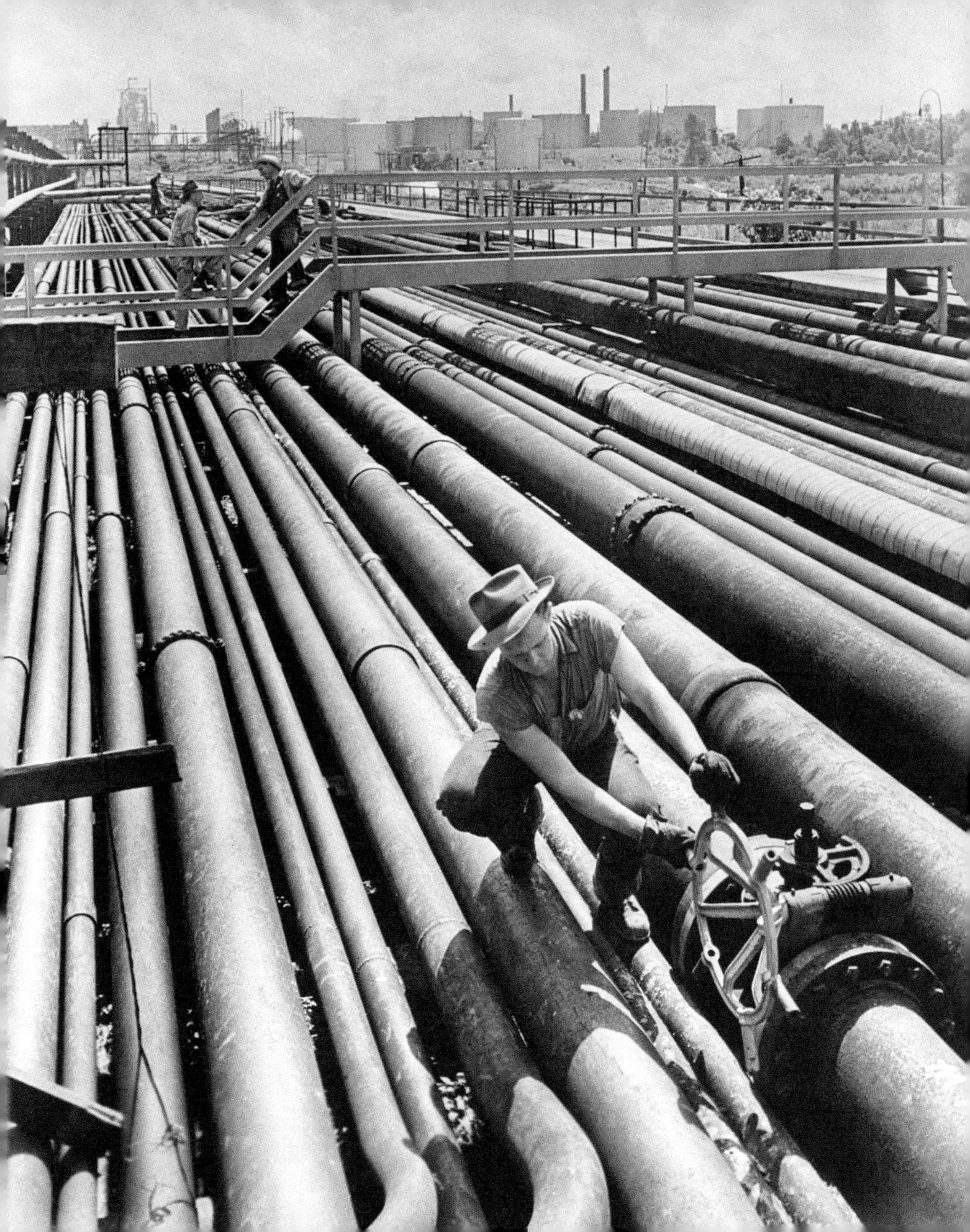

卡尔·本茨

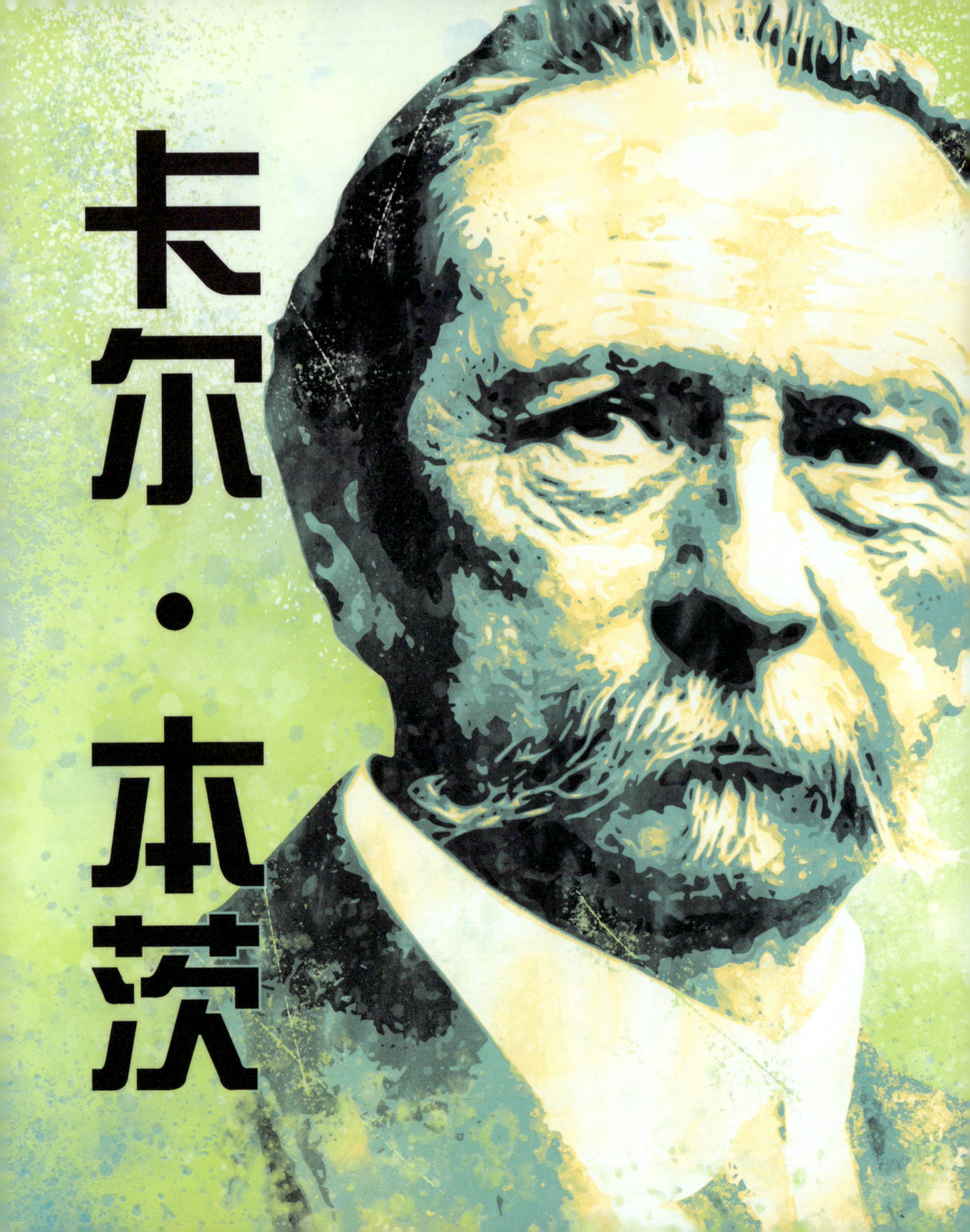

工程师卡尔·本茨希望为普通人设计一款既不需要马也不需要铁轨的交通工具。他发明了第一辆利用内燃机驱动的汽车，即"无马马车"，彻底改变了人们的出行方式。

卡尔·弗里德里希·本茨（Karl Friedrich Benz）出生于德国的卡尔斯鲁厄。父亲是一名火车司机，在本茨两岁时就去世了。本茨很小就开始给别人修理钟表，帮母亲贴补家用。他的学习成绩优异，考上了德国卡尔斯鲁厄大学，攻读机械工程专业。他在大学研究蒸汽火车时，逐渐形成了自己的想法，希望设计出一款不以蒸汽为动力的自推发动机，能够让车辆在没有铁轨的情况下自由行驶。19岁大学毕业之后，本茨在多家公司当机械工程师，并把所有业余时间都花在了设计发动机上。

追求梦想

1871年，本茨与合伙人奥古斯特·里特（August Ritter）在德国曼海姆建了一个车间，但经营陷入困境，生产工具也被法警没收了。本茨的未婚妻伯莎·林格（Bertha Ringer）替他还清了债务，1872年他们结婚时，伯莎又用自己的嫁妆投资了他的车间。

本茨开始着手研发他的发动机。他发明了线圈点火系统、调速系统、火花塞、散热器、化油器（汽化器）、离合器和变速器等零部件，并获得了相关专利。1883年，他终于为

1844—1929年

生平大事

改换专业
1860年，本茨不再当锁匠，转行学习机械工程。

搭建桥梁
1868年，本茨来到桥梁建筑公司工作，之前他曾在意大利维也纳一家钢铁建筑公司短期就职。

发明第一辆车
1888年，本茨接到了奔驰汽车的第一批订单，使其成为第一辆面向公众销售的汽车。

打破纪录
1909年，本茨推出了闪电奔驰（Blitzen Benz）赛车，创下了226.1千米/小时的陆地行驶纪录。

*本茨的妻子伯莎*完全相信丈夫关于"无马马车"的梦想。有了伯莎的帮助，本茨才得以实现自己的梦想。

路易斯·约瑟夫·雪佛兰

路易斯·约瑟夫·雪佛兰（Louis-Joseph Chevrolet）出生于瑞士，是一名赛车手、汽车设计师，也是雪佛兰汽车公司的联合创始人。

1901年，雪佛兰（1878—1941）移居美国，成为别克的赛车手，屡次打破美国各大赛事纪录。他设计了自己的六缸发动机，并与别克的老板威廉·C.杜兰特（William C. Durant）共同创立了雪佛兰汽车公司。可雪佛兰对自己的设计并没有信心。1915年，他将自己的股份卖给了杜兰特，公司被并入杜兰特的通用汽车公司。后来，雪佛兰重返赛车场，并成立了自己的新公司——弗龙特纳克汽车公司（Frontenac Motor Corporation），生产汽车零部件。

自己的"无马马车"找到了赞助商：自行车制造商马克斯·罗斯（Max Rose）和弗里德里希·埃斯林格（Friedrich Esslinger）。三人合伙创立了新公司——奔驰汽车公司。本茨制造的第一辆汽车是奔驰一号。1886年，他成功地为自己设计的第一辆"以汽油为动力的汽车"申请了专利。

奔驰一号的营销

本茨的妻子伯莎不仅帮助改进奔驰一号的设计，还在宣传方面发挥了重要作用。为了证明汽车的安全性，同时引起公众的注意，伯莎开着奔驰汽车完成了一次"快乐之旅"。1888年，她带着两个十几岁的儿子，驾驶奔驰一号从曼海姆开到普福尔茨海姆，全程120千米。他们清早出发，傍晚时就完成了旅程。这是奔驰汽车的终极上路测试和宣传噱头。

旅程中，伯莎经常停车，在沿途出售汽油溶剂的药店里给油箱加油。她还去了鞋匠铺，在木制刹车块上钉上了皮条，这一行为改进了刹车设计，创造了世界上第一个刹车片。当她到达普福尔茨海姆时，她给本茨发了一封电报，将旅行的事情告诉了他。

这次郊游的宣传效果极佳。有很多人都看到了这辆汽车开过，于是有关它

奔驰一号在欧洲的城市街头**引起轰动**。1889年，改进后的奔驰一号在巴黎世界博览会上亮相之后，销量飙升。

> "当我**人生小船**可能要**沉没之际**，唯有**妻子**跟我一起，帮我坚定地升起希望之帆。"
> ——卡尔·本茨，1925年

的消息很快就传开了。汽车订单接踵而来，本茨需要扩大生产规模才能满足需求。1889年，改进后的奔驰一号在巴黎世界博览会上亮相，得到了极高赞誉。在接下来的10年里，奔驰公司的员工从50人增加到430人。

19世纪末，奔驰公司已成为欧洲领先的汽车生产商，本茨还获得了后续多项发动机设计专利。1903年，他从公司退休，但仍在董事会任职。1926年，奔驰公司与其竞争对手戴姆勒公司合并，成立了戴姆勒-奔驰公司。卡尔·本茨于1929年去世，但他的许多创新至今仍在继续影响汽车工业。

奔驰一号只有两个挡位

1886—1893年，奔驰共推出25款汽车

1899年，奔驰公司生产了572辆汽车

作为一名多产的美国发明家，托马斯·爱迪生拥有史无前例的专利数量。他明白，发明仅凭创意是不够的，还必须具有商业价值。他建立了世界上第一个致力于研发和制造突破性发明的研究机构。他开启了电力工业时代，彻底改变了社会发展进程。

生平大事

专利文件
1868年，21岁的爱迪生获得了第一项美国专利。他一生共获得1093项美国专利和多项外国专利。

发明中心
1876年，爱迪生在新泽西建立了世界上第一个工业发明研究机构。

给总统录音
1877年，爱迪生用留声机录下了美国总统拉瑟福德·伯查德·海斯的声音。

推动电影业发展
1891年，爱迪生申请了电影摄影机和放映机的专利，推动了电影业的发展。

托马斯·阿尔瓦·爱迪生（Thomas Alva Edison）出生于美国俄亥俄州，是家里7个孩子中最小的。由于听力障碍，他在学校很难集中注意力，于是，曾经当过老师的母亲在家里教他读书。在母亲的鼓励下，爱迪生成了一个爱读书、爱学习和爱做实验的人。

爱迪生12岁时开始在火车上卖报纸和糖果，这使他接触到了电报这种新技术。当时，列车长需要向车站办公室发电报，报告每日新闻。爱迪生在行李车厢里安装了一台印刷机，开始了他的第一份事业：把这些简报编辑成报纸，与其他报纸一起出售。

通信行业
1863年，爱迪生救了一个差点被火车撞到的小孩，孩子的父亲为了感谢他，教会了他如何发电报。在接下来的5年里，爱迪生顶替了一位参加美国内战的士兵，当起了报务员，流转于各个城市。爱迪生对通信技术和电力越来越感兴趣，于是便开始尝试改进电报机。

1869年，22岁的爱迪生搬到了纽约，与两名合伙人成立了一家电气工程公司。他开发了一种新的电报机，可以将不断变化的股票价格打印在纸带上。

*1928年，**爱迪生**向乔治·伊士曼（George Eastman，图中左边）**展示**他的电影摄影机。伊士曼发明了柯达彩色胶卷，爱迪生使用他的胶卷，用自己的摄影机拍了第一部电影。*

> "天才是1%的灵感加上99%的汗水。"
> ——托马斯·爱迪生，1901年

托马斯·爱迪生

1847—1931 年

发明灯泡

留声机

第一台商用电灯

爱迪生的许多重要发明都诞生于他位于新泽西州门洛帕克的"发明工厂"。该机构通过科学研究和创新实践，为普通人创造实用的产品。

1871—1874 年，他卖掉了将近 5000 台股票报价机，攒够了钱，在美国新泽西州的纽瓦克成立了一个小型实验室。在这里，他专心改进电报设备。爱迪生还发明了接收器、自动打印机和四重电报机。四重电报机可以通过同一根电线向不同方向传输两种信号。当时各大电报公司之间竞争激烈，刚好需要爱迪生的这项发明。因此，爱迪生的生意很快就越做越大。

1876 年，爱迪生在新泽西州的门洛帕克（Menlo Park）成立了一家新的研

电影摄影机

铁路电气化

爱迪生10岁时，在父母的地下室建立了自己的**第一个实验室**

为了发明电池，爱迪生做了**10000次实验**

究机构，并称之为"发明工厂"。这里有一个机械车间、许多实验室，还有一群机械师、木匠和工程师，是世界上第一个商业研发机构。短短一年之内，爱迪生和他的团队就发明出了可用来录制和复制声音的留声机。这一发明为爱迪生带来了国际声誉，并为他赢得了"门洛帕克的奇才"的称号。

电力与照明

1878年，爱迪生成立了爱迪生电力公司（Edison Electric Light Company），希望探索电的潜力。1879年10月，他成功地创造了第一个白炽灯泡，持续照明时间长达13.5小时。1880年5月，爱迪生让来访者在门洛帕克的第一条电气化轨道上乘坐了有轨电车。由于电灯的大规模生产，人们越来越多地使用爱迪生的灯泡，于是他开始研究电力系统，为城市与个人提供价格实惠的电灯和电力。爱迪生成立了一系列公司，开发并创新供电技术，为美国和欧洲的城市提供服务。

随着爱迪生在世界范围内取得的成功，门洛帕克很快就满足不了研发需求。于是，爱迪生搬到了纽约，又于1887年搬到了新泽西州，在西奥兰治成立了一个新的研究所。他一直在这里指导研究，直到1931年去世。在前期研究的基础上，这一时期涌现出了更多的创新发明，越来越多的新产品开始生产和销售，比如改良后的留声机、电影摄影机和碱性蓄电池等。这预示着现代电力时代的到来，也体现了爱迪生在这场电力革命中举足轻重的作用。

卢米埃尔兄弟

奥古斯特·卢米埃尔（Auguste Lumière）和路易斯·卢米埃尔（Louis Lumière）改进了电影摄影机，成立了一家新颖的摄影公司。

奥古斯特（1862—1954）和路易斯（1864—1948）在青少年时期曾帮父亲经营小型照相馆。1881年，路易斯发明了一种全新的"干版"显影技术。鉴于爱迪生的电影摄影机只能为一个观众放映，兄弟俩开发了一套新的活动电影机，可将电影投射到大屏幕上。当时，卢米埃尔兄弟的摄影公司成为世界领先的电影公司，制作了许多电影，包括第一批新闻短片和纪录片。

亨利·福特

亨利·福特是美国著名的实业家、机械工程师和商业巨擘，其家喻户晓的成就是制造了第一辆普通人买得起的福特T型车。福特的创新彻底改变了人们的出行方式，在美国和全球范围内实现了汽车的大规模生产和消费。

1863年，亨利·福特（Henry Ford）出生于美国密歇根州，父亲是爱尔兰农民。12岁生日时，福特收到了一块手表作为礼物，从此他便迷上了机械。在看过早期的蒸汽火车发动机后，福特决心成为一名机械工程师，制造汽车。

16岁时，福特在美国底特律的一个机器车间当学徒。他做了一系列的工作，不断提高自己的机械和工程知识。同时，福特还利用业余时间继续做实验。他早期的发明之一，是一台由蒸汽发动机和旧割草机组成的拖拉机。福特越来越确信，燃气发动机可以取代传统马力，改进农业机械和日常交通工具。

以汽油为动力

1896年，福特在底特律的爱迪生照明公司工作期间，发明了一种用汽油驱动的"四轮车"。福特的努力引起了木材大亨威廉·H.墨菲（William H. Murphy）的注意。1899年，墨菲帮助福特成立了自己的公司——底特律汽车公司（Detroit Automobile Company）。但这家公司不久便失败了，因为

1927年，亨利·福特和他的儿子艾德赛尔驾驶着第1500万辆福特T型车上路。福特有一句名言："任何顾客都可以把这辆车漆成自己想要的颜色，只要它保持它的黑色。"

1863—1947年

生平大事

早期实验
1896年，福特经过多年对汽油发动机和蒸汽发动机的不断实验，发明了以汽油为燃料的"四轮车"。

生意失败
1899年，福特成立了底特律汽车公司，可惜两年后就倒闭了。

福特T型车
1903年，福特汽车公司成立。5年后，福特生产了第一辆平价汽车——福特T型车。

新建厂房
1928年，福特建造了红河工厂，这是当时全底特律乃至全世界最大的汽车生产厂。

家族企业
1943年，在唯一的儿子艾德赛尔（Edsel）去世后，福特重新出任福特汽车公司总裁。

路易斯·雷诺

路易斯·雷诺（Louis Renault）生于法国巴黎，是一位实业家和汽车制造商。他创立的雷诺汽车公司是目前法国最大的汽车公司。

路易斯（1877—1944）在21岁时生产了他的第一辆汽车，名为"Voiturette"（小型汽车），并深知自己的发明具备极大商业潜力。1898年，他与哥哥弗尔南多（Fernand）和马塞尔（Marcel）共同创建了雷诺兄弟汽车公司。除了制造汽车，该公司还生产坦克、农用设备、工业机械和柴油发动机等。第二次世界大战期间，当纳粹占领法国时，雷诺兄弟汽车公司的坦克仍在生产，这导致路易斯因通敌罪被捕，并在等待审判期间死亡。

第二次世界大战期间，**福特汽车的装配线**技术使公司得以转向飞机、坦克和发动机的生产领域，提高了公司的利润。

其生产汽车所用的零部件质量不好，而且售价太高。此外，由于福特拖延设计，激怒了他的工人和支持者。

福特更钟爱设计赛车，而非畅销汽车，这也让他与公司董事会之间产生了矛盾。福特选择了辞职，并发誓从此以后，一定要为自己工作。

1903年，福特用新股东投资的2.8万美元现金创立了福特汽车公司（Ford Motor Company）。新股东们相信福特值得他们冒这个风险。福特的目标是"为大众造一辆车"——一辆宽敞、安全、价格实惠的轿车，而不是豪华轿车，因为后者需要花费太多的时间和金钱。他设计的第一款福特A型轿车一经面世，就大受欢迎。

买得起的汽车

福特的坚持获得了回报：1903—1908年，福特汽车公司生产了9款汽车。不过，没有一款车能超越福特T型车：这款四缸左座驾驶汽车操作简单，维修方便，售价仅为850美元。

福特T型车让普通人

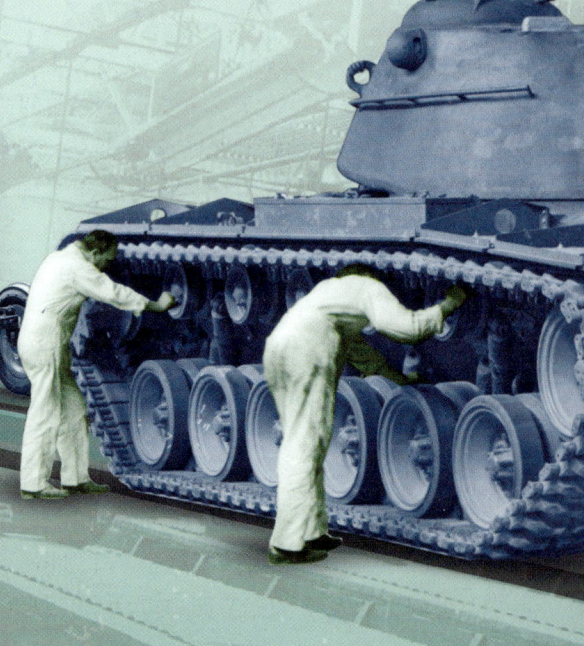

> "失败只是一个重新开始的机会，会让你下次更明智。"
>
> ——亨利·福特，1927年

可以开汽车旅行。到了1927年，福特公司已经售出了超1500万辆福特T型车。汽车的成功推动了美国的现代化，加速了城市化进程，促进了高速公路、服务站、汽车俱乐部和郊区建设的繁荣，使以前偏远的农村地区变得更加容易到达。

制造业革命

福特以降低成本为使命，引发了一场制造业的根本性革命——大规模生产。起初，福特的工人在制造每辆汽车时，是按照从下向上的顺序轮换汽车的。1913年，福特推出了移动流水线：工人们站在移动传送带的旁边，每装好一个零件后，传送带便将车身传送给下一个工人安装下一个零件，直到整辆车全部装完。这种新流水线将每辆车的生产时间从12小时8分钟缩短到1小时33分钟，并在全球范围内引发了生产流程革命。效率的提高，价格的降低使消费者从中受益，普通消费者也能够买得起汽车。1914年，福特将工人的日工资提高到5美元（相当于行业平均水平的2倍），并将他们每天的工作时间从9小时减少到8小时，让他们有更多的时间成为消费者，进行更多的消费。通过对汽车生产流程的创新，福特改进了制造流程，使汽车成为大众化产品，推动了渴望用工资买车的中产阶级的崛起。

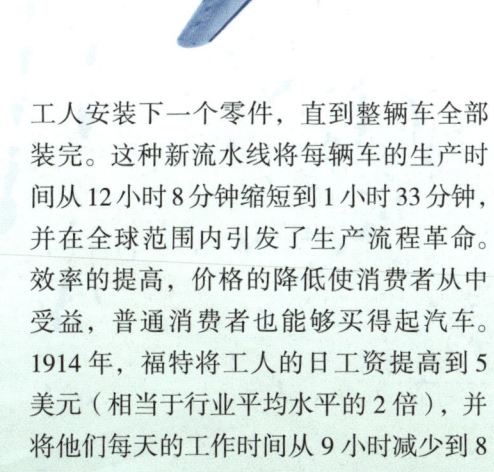

1947年，福特去世，享年83岁。福特基金会接管了他的财产，成为世界上最有钱的私人基金会。

1914年，福特公司收到了**10000份工作申请**

1927年，福特公司**每24秒**就生产出一辆**福特T型车**

第二次世界大战期间，福特公司**制造了8000多架B-24"解放者"轰炸机**

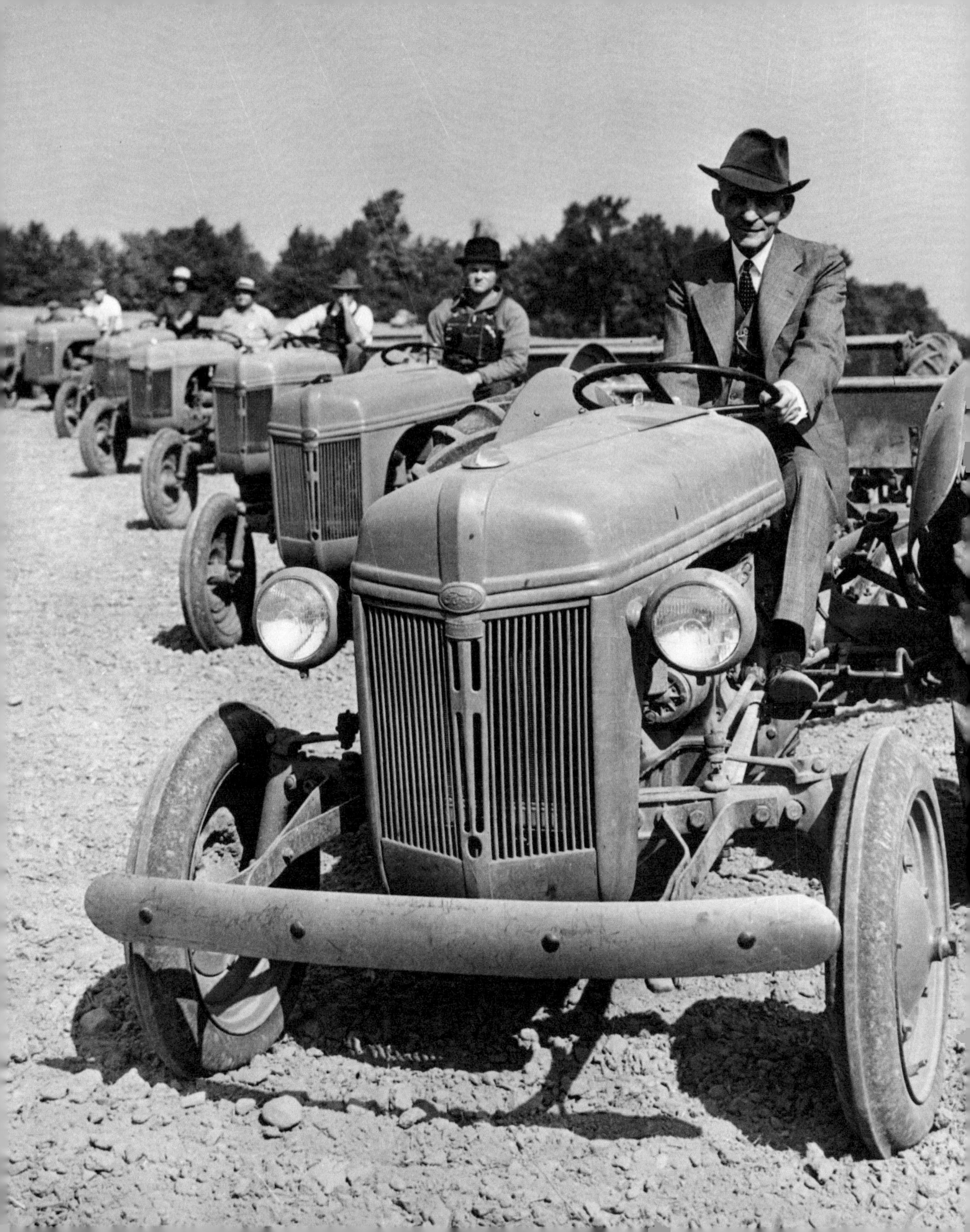

"我们认为，如果消费者购买了我们的车，我们就应该保证这辆车开的时间尽量长一些，维护成本尽量低一些。这就是福特服务的初心。"

亨利·福特
摘自《福特新闻》，1927年6月1日

◀ 1944年，亨利·福特与美国密歇根州的农民一起，开着他自己的燃气拖拉机收割小麦。

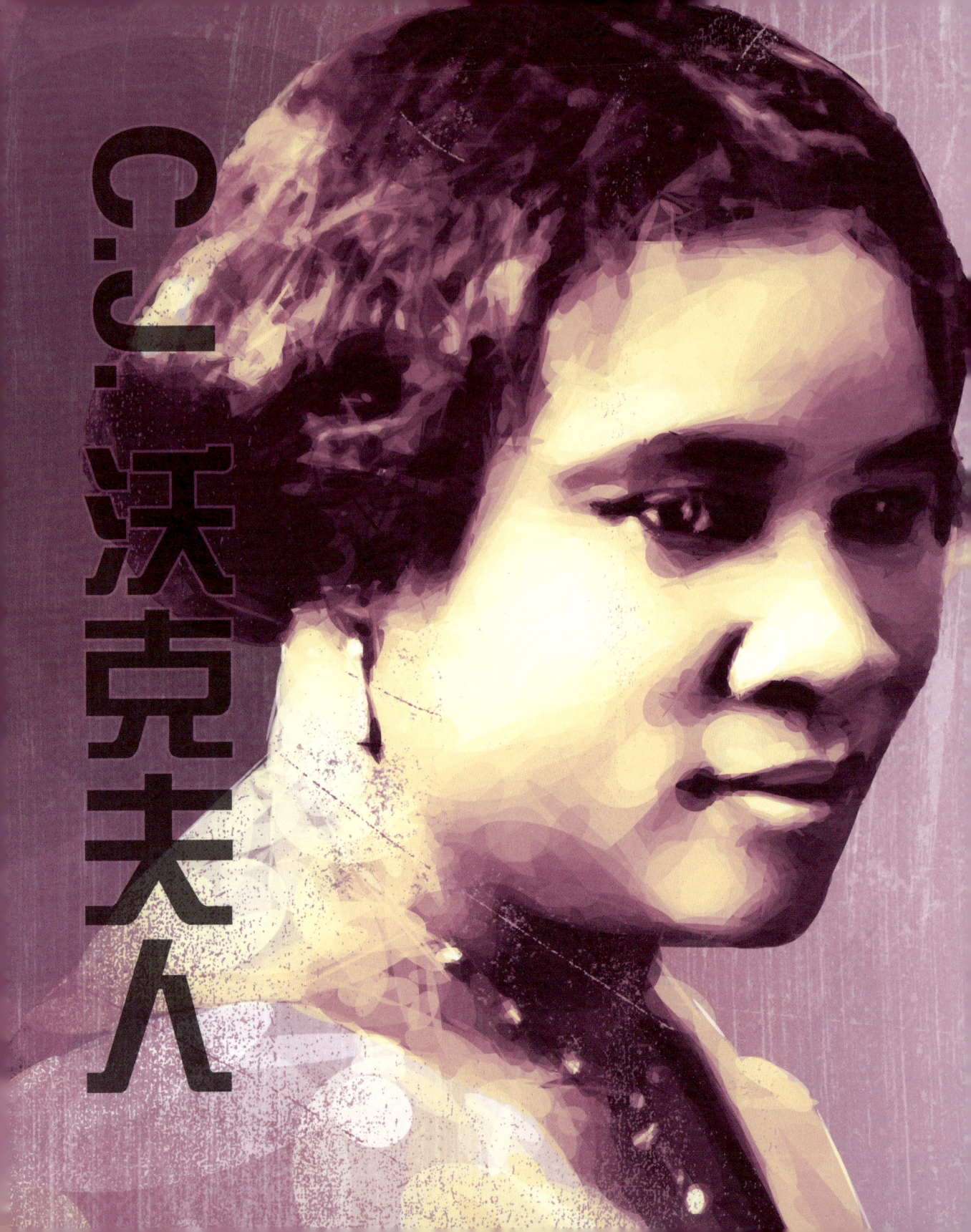

C.J.沃克夫人

C.J.沃克夫人是一位美国的黑人女商人、活动家和慈善家。在20世纪早期种族不平等的背景下，她建立了一个向黑人妇女销售生发护发产品的商业帝国，还为数千名有色人种妇女提供了工作机会，同时全力支持非裔美国人的事业。

1867—1919年

C.J.沃克夫人（Madam C.J. Walker）原名莎拉·布里德洛夫（Sarah Breedlove），1867年出生在美国路易斯安那州，在与第二任丈夫结婚后，她更名为沃克。1889年，她在第一任丈夫去世后搬到了密苏里州，身为单亲母亲的她在一家洗衣店找到了一份工作。19世纪90年代后期，她开始脱发，便想通过一些产品来改善脱发问题。她使用了企业家安妮·特恩博·马龙（Annie Turnbo Malone）生产的生发水，觉得效果不错，并从中看到了商机，便开始挨家挨户地推销马龙的产品。后来，她用凡士林和硫黄调制出了自己的生发水配方。

1905年，布里德洛夫带着女儿搬到了科罗拉多州，一年后，她嫁给了查尔斯·约瑟夫·沃克（Charles Joseph Walker）。她以沃克夫人的身份，为黑人女性设计了一系列生发护发产品，并提供了使用和美发说明。她通过与当地教堂的关系，亲自在教堂里展示这些产品，并招募黑人女性建立起一个挨家挨户推销的代理网络，还可提供邮购服务。沃克夫人逐渐将自己的生意扩展到加勒比地区和中美洲，她的商业模式也给成千上万的黑人女性提供了为自己工作的机会。沃克夫人热心公益，曾向印第安纳波利斯的基督教青年会捐了1000美元。1919年，她又向美国全国有色人种促进会（National Association for the Advancement of Colored People）设立的反私刑基金捐了5000美元。她于1919年逝世。

生平大事

研发生发水

1904年，布里德洛夫在推销安妮·马龙的生发产品之后，开始研发自己的配方，但这引起了马龙的不满。

成立公司

1905年，布里德洛夫再婚，以沃克夫人的身份推销自己的生发护发产品。

设立学院

1908年，沃克夫人短暂旅居匹兹堡，建立了莱利亚美容文化学院。

政治立场

1917年，沃克夫人在接受白宫访问时反对私刑，并支持第一次世界大战中黑人士兵的权利。

> "与其坐等机会的到来，不如自己主动创造机会。"
> ——沃克夫人，1914年

沃克夫人的肖像出现在她最畅销的产品"美妙生发水"的瓶盖上。

1873—1950 年

1908年，梅丽塔·本茨发明了咖啡过滤器，并成立了销售公司，即梅丽塔集团的前身。今天，梅丽塔仍然是世界领先的咖啡品牌。

阿玛莉·奥古斯特·梅丽塔·本茨（Amalie Auguste Melitta Bentz）是一名德国德累斯顿的家庭主妇，她在自家厨房里发明了第一个咖啡过滤器：铜锅打孔，再加一张从儿子威利的笔记本上撕下来的吸墨纸，就是一个简单的咖啡过滤器。在获得了发明专利之后，本茨于1908年和丈夫以及两个儿子在德累斯顿创立了M.本茨公司。次年，本茨的陶瓷咖啡壶和滤纸器在莱比锡贸易博览会上大获成功，公司也蓬勃发展起来。本茨乐意为自己的员工提供一视同仁的优越条件。她制定了每周工作5天、圣诞节奖金和15天年假等福利制度。她和丈夫于1932年退休。

梅丽塔·本茨

"我母亲对咖啡的品位极高，总是无法容忍杯底的咖啡渣。"

——本茨的儿子霍斯特·本茨（Horst Bentz），1949年

生平大事

授予专利	荣获金奖	创立品牌	关爱员工
1908年，本茨获得当地专利局颁发的咖啡滤纸专利。	1910年，本茨在德累斯顿国际卫生展览上荣获金奖和银奖。	1922年，本茨推出了独特的红绿色包装，以保护品牌不受仿造者的影响。	1938年，本茨专门为公司员工设立了梅丽塔援助基金。

1876—1932年

托马斯·巴塔是一个非常成功的商人，他不仅把家族企业发展成为一家国际知名的制鞋公司，还对自己的工人照顾有加。

1876年4月3日，托马斯·巴塔（Tomáš Baťa）出生在今天捷克共和国兹林的一个鞋匠家庭。1894年，他和其兄妹在家乡创办了一家鞋业公司，招了10名工人。由于缺少资金，巴塔开始用较便宜的帆布来代替皮革做鞋，并命名为巴托夫卡鞋（Baťovka）。结果这款鞋大受欢迎，公司的工人很快就扩充到50名。第一次世界大战期间，巴塔得到了一份军靴合同。随着业务不断扩大，他为员工修建了住房、学校、医院，甚至还建了一家巴塔电影院。巴塔鞋业公司逐渐成为其本国的主要制鞋商，并开始在欧洲其他地区建立工厂及员工小镇。从1923年起，巴塔一直担任兹林市市长。1932年，巴塔在一次飞机事故中不幸遇难。如今，他创立的公司在70多个国家共有5300家分店，员工超过80000人。

> "别跟我说这办不到——直接说你不会做。"
> ——托马斯·巴塔

生平大事

创办鞋业公司
1894年，巴塔用继承的320美元与其兄妹一起创办了巴塔鞋业公司。

更新工艺
1904年，巴塔研究了美国的生产流水线，吸取经验，实现了公司的生产现代化。

扭转销售下滑
为了克服1922年的销售危机，巴塔对产品进行半价促销，巩固了其公司在市场的主导地位。

当选市长
1923年，巴塔当选兹林市市长，并计划在1926年将兹林建设成一个工业"花园城市"。

托马斯·巴塔

名人录

19世纪末20世纪初，企业家们创造了许多史上强大的国际公司和品牌。有些公司甚至因为垄断了整个行业且影响力过于庞大，迫使政府不得不通过法律对其强行拆分。

阿萨·格里格斯·坎德勒
（1851—1929）

阿萨·格里格斯·坎德勒（Asa Griggs Candler）是一名美国商人。在成为饮料制造商之前，他曾是一名药剂师。他投资了当时作为滋补品出售的可口可乐，并于1891年将其买下，于次年成立了可口可乐公司。坎德勒建立了更多的工厂，大幅提高了饮料的产量和国内外销量。1899年，坎德勒与当地一家公司达成了可口可乐的第一个特许经营协议，授权该公司生产并销售可口可乐。这种模式为可口可乐的快速发展奠定了基础。1919年，坎德勒以2500万美元的价格卖掉了可口可乐公司。

威廉·E.波音
（1881—1956）

威廉·E.波音（William E. Boeing）出生于美国底特律。他于1916年创立了太平洋航空用品公司（Pacific Aero Products Company），1917年将其更名为波音飞机公司（Boeing Airplane Company）。该公司最初只为美国军队和私人客户制造飞机，后来进军航运和民航服务领域。波音于1929年成立了联合飞机与运输公司（United aircraft and Transport）。1934年，根据《谢尔曼法》，新公司被强行拆分，波音飞机公司继续专注于飞机制造，并成为该领域的国际领导者。

乔治·伊士曼
（1854—1932）

乔治·伊士曼是美国纽约人，早期曾在银行和保险行业工作。1880年，他创立了一家胶卷加工公司，后于1888年发明了柯达相机。1892年，公司更名为伊士曼柯达公司（Eastman Kodak Company），并蓬勃发展。伊士曼于1925年辞职，专注于慈善活动，捐出了超过半数财产。后来，他难以忍受脊椎的剧烈病痛折磨，结束了自己的生命。

密尔顿·史内夫里·赫尔希
（1857—1945）

密尔顿·史内夫里·赫尔希（Milton Snavely Hershey）出生于美国宾夕法尼亚州，并曾在当地一家糖果店当学徒。1876年，他自己开店创业，但6年后以失败告终。1886年，赫尔希成立了兰开斯特焦糖公司（Lancaster Caramel Company），并于1900年以100万美元的价格将其出售。1905年，他用这笔钱建立起一家巧克力工厂，推出了非常受欢迎的牛奶巧克力。赫尔希在去世前将自己的大部分资产捐给了一个慈善基金会。

威廉·伦道夫·赫斯特
（1863—1951）

威廉·伦道夫·赫斯特（William Randolph Hearst）的父亲是一位政治家和金矿老板。他本人从事媒体行业，于1887年接管了经营不善的《旧金山观察家报》（San Francisco Examiner），并实现了盈利。1895年，他买下了《晨报》并改名为《纽约日报》（New York Journal），利用引人注目的标题、彩色插图，与《纽约世界报》（New York World）展开了一场发行大战。赫斯特花了20多年的时间收购美国各地的出版物。经济大萧条爆发时，他被迫关闭了自己的公司。

津田梅子
（1864—1929）

津田梅子（Tsuda Umeko）出生在日本江户（现在的东京），在美国留学到18岁，然后回日本教书。1889年，津田梅子重返美国深造，获得了美国布尔茅尔学院的学位。1892年毕业后，她开始为日本女性争取接受高等教育的权利。她回到了日本，设立了一项专门资助女学生出国留学的奖学金，并于1900年在东京成立了女子英学塾（现在的津田塾大学）。

里纳尔多·比亚乔
（1864—1938）

1884年，意大利汽车制造商里纳尔多·比亚乔（Rinaldo Piaggio）在家乡意大利热那亚建立了自己的同名公司。起初，该公司为船舶提供装备，后来开始制造铁路车厢和机车。第一次世界大战期间，比亚乔雇用专业工程师造飞机。1924年，他在意大利托斯卡纳购买了一家生产有轨电车、货车和缆车的制造厂。1938年，比亚乔去世时，该公司的出口产品已经遍布世界各地。

赫莲娜·鲁宾斯坦
（1872—1965）

赫莲娜·鲁宾斯坦（Helena Rubinstein）于1896年移居澳大利亚并在澳大利亚墨尔本开了一家化妆品店，刚开始是从欧洲进口化妆品，后来自己生产。1908年，她回到欧洲，在伦敦和巴黎开了高端美容沙龙。1914年，她搬到了纽约，并在美国的许多城市都开设了美容沙龙，后来她将业务转向了化妆品的研究、制造和分销，重点研发护肤品。作为一名慈善家，她于1953年建立了赫莲娜·鲁宾斯坦基金会来管理自己的慈善事业。

巴泰布
（1874—1932）

巴泰布（Bach Thai Buoi）出生在越南的一个贫困家庭，早先在一间政府工厂里学习机械和生产技术。后来他去了法国，在波尔多博览会上介绍越南产品。回国后，他为"印中铁路工程"提供枕木，并继续投资煤矿。他看到了开发越南水路的巨大潜力，不断发展使自己的船队从3艘增加到30艘。

路易莎·斯帕格诺利
（1877—1935）

路易莎·斯帕格诺利（Luisa Spagnoli）出生在意大利。1907年，她在自己的家乡佩鲁贾开办了一家糖果工厂，并于1922年推出了公司的拳头产品芭意（Baci）糖果（蜜糖之吻）。斯帕格诺利在佩鲁贾创业成功之后，将业务延伸到时尚界。1928年，她成为意大利第一个饲养安哥拉兔的人。她用柔软如丝的安哥拉兔毛制作出高档奢华的针织品并在其同名的服装公司里销售。斯帕诺利去世后，她的儿子接管了服装公司，将其发展成为国际名牌。

威廉·S.哈雷
（1880 - 1943）

威廉·S.哈雷（William S. Harley）出生于美国密尔沃基，父母是英国移民。15岁的他在一家自行车厂工作时，与朋友阿瑟·戴维森（Arthur Davidson）尝试在自行车上安装汽油发动机，制作摩托车。1903年，两个人创办了哈雷-戴维森汽车公司（Harley-Davidson Motor Company），专门生产摩托车。他一直追求细节，不断推出创新设计，其公司稳步发展，在两次世界大战期间还曾为美军提供摩托车。哈雷在去世之前，一直担任公司的总工程师和财务主管。

康拉德·希尔顿
（1887—1979）

康拉德·希尔顿（Conrad Hilton）在美国新墨西哥州长大。他曾将父亲的部分住宅改造成一家小酒店，并由此开启了自己的职业生涯。第一次世界大战结束后，希尔顿开始在美国得克萨斯州收购酒店，并将业务逐渐扩展到美国各地。1946年，他成立了希尔顿酒店集团（Hilton Hotels Corporation）。1948年后，他开始在国外开酒店。1966年，他的儿子巴伦·希尔顿（Barron Hilton）接替了总裁一职。

大卫·沙诺夫
（1891—1971）

大卫·沙诺夫（David Sarnoff）于1900年移民美国。1906年，他成为美国马可尼电台的一名播音员，表现十分出色。1919年，该电台被并入美国无线电公司（RCA），沙诺夫出任其商务经理。1930年，沙诺夫成为该公司总裁。他是一位有远见的领袖，在广播、电视发展中发挥了重要作用，并帮助创建了美国最早的主要广播网络——美国全国广播公司（NBC）。

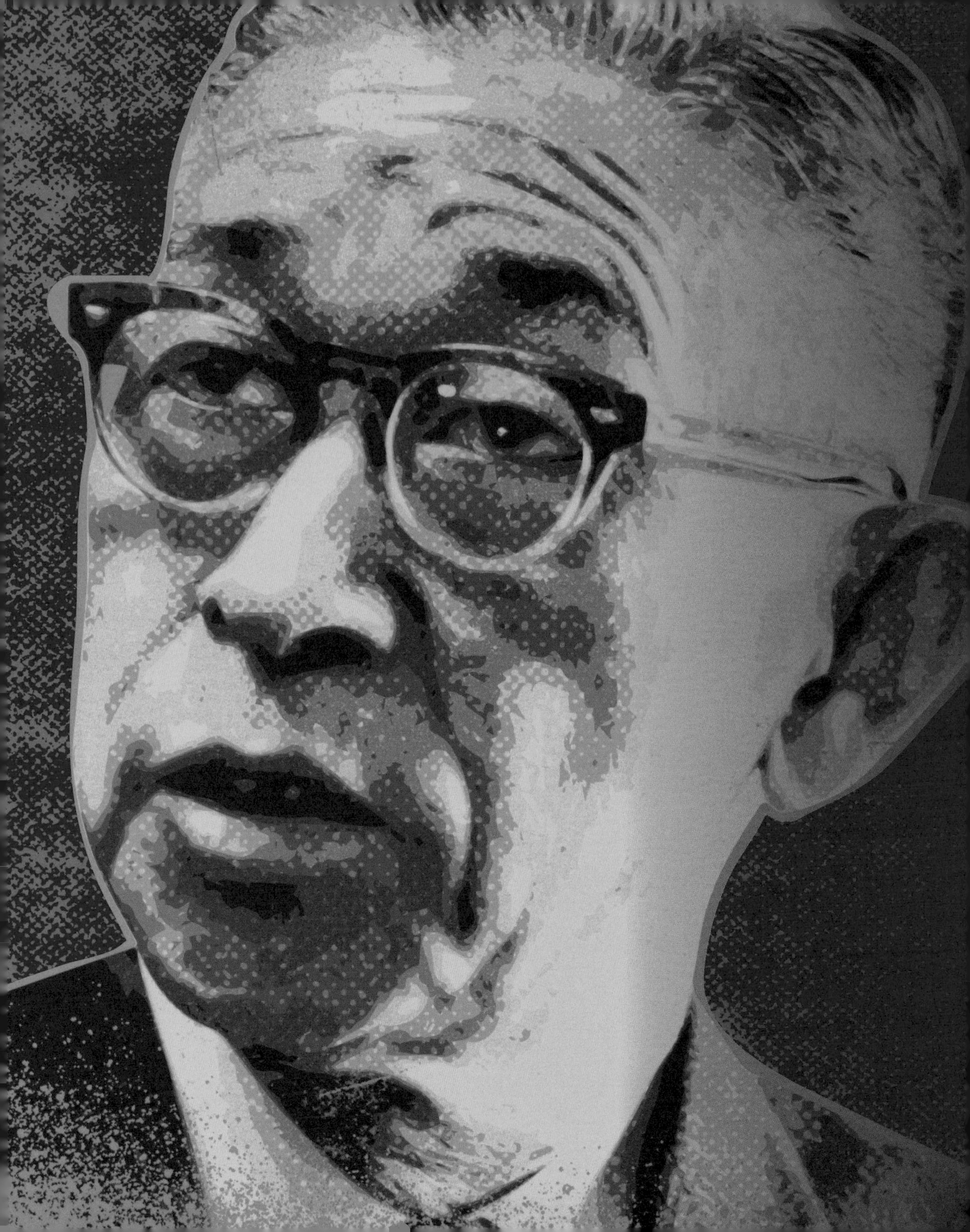

4

制造业与规模生产

1914—1960年

克拉伦斯·桑德斯彻底改变了人们的购物方式。他在"小猪扭扭"杂货店推行了"自助购物"方式，以代替店员为顾客拿商品的传统方式。他还引入了收银台、商品价签和购物小票等，为现代超市的出现奠定了基础。

生平大事

开启自助购物时代
1916年，桑德斯开了第一家自助购物的杂货店，名叫"小猪扭扭"。

失去公司
1923年，桑德斯在公司股价暴跌后申请破产，失去了自己的豪宅和公司。

东山再起
1924年，桑德斯又开了新的杂货连锁店，名叫"克拉伦斯·桑德斯之名的唯一所有者"。

创新概念
桑德斯计划从1937年起再开两家杂货店，采用超前于时代的独特零售理念。

"小猪扭扭"杂货店为顾客提供了一种全新的购物体验，顾客可以拿着木制购物篮自行选购商品，并把这些商品带到收银台交钱。

1881年，克拉伦斯·桑德斯（Clarence Saunders）出生于美国弗吉尼亚州的一个贫穷家庭，后来随父母搬到了田纳西州。他只上过两年学，但一直通过广泛阅读坚持自学。从十几岁开始，桑德斯就在美国克拉克斯维尔和孟菲斯的食品杂货批发公司工作。他发现，顾客在购物时需要排队将购物清单交给店员，店员再从柜台后面取出所需商品。他认为，这种购物方式效率低、成本高，所以决定开一家自己的自助式杂货店。

"小猪扭扭"杂货店

1916年，桑德斯在孟菲斯开了自己的第一家杂货店——"小猪扭扭"杂货店（Piggly Wiggly）。他通过降低店员成本，使商品定价更低。杂货店一开张就大获成功。在6年的时间中，"小猪扭扭"成为美国最大的食品杂货连锁店，门店数量超过1200家，其中超过半数是特许经营店。除了自助购物之外，桑德斯还引入了其他创新理念，并申请了相关专利，比如收银台在过道尽头的商店布局、商品价签、购物小票等。

1922年，"小猪扭扭"在纽约证券交易所上市。然而，由于部分纽约分店经

克拉伦斯·桑德斯

1881—1953 年

弗兰克·温菲尔德·伍尔沃斯

弗兰克·温菲尔德·伍尔沃斯（Frank Winfield Woolworth）是一个有远见的零售商，他创立了世界上最大的连锁店之一，并开创了沿用至今的销售方法。

伍尔沃斯（1852—1919）年轻时曾有过一次糟糕的购物体验，因此他决心开一家零售店，让每个人都可以自由购买任何商品，并得到良好的服务。26岁时，他在美国纽约尤蒂卡开了"伍尔沃斯五分店"：从制造商那里直接进货，摆在自助购物柜上，并以5美分的固定价格出售。随着业务不断扩张，小店铺发展成为F.W.伍尔沃斯公司。到伍尔沃斯去世时，仅在美国他就开了1000多家分店。

营失败，公司上市一年后，股价便开始下跌。桑德斯借了巨额贷款，大量收购自己公司的股票，试图使股价回升。最终，桑德斯被迫宣布破产，失去了对公司的控制权。

唯一所有者

1924年，桑德斯创建了一个极具竞争力的杂货连锁店，名叫"克拉伦斯·桑德斯之名的唯一所有者"。当年他从"小猪扭扭"退出时，曾饱受媒体诟病，他之所以给新店起这个名字，就是

> "激情必须来自对所售商品的坚定信念，而不应局限于卖出商品的欲望。"
> ——克拉伦斯·桑德斯

"小猪扭扭"杂货店拥有自己的货车，负责为各家分店供货。

想挽回自己的名誉,而人们习惯于称其为"唯一所有者"。数百家独资店如雨后春笋般在美国各地出现,给桑德斯带来了数百万美元的收入。20世纪20年代初,当"小猪扭扭"发展正盛时,桑德斯在孟菲斯用粉红色大理石建造了一座豪华的"粉红宫殿"。破产后,他失去了这栋豪宅。后来他用"唯一所有者"赚到的钱修建了一个伍德兰庄园。他还买下了一支职业足球队——"克拉伦斯·桑德斯之名的唯一所有者"老虎队,为宣传新杂货连锁店造势。

1930年,美国经济大萧条(1929—1939)开始之初,桑德斯再次申请破产,失去了他的独资店和足球队。尽管再次遭遇挫折,桑德斯依然不言放弃,在随后的几年中,他又提出了两个零售店的想法。第一家是1937年的Keedoozle自动杂货店。这家店就像一台大型的自动售货机,商品会通过传送带运送到收银台。不幸的是,自动化系统经常出现故障,自动杂货店最终失败了。直到1953年去世,桑德斯一直在钻研另一个创新购物概念,顾客自行挑选食品杂货并打包,然后自助结账,从而减少对收银员的需求。他称其为食品电子购物(Foodelectric),虽然他规划了一家店铺,但却从未开业。

桑德斯致力于在降低成本的同时改善顾客体验,他的努力仍在影响今天的店铺经营方式。

1923年,桑德斯卖出了价值1亿美元的食品杂货

截至1922年,桑德斯在美国41个州拥有超过1200家"小猪扭扭"商店

桑德斯经历了两次破产

可可·香奈儿出身贫寒，曾经当过缝纫工和酒吧歌手，后来在法国巴黎开了一间小型女帽店。香奈儿的商业头脑和与生俱来的时尚感及独立精神，使她的服装品牌经历了两次世界大战的冲击后，依然逐步发展成为一个时尚帝国。她将优雅与舒适完美结合，彻底改变了女装。

生平大事

首款精品

1910年，香奈儿在巴黎开了第一家名为"香奈儿模式"（Chanel Modes）的女帽店。

进军时装

1915年，香奈儿在法国比亚里茨开了一家高级定制服装店，吸引了大量富有的客户，奠定了成功基础。

推出香水

1921年，香奈儿发布了她的第一款香水："香奈儿5号"，并迅速获得成功。

回归阶段

1954年，香奈儿重开自己的高级定制服装店，并以花呢套装重获成功，尤其是在美国。

> "想要无可替代，就必须与众不同。"
> ——可可·香奈儿

1883年，加布里埃·博纳尔·香奈儿（Gabrielle Bonheur Chanel）出生在法国索米尔的一个救济院里，母亲是洗衣工，父亲是旅行推销员。母亲去世后，11岁的香奈儿被送到了一所收留孤儿的修道院，她在那里学会了缝纫。18岁时，香奈儿在穆兰当缝纫工，为了多赚点钱，她还兼职当酒吧歌手。正是在舞台上，她获得了"可可"的绰号。童年的经历让她变得足智多谋，她深谙金钱和社会关系之道，明白这作为获得独立和自由的一种手段是多么重要。

社会熔炉

1906年，香奈儿成为赛马场主人艾蒂安·巴尔桑（Étienne Balsan）的情妇之一，搬进了他在法国贡比涅的庄园。香奈儿开始自己制作观看赛马时戴的帽子，后来说服巴尔桑帮她在巴黎开了一家小型女帽店。1908年，巴尔桑把她介绍给了富有的马球运动员亚瑟·卡佩尔（Arthur Capel）。香奈儿与卡佩尔在一起时，在巴尔桑名下的一套临街公寓开了一间女帽店，卡佩尔帮她一起打理生意。

香奈儿巧妙地宣传了自己的穿搭风格。照片拍摄于1958年的巴黎，简单剪裁的套装和双色调鞋子是香奈儿的经典造型。

可可·香奈儿

1883—1971年

乔·霍根

乔·霍根（Jo Horgan）在29岁时辞去了欧莱雅集团的市场营销工作，在澳大利亚墨尔本开了自己的美妆集合店Mecca，改变了女性购买化妆品的方式，也开创了一项价值数百万美元的生意。

霍根（1968年—）厌倦了从多个柜台购买化妆品的烦琐过程，并由此发现了一个新的商机，即开一家集合多种理想品牌的美妆精品店。1997—2018年，霍根的公司迅速成长为一个美容帝国，在澳大利亚和新西兰拥有80多家门店。霍根认为，优秀的店员是成功的关键，所以每年拿出公司销售额的2%，专门用于员工培训，特别是客户服务方面的培训。

1913年，卡佩尔出资在法国的多维尔度假胜地为香奈儿开了一家时装店。受当时男装简约风格的启发，香奈儿推出了一个运动女装系列。在当时，飘逸的长裙和紧身胸衣是女装时尚的标准，但香奈儿却反其道而行之，选用了一种常用的男士内衣面料，设计出了层次明快、风格简单的女装。第一次世界大战期间，人们对服装实用性的需求增加，香奈儿的这一女装系列立即获得成功。两年后，她在法国比亚里茨开了自己的第一家高级定制服装店，1918年又在巴黎开了一家高级定制服装店。

标新立异

到了20世纪20年代，香奈儿成为一位富有而独立的女商人、设计师，她以独特的风格和强烈的个性而闻名。她的设计打破传统规则，生意也越做越好。1926年，香奈儿推出了"小黑裙"，对只用于战后哀悼的黑色重新进行了诠释，创造出一款励志而平易近人的实用型服饰。1921年，"香奈儿5号"香水大受欢迎，她就此推出了一系列化妆品、珠宝和香水。

1923年，香奈儿开始与威斯敏斯特公爵交往。公爵经常带她去苏格兰。在那里，她受到了启发，用粗花呢这种传统男性面料制作优雅的女装，包括她标志性的套装。

1939年，法国向德国宣战，香奈儿关闭了店面，和德国军官情人汉斯·冈瑟·冯·丁克拉格（Hans Günther von Dincklage）搬到了巴黎的丽兹酒店。战

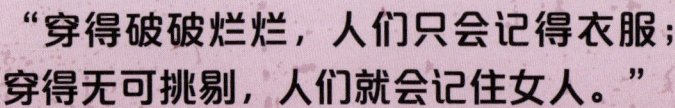

"穿得破破烂烂，人们只会记得衣服；穿得无可挑剔，人们就会记住女人。"

——可可·香奈儿

争结束后，香奈儿不喜欢时尚界由男性设计师主导的潮流，打算做出一些创新，于是她的时装店重新开张，不予理会外界对她与冯·丁克拉格关系的风言风语。

　　1954年，71岁的香奈儿推出了全新套装系列，简约设计再度流行起来，为烦琐的"新装"提供了另一种选择，香奈儿因此受到称赞。1955年，她的另一件时尚单品同样受到追捧：金色链条、菱格纹的香奈儿2.55绗缝皮包，标志着她的回归。

　　整个20世纪60年代，在包括杰奎琳·肯尼迪（Jackie Kennedy）和格蕾丝·凯利（Grace Kelly）在内的名媛客户的支持下，香奈儿获得了更大的成功。香奈儿一直工作到1971年去世，享年88岁。下葬时，她穿的仍是自己最喜欢的香奈儿套装。

香奈儿白手起家的故事激发了她的设计灵感，她用简单的线条、有限的颜色和日常实用的面料，做出了高级定制服装。

设计了第一套女性套装

1935年，在一条街上开有5家时装店

在巴黎的丽兹酒店住了32年

"没有时间去日复一日，一成不变。工作需要花时间，爱也需要花时间，所以没有时间可以浪费。"

可可·香奈儿

香奈儿喜欢使用珠宝配饰，尤其是珍珠，这也成为她的标志性装扮的一部分。图为1936年拍摄。

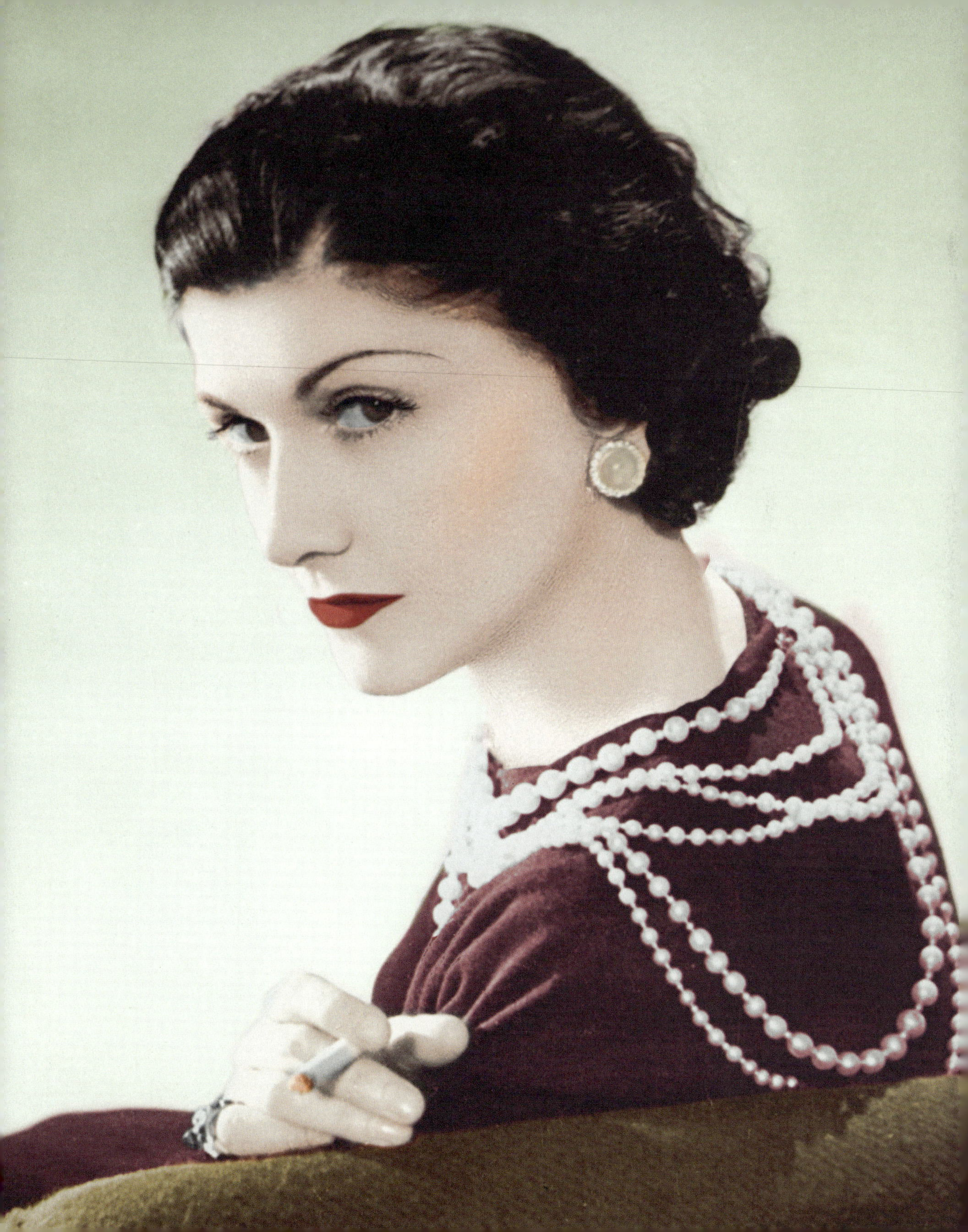

米高梅电影公司（以下简称米高梅）的联合创始人路易斯·B.梅耶是20世纪30年代和40年代最成功的电影制片人。在他的领导下，米高梅建立了一支好莱坞最大的包括明星演员、顶级导演和优秀编剧在内的队伍，见证了电影的黄金时代。

生平大事

初战告捷

1907年，梅耶开办了自己第一家镍币电影院（门票为5美分）。

制作电影

1918年，梅耶搬到了洛杉矶，成立了自己的电影制作公司。

米高梅合并

1924年，梅耶加入马库斯·洛尔的电影公司，成立了米高梅电影公司。

获得财富

1937年，梅耶成为美国第一个年薪超过100万美元的人。

大获全胜

1939年，梅耶获得了《乱世佳人》的独家发行权，这是当时最成功的电影。

路易斯·伯特·梅耶（Louis Burt Mayer）原名拉扎尔·梅耶（Lazar Meir），是一位俄罗斯帝国犹太移民的儿子，定居在加拿大的新不伦瑞克。梅耶出身贫寒，为了赚钱养家，他12岁时辍学，跟父亲一起做废旧金属生意。当时，美国正在经历一场娱乐革命，成百上千家镍币影院纷纷营业。1907年，梅耶搬到了美国新英格兰。此时的他已经攒够了钱，在马萨诸塞州的黑弗里尔翻修了一家拥有600个座位的影院。影院重新开张时，电影票价低廉，新片源源不断。1915年，梅耶花了2.5万美元购买了史诗电影《一个国家的诞生》在新英格兰的独家播放权。尽管他连看都没看过这部电影，但他赌赢了，大赚了10万多美元。3年后，他拥有了新英格兰地区最大的连锁电影院。

制作电影

对梅耶来说，放映电影还不能满足他，他想做的是拍电影，他也有了足够的资金来做这件事。1918年，他搬到了洛杉矶，建立了一个电影制片厂，与著名影星安妮塔·斯图尔特（Anita Stewart）一起拍了一系列浪漫而催人泪下的影片。尽管公司规模不大，但却充满活力，利润可观。1924年，梅耶的才华引起了米特罗－高德温电影制片公司（Metro-Goldwyn）老板马库斯·洛尔（Marcus Loew）的注意。洛尔邀请梅耶接

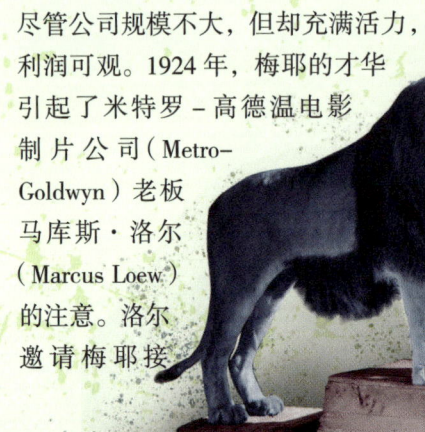

1928年，一名摄影师兼录音师录制了米高梅商标中狮子利奥的吼叫声。

路易斯·B·梅耶

1884—1957年

"我想拍关于**美丽主人公**的美丽电影。"

——路易斯·梅耶,1925年

梅耶制作的电影布景精致、服装华丽、情节精彩,让世界各地的观众为之着迷,也让他(左)成为美国最会赚钱的人。

手他在西海岸的电影工作室，梅耶同意了，条件是将"梅耶"加入公司的名字。1925年，梅耶当上了好莱坞米高梅电影公司（Metro-Goldwyn-Mayer, Inc., MGM）的运营总裁，一直担任到1951年。

梅耶主要负责发掘新星、制定预算和审批新片，其搭档欧文·撒尔伯格（Irving Thalberg）则负责电影制作。梅耶和撒尔伯格本就是旧相识，两个人珠联璧合，组成了顶级的电影制作团队。梅耶的目标是造星。他让演员与米高梅签下长期合同，拍摄歌颂家庭美德、弘扬爱国主义及观众们喜闻乐见的高品质电影。梅耶有一双发掘天赋演员的慧眼，葛丽泰·嘉宝（Greta Garbo）、琼·克劳馥（Joan Crawford）、鲁道夫·瓦伦蒂诺（Rudolph Valentino）和克拉克·盖博（Clark Gable）等巨星只是梅耶发掘和培养的一部分明星。此外，他还负责培养童星，包括朱迪·加兰（Judy Garland）和米奇·鲁尼（Mickey Rooney）等。然而，并不是所有与梅耶合作过的演员都喜欢他。一些演员认为梅耶企图控制他们的私生活，行事过于霸道；还有人指责他对部分女演员存在不当行为。

黄金时代

到了1927年，米高梅已经成为好莱坞最成功的电影公司。同年，其竞争对手华纳兄弟（Warner Bros.）发行了第一部"有声电影"——《爵士歌手》（The Jazz Singer）。1928年，作为回应，米高梅推出了《妙手空空儿》（Alias Jimmy Valentine），并继续发行了一系列票房大片。梅耶非常依赖撒尔伯格的制作才能，因此在1936年撒尔伯格去世后，许多人认为，这势必会影响到米高梅的命运，但事实上，米高梅依旧发展得很好。到了1939年，有2/3的美国人每周至少看一次电影。观众们对新电影的旺盛需求，使得电影制片厂不得不夜以继日地赶拍电影。不论任何时候，米高梅都有多达18部电影正在制作当中。

1939年，随着彩色电影的出现，米高梅再次把握住良机，成为《乱世佳人》（Gone with the wind）的独家发行商，并发行了音乐剧《绿野仙踪》（The Wizard of Oz）。然而，第二次世界大战之后，梅耶的浪漫爱情和温暖亲情的故事情节逐渐失去了吸引力。预算的削减也意味着梅耶无法再拍出他想要的高品质电影，这导致公司内部关系紧张。1951年，梅耶离开米高梅想开一家独立的制片公司，但最终以失败告终。

乔治·伊士曼

纽约人乔治·伊士曼（George Eastman）是使用便携式胶卷相机的先驱，该创新让更多人得以接触摄影。

伊士曼（1854—1932）认为老式照相机过于笨重，并且造价昂贵。1880年，他发明了一台胶卷机，用来生产卷式胶片。1888年，他创建了伊士曼柯达公司（Eastman Kodak Company）并推出了手持式柯达相机。该相机可放入100张胶卷底片，全部拍完后拿回柯达公司进行一次性冲洗，而老式的玻璃底片则需要拍一张冲洗一张。1900年，伊士曼柯达公司的布朗尼相机的零售价格仅为1美元，第一年就售出了15万台，从而让摄影走进了千家万户。

梅耶为米高梅签下了13岁的朱迪·加兰

梅耶担任米高梅总裁长达26年

松下幸之助创办的松下电器产业株式会社是全球主要的电子消费品制造商之一。童年时的家庭贫困和读不起书的不幸经历，为松下幸之助的许多商业策略提供了思路。他坚信，企业有责任帮助社会消除贫困，改善人们的生活水平。

生平大事

创建公司

1918年，松下幸之助创建了松下电器制造所，销售插头和双灯用插座。

最畅销的发明

1923年，松下幸之助设计了一种炮弹型电池式自行车灯，充电后可连续工作40小时。

建立研究所

1934年，松下幸之助成立了店员培训所，为年轻人提供工程和商业培训。

获得殊荣

1958年，松下幸之助在荷兰被授予奥兰治-拿骚司令勋章。

写作畅销书

1974年，松下幸之助出版了关于日本教育和经济政策的著作《如何拯救行将崩溃的日本》(Japan at the Brink)，大卖60万册。

1894年，松下幸之助（Konosuke Matsushita）出生于日本南部的和歌山，是家里8个孩子中最小的一个。松下一家本来生活富裕，但在他4岁时，因父亲生意失败，全家失去了所有的土地和农场，并且被迫搬到城市生活。9岁时，他被送到日本大阪一家卖炭盆（一种用于做饭和取暖的便携式火盆）的商店里当学徒。后来，他又在一家自行车店当学徒，成为店里的一名销售员。

独到的创意

松下幸之助15岁时在大阪电灯公司找到了一份工作，并很快成了一名业务娴熟的技术员。当时，他刻苦钻研，改进了一个电源插座设计。可当他将成果交给上司时，却遭到了拒绝。松下幸之助确信，改良的插座产品一定会获得成功。所以，他于1917年离开公司，创办了一家新公司，他的妻子芽衣（Mumeno）、妻弟井植岁男（Toshio）和两名前同事也加入了他的行列。由于团队的启动资金非常少，所以他们只买了一些基本的手工工具和用品。经过数周的研究和分析，松下幸之助的插座终于做好了。只可惜，销量不佳，两名前同事纷纷选择在年底之

*1953年，**日本国家电视台派专车**在日本巡回展出松下电器公司生产的新型家用电器。*

松下幸之助

1894—1989 年

松下电器 1953年："电气化之年"

1953年被誉为"电气化之年"，它预示着一个全世界对电器产品需求增长的时代已然来临。松下幸之助的公司批量生产了电扇、电视机、洗衣机等家用电器。

前离开了公司。后来，有一家公司突然下了一笔大订单，让松下幸之助的公司起死回生。这份意外之喜让他获得了足够资金，他于1918年正式成立了松下电器制造所，也就是今天的松下电器产业株式会社（Panasonic Corporation）。4年之内，制造所的员工已经增长到50人。

买得起的奢侈品

在电器被视为奢侈品的年代，松下幸之助的愿望就是让人们都能买得起电器。1927年，他推出了"超级电熨斗"，并在公司内部建立了一个新的部门，专门负责电熨斗的批量生产，从而降低生产成本，并将这款电熨斗的价格定为3.2日元，远低于5日元的市场均价。到了1928年，松下幸之助的员工人数已增加至300人。

然而，1929年美国华尔街股市大崩盘之后，他的公司的产品销售额急剧下降，导致大量库存滞销。员工都因害怕裁员而忧心忡忡，但松下幸之助不仅向他们保证绝不会这样做，还允许他们只上半天班，从而使产量减半，同时鼓励员工积极卖掉剩余的存货。短短几个月

> "企业的终极使命是为了让我们的社会变得更好。"
> ——松下幸之助

23岁时成立了自己的公司 | 1958年实现了出口销售额32亿日元 | 担任了55年的公司董事长

之内,公司员工就卖掉了积压的全部存货。随着经济的逐渐复苏,松下幸之助的工厂也全面恢复生产。

企业的使命

1932年,松下幸之助参加了一次宗教聚会,并受此启发想到了一条商业策略。他意识到,宗教可以指引人们找到幸福并获得内心的平静,同理,企业也可以通过提供满足人类需求的"物质必需品",让人们生活得更幸福。正如他后来向员工解释的那样,他认为企业有责任通过提供"像自来水一样丰富而廉价"的商品,来帮助人们战胜贫困,让世界变得更加美好。

到了1933年,松下幸之助的公司生产的家电产品种类已多达200多种。公司在大阪东北部的门真市建立了新的总部和工厂,这里就是今天松下电器产业株式会社的所在地。

1935年,随着松下产品的国际出口量不断增长,松下幸之助专门成立了负责海外贸易的松下电器贸易株式会

*1923年,**松下幸之助发明了**一种新型自行车灯。在夜晚骑自行车时,老式车灯经常会熄灭,而他改进的炮弹型电池式自行车灯的照明时间则更久。*

> "**企业**不是你用来**维持生存或履行义务的一种手段**，而是你想为之**奋斗的事业**。"
>
> ——松下幸之助

社（Matsushita Electric Trading Company）。此举在当时是一个高瞻远瞩的决定，其他制造商很少关注自己产品的海外销售，而松下的产品出口量则实现了稳步增长。

战后的艰难岁月

1945年第二次世界大战结束之后，松下失去了32家工厂和办事处。盟军在战后占领了日本，并颁布了旨在解散日本家族式企业集团的新规，还威胁将关闭松下公司。此外，由于战争期间松下幸之助的公司曾生产过军事装备，盟军勒令他辞去公司总裁一职。松下幸之助对自己的处境总共提出过50多次质询。1947年，在新成立的工会以及零售商和附属公司的联名请愿支持之下，松下幸之助终于被允许留在公司，松下公司也得以恢复正常经营。

向西方扩张

1951年，松下幸之助赴美国考察，他感到松下公司亟须跟上西方技术的脚步。为此，他与荷兰皇家飞利浦电子公司建立了合作关系。1959年，松下幸之助成立了美国松下电器株式会社，进一步扩大了出口业务。尽管20世纪60年代初，松下幸之助就从公司总裁的位置上退下来了，但直到1973年，他仍在公司运营中积极发挥余热。退休之后，他花了大部分时间来写书，分享自己的从商心得与社会理念，阐释自己为何坚信"通过经济繁荣走向和平与幸福之路"是存在的。他于1989年去世，享年94岁。

维尔纳·冯·西门子

维尔纳·冯·西门子（Werner von Siemens）出生于德国汉诺威，曾就读德国柏林军事学院炮兵工程专业学习工科。他改良了指针电报机，这次发明经历指引他创立了今天的西门子公司。

1847年，西门子（1816—1892）制造了一台改良的指针电报机，其指针指向的是字母，而非之前的摩斯电码。随后，他与搭档约翰·格奥尔格·哈尔斯克（Johan Georg Halske）创办了自己的公司。西门子在指针电报机中所使用的技术，为他日后发明加强型发电机奠定了基础。这款发电机实现了高转速，是电气工程中的一个巨大进步。在此基础上，西门子公司于1879年建造了世界上第一台电力机车。为了留住优秀员工，西门子制定了包括养老金计划在内的多种社保政策。

---

*松下幸之助与松下公司各种电器产品的合影，**拍摄于1964年**。* ▶

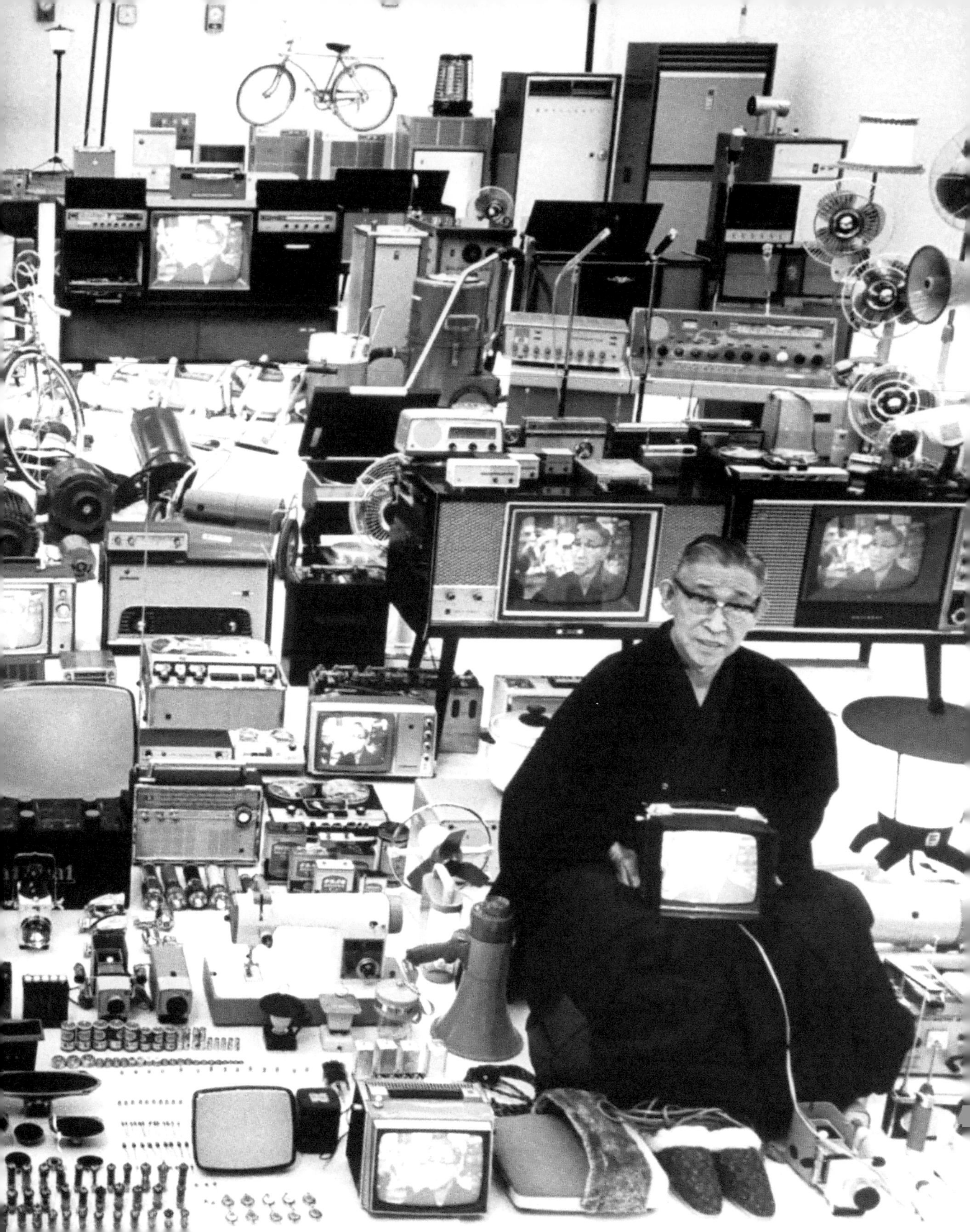

生平大事

爱丽丝动画
1924年，华特迪士尼工作室推出了第一部动画作品《爱丽丝的海上之日》。

创建卡通人物
1928年，米老鼠动画电影《威利号汽船》上映，这是世界上第一部有声动画电影。

获得认可
1932年，迪士尼发行了世界上第一部彩色动画片《花与树》，并荣获奥斯卡最佳动画短片奖。

引入景深
1937年，迪士尼发明了多平面摄像机，并在动画电影中引入了景深概念。

电视首秀
1954年，迪士尼推出了电视连续剧《迪士尼乐园》，为自己在加利福尼亚州开的新主题乐园筹资。

华特·迪士尼是一个故事大王和新锐动画师，他彻底改变了20世纪的娱乐行业。他引领了电影电视的新科技、新格局，并让笔下的经典卡通人物在世界闻名的迪士尼乐园中变为现实。

1901年，华特·伊莱亚斯·迪士尼（Walter Elias Disney）出生在美国伊利诺伊州的芝加哥，他从小就热衷于艺术。20多岁时，他开始尝试手绘赛璐珞动画，并于1922年建立了自己的第一个工作室。尽管他的动画片《小欢乐》（Laugh-O-grams）越来越受人欢迎，但他的工作室却陷入了债务危机，并于1923年被迫关闭。于是，迪士尼决定去好莱坞当一名导演，碰碰运气。他搬到了加利福尼亚州，并获得了系列动画片《爱丽丝在卡通国》（Alice Comedies）的制作合同。他将真人表演与动画相结合的首次尝试，标志着华特迪士尼工作室的正式成立。1928年，世界上第一部有声电影问世，迪士尼迅速意识到动画片中将动作与声音同步的前景，于是制作了以米老鼠为主角的动画电影《威利号汽船》（Steamboat Willie）。这部动画电影一经上映，便大获成功，迪士尼也因不断创新而声名鹊起。在接下来的30年里，迪士尼继续发扬勇于冒险和开拓创新的精神，接连推出了彩色动画、长篇动画电影和电视动画片等。1955年，迪士尼将自己寓教于乐的初衷从银幕搬进了现实生活中，在加利福尼亚州开了一家以迪士尼卡通人物为主题的乐园。

> "我想，**我的成功秘诀**或许是：追寻**梦想**、追求**多样性**并抓住一切细节。"
>
> ——华特·迪士尼，1958年

华特·迪士尼

1901—1966年

1902—1984年

生平大事

开设连锁店

1955年，克洛克创立了麦当劳公司，并于1961年以270万英镑买下麦当劳兄弟的全部股份。

司机免下车服务

1975年，克洛克在亚利桑那州首次为司机提供免下车点餐服务，该业务收入占总收入的70%。

业务主管

1977年，克洛克出任麦当劳的董事长，全权管理公司。

雷·克洛克在推销奶昔搅拌机时，洞察到麦当劳家族汉堡店的连锁经营潜力，并成功地将麦当劳打造为全球快餐品牌，因此被誉为"快餐之父"。

雷蒙德·艾伯特·克洛克（Raymond Albert Kroc）做过许多工作，后来成了一名奶昔搅拌机销售员。他推销的奶昔搅拌机可同时制作5杯奶昔。1954年，美国加利福尼亚州的圣贝纳迪诺有一个客户向他购买了8台奶昔搅拌机。克洛克出于对大订单的好奇，于是参观了由莫里斯·麦当劳和理查德·麦当劳兄弟经营的这家汉堡店，马上就被该店的装配线震撼到了。这套装配系统能以极快的速度出餐，将饮料、汉堡和薯条送到客人的手中。

克洛克洞察到这一商机，便向麦当劳兄弟提出了交易请求：他愿意支付一笔特许经营费，以获得开设麦当劳分店的授权。交易达成后，克洛克开始出售麦当劳单一店面的特许经营权，这样一来，店主们就可以经营各自的快餐分店了。同时，克洛克打算让麦当劳所有分店都整齐划一。为此，他开办了一个经营培训课程，按照"质量、服务、卫生和价值"等要求和标准教店主们如何经营才能达标。有了这些经营原则，加上麦当劳提供的快餐都是大众常见餐食，门店又大多集中在郊区，麦当劳成功吸引了家庭消费这个新市场。到了1961年，克洛克已经在美国开设了200多家麦当劳门店。到1984年他去世时，麦当劳在全球的门店数量已高达7500家。

雷·克洛克

自1953年以来，**著名的金拱门**一直是许多麦当劳餐厅店铺招牌设计中的一部分。1962年，金拱门被正式纳入麦当劳的品牌标识之中。

霍华德·休斯

1905—1976年

美国亿万富翁霍华德·休斯将自己广泛的兴趣发展为传奇的商业成就，并以著名电影制片人、飞机设计先驱和制造商、飞行员等身份留名青史。

作为成功发明家的儿子，小霍华德·洛巴德·休斯（Howard Robard Hughes Jr）从孩提时代就表现出了在工程设计方面的天赋。12岁时，他就制造出了自己的无线电发射器和电动自行车。1924年，休斯在父亲去世后继承了家族企业休斯工具公司和一大笔遗产，便决定搬到好莱坞投资拍电影。在接下来的20年里，他制作了许多卖座大片，还多次获得了奥斯卡的提名。

休斯于14岁时有了第一次飞行经历，于1928年时拿到了飞行执照，并于1932年创建了休斯飞机公司（Hughes Aircrdft）。他驾驶自己设计的飞机，创造了一系列环球飞行的世界纪录。

20世纪50年代，休斯因精神状态不好而退隐。1953年，他建立了霍华德·休斯医学研究所（Howard Hughes Medical Institute）。该机构成为受慈善资金资助的全球主要医疗研究机构之一，一直保持着医学科研方面的领先地位。

生平大事

接管家族企业

1924年，休斯接管了休斯工具公司，将其资产增加到数十亿美元，并于1972年出售。

拍摄电影

1926年，休斯当了好莱坞电影制片人，取得了巨大成就。

冲上云霄

1932年，休斯创建了休斯飞机公司，并于1938年创造了91小时14分的环球飞行的世界纪录。

J.R.D.塔塔是印度商业巨子和航空先驱。他创立了印度第一家航空公司，并创立了塔塔集团旗下许多子公司。这些公司组成了今天印度的商界巨无霸——塔塔集团，也记录了这家跨国集团的成功传奇。塔塔热心社会民生，为促进印度的医疗、文化和科学进步做出了很大贡献。

生平大事

接触航空

塔塔小时候在法国观看路易斯·布莱里奥的飞行表演时，就爱上了飞行。1919年，15岁的他第一次乘坐飞机。

加入家族企业

1925年，塔塔开始在家族企业当无薪学徒，并于1926年被任命为塔塔之子的董事。

飞向蓝天

1932年，塔塔航空服务公司开启了卡拉奇、孟买和马德拉斯之间的民航和货运航线。

全球扩张

塔塔集团于1938年开始进军酒店、汽车、钢铁生产和茶叶等行业，实现了多元化发展。

杰汉吉尔·拉坦吉·达达博伊·塔塔（Jehangir Ratanji Dadabhoy Tata）出生于法国巴黎，母亲是法国人，父亲是印度人。他先后在法国、日本和英国读书，曾梦想到剑桥大学学习工程学。1924年，塔塔作为法国公民应征入伍，在法国军队义务服役了1年。此后，他原本打算继续学业，但是迫于传统，不得不返回印度，到曾祖父贾姆谢特吉·塔塔于1868年创建的家族企业（也就是现今的塔塔集团）工作。

尽管塔塔对印度和经商都不熟悉，但他尽了自己的义务。1925年12月，21岁的他开始在家族企业中当无薪学徒。1年之后，塔塔的父亲去世，塔塔被任命为集团旗舰公司塔塔之子（Tata Sons）的董事会成员。1929年，塔塔决定放弃法国国籍，心无旁骛地在印度奋斗。

开创航空事业

塔塔对刚刚起步的航空业有着浓厚的兴趣。在孩提时代，他曾在法国目睹著名飞行员路易斯·布莱里奥（Louis Bleriot）的飞行表演。1929年，他成为第一批获得商业飞行执照的印度人。3年后，他成立了塔塔航空服务公司（Tata Air Services），航线连接卡拉奇（现属巴基斯坦）、艾哈迈达巴德、孟买和马德拉斯（现称金奈）等地，他还亲自完成了从卡拉奇到孟买的首飞。塔塔航空服务公司先后更名为塔塔航空公司和印度航空公司，是印度第一家国内航空公司。尽管尼赫鲁政府于1953年将其收归国有，但该公司一直由塔塔经营到1977年。

经营航空公司是塔塔的热情所在，但塔塔也致力于实现家族企业的多元化发展。1938年，作为塔塔之子董事会中最年轻的成员，塔塔成为集团主席。

> "如果你**追求卓越**，就必须**以完美为目标**。"
>
> ——J.R.D.塔塔，1981年

J.R.D. 塔塔

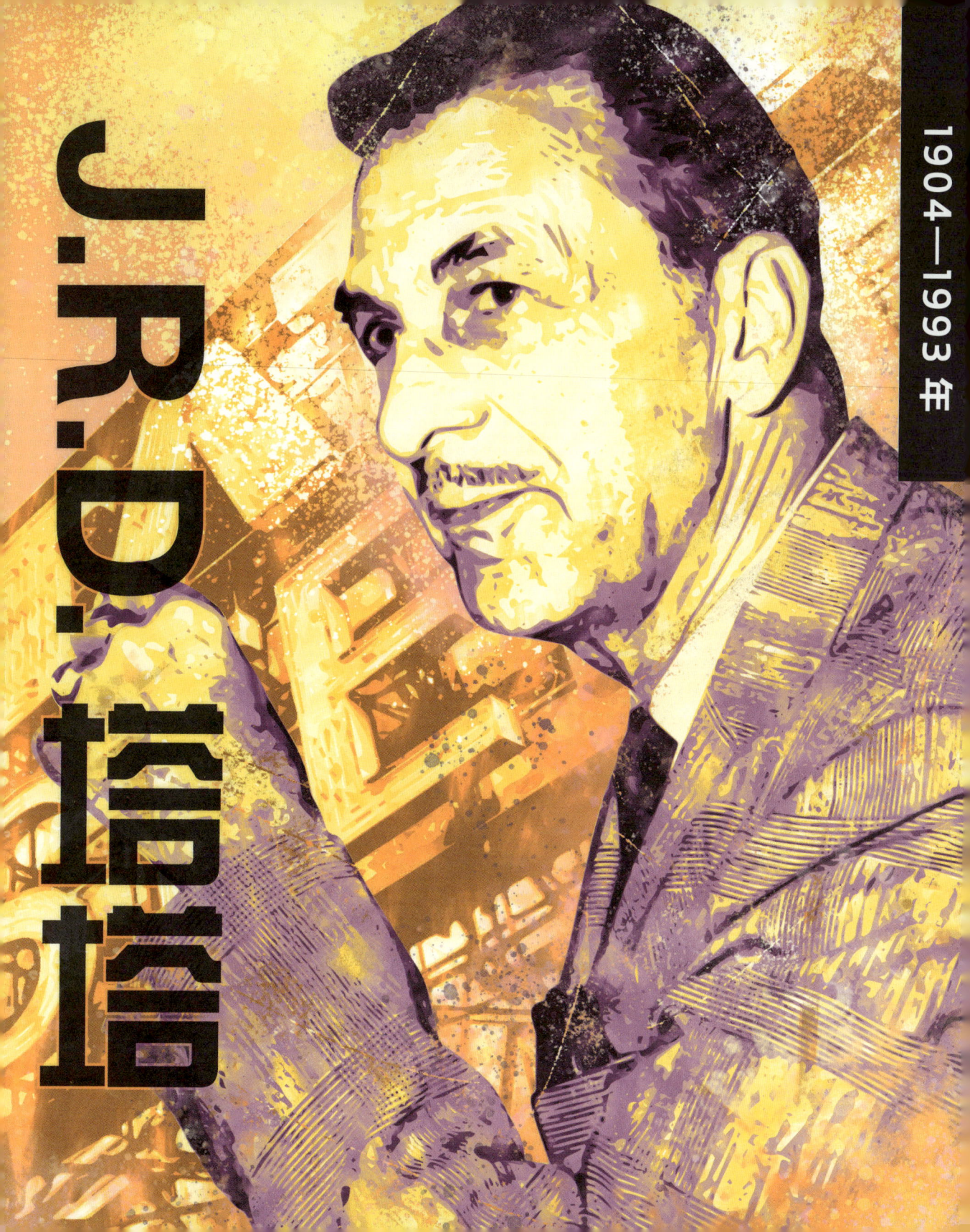

1904—1993年

成为印度第一位获得飞行执照的飞行员

资产从1亿美元增长到超过40亿美元

1952—1977年,担任印度航空公司主席长达25年

此时的塔塔集团已经成为印度最大的工业集团,而塔塔则继续推动集团的进一步扩张。到了20世纪70年代,塔塔集团又新开了一家化工厂、塔塔工程和机车公司(后来更名为塔塔汽车公司)、多家软件和技术服务公司、一家化妆品公司和一家茶叶公司。

全新经营风格

根据印度传统,家族企业一般由家族成员经营,但塔塔打破了这一惯例。他将塔塔集团变成了一个唯才是举的商业联盟,集团旗下各个企业均以管理才干和业务能力为提拔条件。

塔塔之所以家喻户晓,不仅因为他事业有成,还因为他为人正直。在印度商界中,腐败现象十分普遍。但是,塔塔集团从不会为了签合同、拉关系而去贿赂政客,这一点十分可贵。此外,塔塔还很重视员工福利。他鼓励工人和管

1932年,**塔塔驾驶**塔塔航空服务公司的舟蛾式飞机(Puss Moth)**首次飞行**。1948年,他还乘坐了更名后的印度航空公司的首航国际航班。

理层建立密切关系,支持8小时工作制,为员工提供免费医疗救助、工人养老基金和事故赔偿计划。

各种荣誉纷至沓来,塔塔却并未感到高兴。他认为,偶尔的慈善并不能从根本上解决印度的脱贫难题,只有加强国家的科学和经济实力才是正道。为此,他建立了许多公共机构,包括一家医院、两家科学院和一个国家艺术大剧院。

塔塔认为,印度亟须遏制人口增长,并资助建立了相关研究机构,即今天的印度国际人口研究所。他晚年时将自己的大部分财富全部捐给了 J.R.D. 塔塔慈善信托基金。1991年,87岁的塔塔从塔塔之子退休,而此时的塔塔集团年利润已超过40亿美元。两年后,他在瑞士日内瓦去世。

奥利夫·安·比奇

作为美国航空航天事业的先驱,奥利夫·安·比奇(Olive Ann Beech)是美国比奇飞机公司的联合创始人、总裁和主席。

比奇(1903—1993)原名奥利夫·安·梅勒(Olive Ann Mellor)。从商学院毕业后,她在一家小型飞机制造公司里做秘书。在那里,她不仅了解到了飞机设计的细节,还遇到了自己未来的丈夫——飞机工程师沃尔特·比奇(Walter Beech)。1932年,比奇夫妇成立了比奇飞机公司。1950年,比奇在丈夫去世后接手公司经营,获得了许多奖项和荣誉头衔。尽管她从没开过飞机,但世人都称她为航空业的第一夫人。

"创业时不可缺乏自信,一定要从自信开始。"

——J.R.D.塔塔,1982年

名人录

20世纪早期至中期，尽管经历了两次世界大战和经济大萧条，但全球经济依然保持着增长势头。这种增长有助于企业在全球范围内进行大规模生产，许多的企业家都创立了覆盖多个行业的大型综合性企业。

亨利·卢斯
（1898—1967）

亨利·卢斯（Henry Luce）出生在中国的一个美国传教士家庭。他在美国芝加哥开始了自己的新闻生涯。1921年，他和老朋友布里顿·哈登（Briton Hadden）一起在巴尔的摩新闻报社工作。1922年，他和哈登以及另一位朋友罗伯特·利文斯顿·约翰逊（Robert Livingston Johnson）共同创立了时代公司。次年，他们出版了第一期《时代》（Time）新闻周刊。1930年，卢斯创办了商业杂志《财富》（Fortune）。1936年，他收购了《生活》（Life）杂志，并将杂志的重点转向新闻摄影。卢斯担任了时代公司旗下各期刊的总编辑，直至1964年。

皮埃特罗·费列罗
（1898—1949）

皮埃特罗·费列罗（Pietro Ferrero）是意大利的一名糕点师和甜品店店主。1946年，他创立了著名的巧克力品牌费列罗（Ferrero）。第二次世界大战之后，意大利出现了巧克力短缺，费列罗用糖和榛子为主料、可可为辅料，制作了一款榛子巧克力酱，也就是后来的能多益榛果可可酱（Nutella）的雏形。费列罗于1949年去世。后来，他的儿子对这款巧克力酱进行了调整与改进，并于1964年正式创立了能多益可可酱品牌，为费列罗公司日后发展成为世界上著名的巧克力和糖果公司奠定了基础。

胡安·泰利·特里普
（1899—1981）

胡安·泰利·特里普（Juan Terry Trippe）是一位银行家的儿子。在第一次世界大战期间，他是一名飞行员。1922年，他创办了一家小型空中巴士服务公司。3年后，他又与别人共同创办了殖民空运公司（Colonial Air Transport），主营民航和货运业务。1927年，他兼并了另外两家航空公司，成立了泛美航空公司（Pan American Airways），并出任公司总裁。泛美航空公司的航线遍布全球，在20世纪30年代成为全球最大的航空公司，并于1955年率先使用了商用喷气式飞机。特里普为商用航空业的快速发展做出了重要贡献。

约瑟夫-阿尔芒·庞巴迪
（1907—1964）

约瑟夫-阿尔芒·庞巴迪（Joseph-Armand Bombardier）出生于加拿大，曾是一名车库老板。他发明了配有滑雪板和履带且可以搭载7名乘客的雪地摩托，并于1937年获得了专利。1940年，庞巴迪开了工厂，在第二次世界大战期间为盟军生产军用车辆。战争结束之后，庞巴迪设计的1~2人休闲雪地摩托成为工厂最受欢迎的产品。

路易斯·奥杜姆格武·奥朱古
（1908—1966）

路易斯·奥杜姆格武·奥朱古（Louis Odumegwu Ojukwu）出生于尼日利亚东南地区。1934年，奥朱古开启了自己的公路运输事业，建立起一支庞大的货车车队。之后，他开始进军食品进口、房地产、纺织品和水泥等行业，并成为尼日利亚的首富。就在尼日利亚于1960年从英国独立之前，奥朱古被英国女王伊丽莎白二世（Her Majesty Queen Elizabeth Ⅱ）封为爵士。次年，他成为尼日利亚证券交易所的创始人兼总裁。奥朱古还积极投身政治，并在尼日利亚众议院担任职务。

理查德·A.亨森
（1910—2002）

理查德·A.亨森（Richard A. Henson）出生于美国马里兰州。1931年，亨森获得了飞行员执照，并开始在商业航空公司驾驶民航客机。1932年，他创办了亨森飞行服务公司，并于6年后建立了一所飞行学校。1962年，他成立了黑格斯敦通勤航空公司（Hagerstown Commuter），并开通了从马里兰州飞往华盛顿特区的航线。他利用小型飞机连接小城市和大城市的商业模式，成为美国辐射状空运体系的主要形式之一。亨森还将业务扩展到美国东南部。1989年，亨森在公司被美国航空收购之后退休。

戴维·帕卡德
（1912—1996）

戴维·帕卡德（David Packard）在斯坦福大学读书时，遇到了自己未来的生意合伙人威廉·R.休利特（William R. Hewlett）。1939年，两个人共同创办了惠普（Hewlett-Packard）公司。1947年，惠普正式成立了股份有限公司，帕卡德担任公司总裁，并于1964年担任公司首席执行官兼董事会主席。帕卡德1968年卸任，又于1972—1993年重回公司，担任董事长一职。此时的惠普已经成长为当时最大的信息技术和电子公司。

布朗尼·怀斯
（1913—1992）

布朗尼·怀斯（Brownie Wise）是美国最具开拓性的女售货员。1942年起，她在一家服装店当助理，同时还利用各种聚会推销家用清洁产品。后来，怀斯开始销售特百惠塑料食物保鲜盒。特百惠的创始人伊尔·特百（Earl Tupper）注意到怀斯的销售才能，于1951年聘请她担任公司副总裁。怀斯招募了数千名女性作为销售代理，通过家庭聚会直接向消费者推销特百惠产品。怀斯敢于创新，事业成功，却因与特百不和丢掉了工作。后来，她也尝试过在家庭聚会上推销化妆品，可惜并无起色。

露丝·汉德勒
（1916—2002）

露丝·汉德勒（Ruth Handler）于1938年随丈夫搬到了美国洛杉矶后，开始从事塑料家具的制造和销售工作。1945年，夫妻二人成立了美泰公司，销售相框，后来又开始销售玩具。1959年，公司推出了后来最受欢迎的玩具——芭比娃娃，汉德勒创造了这个洋娃娃，并用女儿的名字命名。1970年，由于汉德勒患上了乳腺癌，她成立了一家生产乳房假体的新公司。后来，她因欺诈接受调查，并于1975年从美泰公司辞职。

贝蒂·奈史密斯·格莱姆
（1924—1980）

贝蒂·奈史密斯·格莱姆（Bette Nesmith Graham）于1951年发明了一种水基颜料，用来涂改打字错误。她称其为"涂改液"（Mistake Out），并于1956年开始出售。格莱姆开始专注发展自己的新事业，她获得了涂改液专利，并更名为"立可白"（Liquid Paper）。1967年，她的公司市值已超过100万美元。1979年，她将公司卖给了吉列公司（Gillette Corporation）。

莉莲·弗农
（1927—2015）

莉莉·梅纳舍（Lilli Menasche）出生于德国莱比锡。1937年，她随家人移民到美国，并改名为莉莲·弗农（Lillian Vernon）。1951年，她通过邮购的方式，向年轻女性销售印有字母的钱包和腰带，且产品种类逐渐丰富。1965年，弗农成立了自己的公司，并出任首席执行官。1987年，该公司成为首家在美国证券交易所上市且由女性创办的公司。2003年，弗农卖掉了这家公司。

贝里·戈迪
（1929—　）

1950年，非裔美国人贝里·戈迪（Berry Gordy）从高中辍学，当了拳击手。后来，他在家乡底特律开了一家唱片店。戈迪坚持写歌、录制音乐，并于1959年创立了塔姆拉唱片公司（Tamla）。1年后，他推出了姊妹品牌摩城唱片（Motown），摩城也成为其母公司的名字。戈迪签下了许多当红歌手，比如马文·盖伊（Marvin Gaye）、戴安娜·罗斯（Diana Ross）等，并发行了许多全球热门唱片。1972年，他将摩城唱片搬到了洛杉矶，并开始尝试电影制作，后于1988年卖掉了这家公司。

华莱士·麦凯恩
（1930—2011）

华莱士·麦凯恩（Wallace McCain）于1956年和其兄弟一起创办了麦凯恩食品有限公司（McCain Foods Limited）。他们在家乡开了一家食品制造厂，以满足人们对方便食品，尤其是冷冻薯条的需求，并实现了事业的稳步发展。通过在国外设厂，同时丰富食品和饮料的种类，麦凯恩进一步扩大了业务规模。1994年，因与兄弟发生争执，麦凯恩被迫辞去联合首席执行官一职。后来，他买下了濒临倒闭的枫叶食品公司（Maple Leaf Foods），并成功将其起死回生。

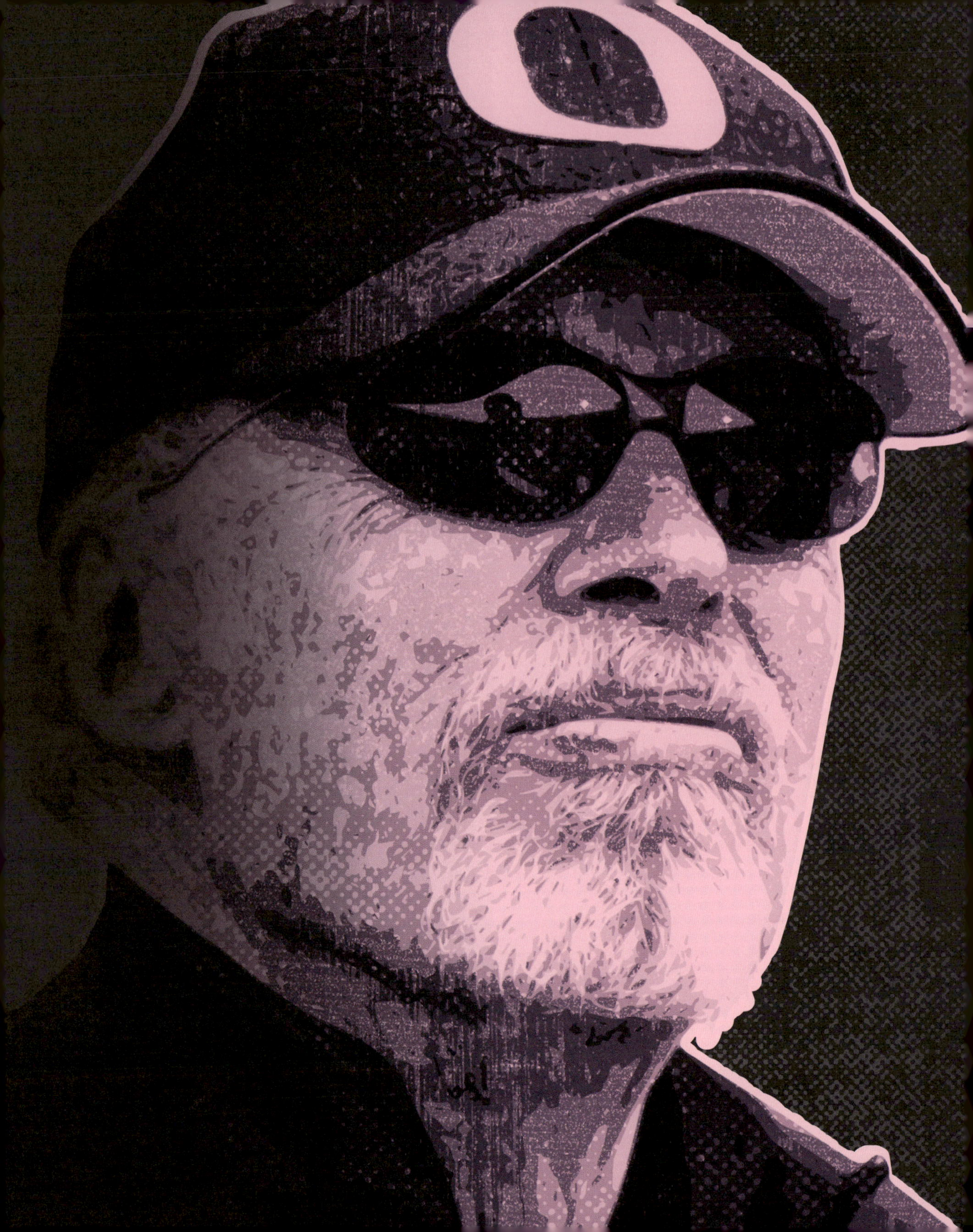

5

广告与消费

1930—1980年

雅诗·兰黛

1946年，化妆品先驱雅诗·兰黛成立了自己的品牌公司，为人们提供高档护肤产品，旨在为人们打造由内而外的美丽。她凭借自己的创造力、创新营销策略和个性化服务，打造了全球知名的美妆品牌。

雅诗·兰黛（Estée Lauder）原名约瑟芬·埃丝特·门泽（Josephine Esther Mentzer），于1906年生于美国纽约，父母是犹太移民。她的父亲是捷克人，给她起了个小名叫"雅莎"（Esty），后来她自己改为"雅诗"（Estée），因为这个名字听起来更加特别。

兰黛在父亲的五金店里学习如何做生意，但她更爱美。她最爱看妈妈进行日常护肤——将各种各样的面霜抹在脸上。兰黛的叔叔约翰·肖茨（John Schotz）是一位化学家，他教会侄女如何用他的独家配方批量制作护肤霜。兰黛很快便开始向美容沙龙推销这款护肤霜，并取名为超润通用霜（SuperRich All-Purpose Crème）。

护肤品生意

1930年，兰黛嫁给了自己的初恋约瑟夫·劳特（Joseph Lauter）[后来，他将自己的姓氏更正为兰黛（Lauder）]。很快，全家人都参与了兰黛的护肤霜生意。在一间前餐厅的厨房里，夫妇二人共同研制了一系列护肤产品。

兰黛对女性的需求了如指掌，从产品包装的颜色到品牌名称，她对每一处细节都严格把关。她认为，为了卖出产品，一定要让客户在自己的脸上看到产品的效果。因此，她常常会去纽约的美容沙龙，请潜在客户试用产品。兰黛凭借自己的魅力——幽默和独特的风格，在自我宣传和推销方面做得十分出色。等客户试完产品心满意足之时，兰黛还会嘱咐她们，一定要打电话或用电报反告诉她们的女性朋友这个产品有多好。

生平大事

演艺抱负

兰黛曾梦想当一名演员，但从1942年起，她开始专注于研发自己的护肤霜。

共同创立公司

1946年，兰黛与丈夫成立了雅诗兰黛公司，并推出了4款护肤品。

小样赠品

1948年，兰黛首次推出买产品送小样的销售模式，现在这已成为司空见惯的美容营销策略。

业务扩张

1960年，兰黛借钱赴伦敦和巴黎宣传，将产品推向国际市场。

1906—2004年

> "我乐于看到自己的**名字出现在聚光灯下**，但我也能接受自己的**名字印在瓶瓶罐罐上**。"
>
> ——雅诗·兰黛，1985年

> **米格尔·克里格斯纳**
>
> 企业家米格尔·克里格斯纳（Miguel Krigsner）是南半球著名的化妆品公司波提卡瑞（O Boticário）的创始人。他还拿出公司利润资助一个自然保护基金会。
>
> 米格尔·克里格斯纳（1950—）出生于玻利维亚。他的父亲是波兰人，母亲是德国人，为了躲避德国纳粹而逃到玻利维亚，后来，他举家搬到了巴西。克里格斯纳在巴西学习了药剂学和生物化学。1977年，他在巴西南部城市库里提巴开了自己的美妆店，名为波提卡瑞（O Boticário）。随着业务的快速扩张，波提卡瑞成为当时大型特许经营商之一，拥有4000多家连锁店。克里格斯纳是最早资助自然保护的企业家，他于1990年在巴西建立了一个自然保护基金会。

第一家向她进货的百货公司只用了2天就将产品销售一空

截至1958年，**青春朝露**沐浴油的年销量增长了**400%**

重大进展

1946年，兰黛和丈夫成立了雅诗兰黛公司（Estee Lauder Inc.），并推出了4款独家配方的护肤产品：超润通用霜、洁面乳、泥浆面膜和润肤露。1948年，雅诗兰黛迎来了发展转折点。当时，纽约的萨克斯第五大道精品百货店订购了价值800美元的雅诗兰黛产品。兰黛邀请了店里所有的大客户来试用她的新产品，并向她们赠送了免费的产品小样。结果，短短两天，雅诗兰黛的产品就销售一空。1953年，兰黛推出了青春朝露（Youth-Dew）芳香沐浴油，亦可作香水，很快就得到了消费者的追捧。

1960年，兰黛将其业务扩张到国际市场，宣传手段依然别具一格。兰黛接连去了伦敦的哈洛德百货公司（Harrods）和巴黎的老佛爷百货（Galeries Lafayette）。在那里，她并没有直接面对顾客，而是在店里洒了些青春朝露香水，引得人们四处询问这醉人的香气是从哪里来的。凭借这一招，兰黛拥有了自己的化妆品专柜。

世界名牌

兰黛在商业上大获成功，很快就成为世界上白手起家而富有的女性之一。她跻身精英阶层，社交圈里全是皇室贵胄和上层名流，进一步提升了自己的品牌形象。

1964年，兰黛扩大了产品范围，推出了雅男士（Aramis）品牌及男士香水、美妆系列产品，并开展多元化经营。1968年，她创立了子品牌倩碧（Clinique）。1973年，兰黛退出了公司，由长子伦纳德接手经营。2004年，兰黛与世长辞。今天，雅诗兰黛公司成为世界领先的护肤品、化妆品、香水和护发产品生产商之一。

> "我之所以成功，靠的不是**空想或希冀**，而是**不懈努力**。"
>
> ——雅诗·兰黛，1993年

兰黛的商业策略是，先展示产品的出色效果，再推销产品。她曾先后在纽约的美容沙龙和萨克斯第五大道精品百货店中亲自给顾客试用产品。

"我始终坚信,假如你心中有梦,并在奋斗路上心无旁骛,就能够梦想成真。我一生都在追梦。我的双眼总是紧盯目标,不管那个目标具体是什么。"

雅诗·兰黛

1988年,雅诗·兰黛在纽约罗德与泰勒百货与超模宝琳娜·波里兹科娃（Paulina Porizkova）共同宣传新款香水"尽在不言中"（Knowing）。▶

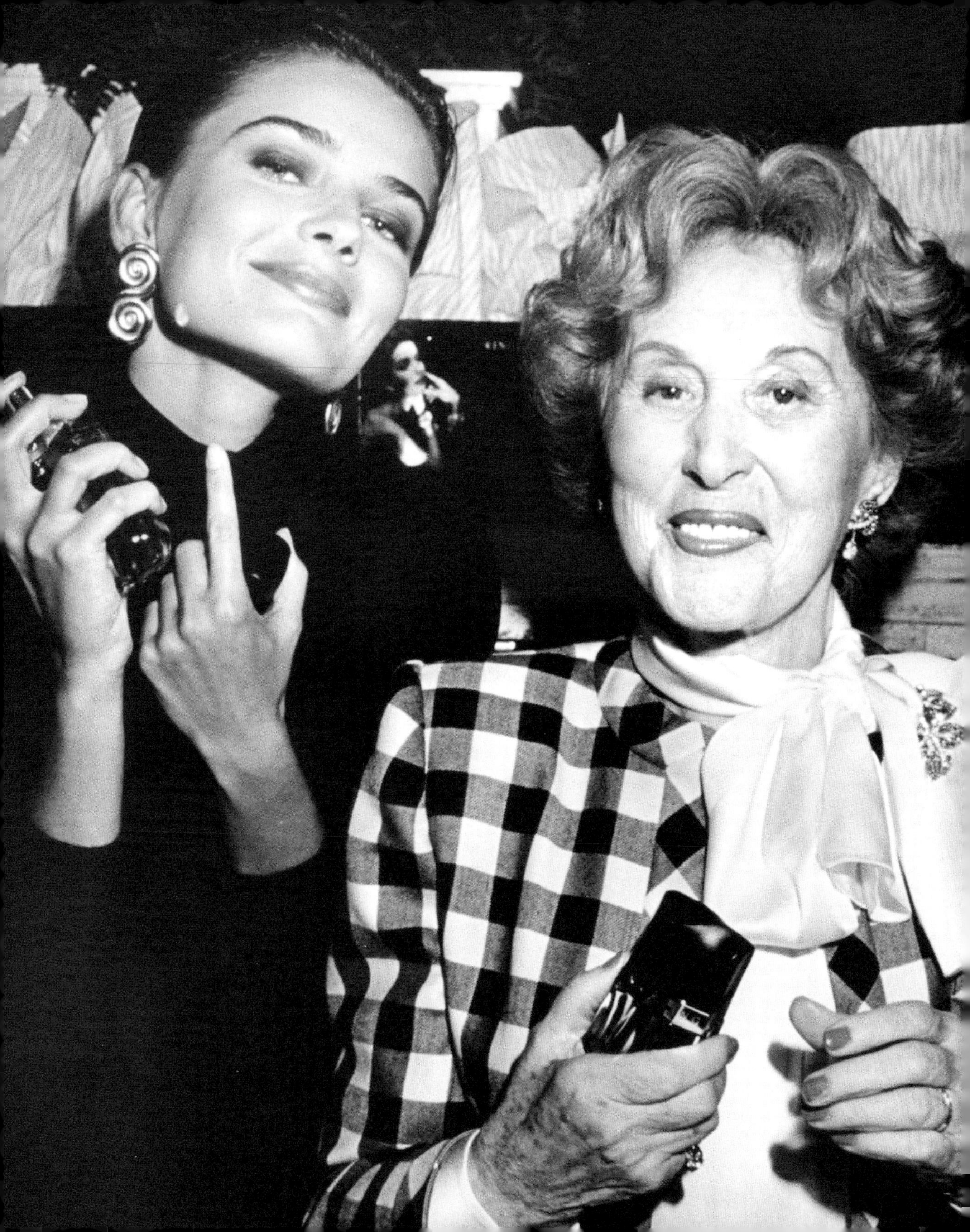

1910年，李秉喆出生在朝鲜半岛一个富裕的家庭。他将一家小型贸易公司发展成了大型跨国企业三星集团。他渴望成为各行各业的市场领军者，于是他不遗余力地创新，成功地将集团的电子部门打造成了全球最大的电子产品制造商，并推动了整个韩国的工业增长。

生平大事

创立三星
1938年，李秉喆在大邱成立了三星贸易公司，出口鱼干和水果等食品。

战争年代
1950年，三星将业务从首尔迁至釜山，通过向盟军提供货车获利。

战后发展
20世纪50年代，三星公司在政府的支持下，将业务扩展到化工、纺织和保险等领域。

电子繁荣
20世纪60年代，三星进军电子行业，生产传真机和电视机等产品。

李秉喆（Lee Byung-chull）曾就读于日本东京早稻田大学，但并未完成学业。他初次创业时开了一家碾米厂，虽然最终失败了，但他没有退却，而是创办了第二家公司——三星贸易公司（Samsung Trading Co.），将本国食品出口到中国，这次创业获得了成功。1950年，朝鲜半岛爆发战争，李秉喆不得不前往釜山，但这也为他创造了一个新机会：为韩国的盟军提供卡车。

战后，李秉喆集中精力发展实业，以减少韩国对食品、纺织品等生活必需品的进口需求。此外，为了促进国内企业发展并刺激战后经济复苏，韩国政府采取了贸易保护主义政策，有效推动了三星业务的进一步扩张。李秉喆坚信，技术创新是恢复经济繁荣的关键，开始逐步增设新的部门，包括金融业务部、保险业务部，以及在20世纪60年代成立的电子产品部。

三星电子产品部的发展尤其成功。继黑白电视大受欢迎之后，三星继续进军半导体、计算机硬件和电信领域。今天，三星公司依然是著名的计算机芯片生产商。李秉喆始终重视流程、质量和业务发展，紧抓公司治理，坚持鼓励每个员工发挥最大潜力。到了20世纪80年代，他又带领三星进军造船行业，将三星集团打造成了世界领先的企业集团。1987年，李秉喆去世。在他的推动之下，韩国转型成为一个现代工业国家和科技强国。

> "在韩语中，Samsung的意思是'三颗星'……李秉喆的心愿就是让三星公司像天上的星星一样强大和永恒。"
>
> ——三星全球新闻编辑室

李秉喆

1910—1987年

恩佐·法拉利

1898—1988年

恩佐·法拉利对赛车一心一意的追求和痴迷，使他成为一个传奇的跑车制造商。作为一名出色的赛车手、工程师、赛车队队长和制造商，他叱咤世界各大顶级赛事长达数十年，他生产的法拉利跑车至今仍是品质的象征。

恩佐·安塞尔莫·法拉利（Enzo Anselmo Ferrari）出生于意大利摩德纳。1908年，法拉利的父亲带着10岁的他去博洛尼亚赛道，观看了他人生中的第一场赛车，点燃了他成为赛车手的渴望。法拉利在1918年席卷整个欧洲的战后大流感中差一点丧命。身体康复之后，他立刻开始四处求职。在被菲亚特汽车公司（Fabbrica Italiana Automobile Torino）拒之门外之后，他在意大利都灵的一家小公司找到了一份试车手的工作。一年后，他加入了米兰国家机器制造公司的CMN车队（Costruzioni Meccaniche Nazionali）当试车手，后来成了赛车手。

加入阿尔法罗密欧公司

到了1920年，法拉利已经小有成就。他加入了阿尔法罗密欧公司（Alfa Romeo）的赛车队。1923年，他在意大利拉文纳赢得了人生中第一个大奖赛冠军。在此次比赛中，于1918年英勇牺牲的意大利传奇战斗机飞行员弗朗西斯科·巴拉卡（Francesco Baracca）的家属被法拉利表现出的勇气所折服，便将自己儿子的中队徽章赠送给了法拉利，徽章上面画着一匹跃起的烈马。1929年，法拉利创办了自己的史卡得利亚法拉利

*1956年，**法拉利（左）**和首席机械师维托里奥·贝伦塔尼（Vittorio Bellentani，右）在法拉利工厂外讨论蓝旗亚法拉利D50车型（Lancia Ferrari D50），该车型以独特的侧置油箱为特色。*

生平大事

疫情幸存者
1918年，法拉利的父亲和兄弟死于流感，法拉利在身体康复后决定当赛车手。

加入阿尔法罗密欧公司
1920年，法拉利进入阿尔法罗密欧公司当赛车手，与阿尔法·罗密欧开始了长达19年的合作；后来，他成了赛车队队长。

另起炉灶
1939年，法拉利创立了自己的汽车制造公司，生产法拉利赛车，并经营自己的车队。

世界冠军
1952年，法拉利带队在F1世界锦标赛上首次获得世界冠军。

> "没人记得谁是第二名。"
>
> ——恩佐·法拉利，1983年

乔瓦尼·阿涅利

乔瓦尼·阿涅利（Giovanni Agnelli）是菲亚特汽车（Fabbrica Italiana Automobili Turino, Fiat）的创始人，他依靠自己的工程知识和创业能力，成为意大利最重要的实业家和商人。

1893年，阿涅利（1866—1945）从部队退伍后被任命为家乡意大利维拉尔佩罗萨的市长。在听说最新发明的"无马马车"之后，他立刻察觉到了商机。1899年，他与另外8位投资人共同创办了菲亚特。1902年，阿涅利被任命为菲亚特公司的总裁直到1945年去世。他掌权后开始着力打造菲亚特的工程技术特色，使其成为意大利最大、最赚钱的汽车制造商。

1939年，**法拉利**在意大利的马拉内洛**开办了自己的汽车制造厂**，至今仍在运营。他从不休假，大部分时间都待在工厂的办公室里，指导自己的赛车队。

1950年参加第一届F1世界锦标赛

1963年拒绝了福特1800万美元的收购要约

作为赛车手，11次在国际汽车大奖赛中获胜

公司（Scuderia Ferrari），作为阿尔法罗密欧公司的赛车部门，并用徽章上的跃马标志当作法拉利的车标。1932年，法拉利正式退役后，将事业重心转向了带领车队夺冠上，此时车队的赛车手已有40多名。然而，到了1937年，阿尔法·罗密欧成立了自己的赛车部门，便于1939年关闭了法拉利的赛车部门，法拉利也被解雇了。根据离职协议的规定，4年之内，法拉利都不得以法拉利车队的名义参赛。法拉利暗下决心，一定要用自己的法拉利赛车打败阿尔法·罗密欧。于是，他创立了自己的汽车制造公司。1940年，第一批法拉利赛车就是以该公司的名义参赛的。

商业赛车

1947年，法拉利生产了第一辆以自己名字命名的赛车。赛车采用了革命性的12缸发动机（V12），大幅提高了速度和可操控性。

> "事实上，我对赛车以外的生活毫无兴趣。"
>
> ——恩佐·法拉利，1963年

法拉利一心想在大赛中取胜，不断提高赛车性能。他令行禁止的带队风格和鼓励车手激烈竞争的做法很快就使他名声在外。不久，法拉利车队便在赛场上崭露头角，于1949年在勒芒24小时耐力赛中一举夺魁，取得了第一个重大胜利。次年，法拉利车队参加了F1世界锦标赛，成为唯一一支从第一届就开始参赛的车队。1951年，法拉利车队在英格兰银石赛道获得第一场分站胜利，并于1952年获得了世界冠军。

为了给费用昂贵的赛车比赛筹资，法拉利决定开始卖车。1954年，他在美国纽约曼哈顿开了一家车行，很快就向欧美一位有钱有名气的客户出售了一辆顶级跑车。法拉利的天才之处在于，他将其赛车的创新发动机、造型和轻型结构等特色全部应用到跑车上，使之成为市场上最受追捧的跑车产品。不过，法拉利所热爱的仍是赛车，这种"痴狂的热爱足以让人牺牲一切"。

到了20世纪60年代末，尽管竞争动力十足，但法拉利无力解决车队运营成本激增的问题，他将公司50%的股份卖给了菲亚特（后来增至90%），前提是他需保留对赛车活动的完全控制权。尽管法拉利在1977年就退休了，但他一直保持着车队的控制权直到1988年去世。

在他的一生中，法拉利赛车在世界锦标赛中13次夺冠，赢得了4000多场主要比赛的胜利。

玫琳凯·阿什

玫琳凯·阿什是一位极具创新精神的女企业家，用区区5000美元的初始资金，创建了美国著名的化妆品公司——玫琳凯公司。她具有丰富的直销经验，致力于打造一家"梦想公司"，帮助更多女性享受更大程度的经济独立。

玫琳凯·阿什（Mary Kay Ash）是美国得克萨斯州人。她曾在美国斯坦利家居公司（Stanley home Products）工作，为其举办了20多年的"家居用品秀"，向人们推销家居产品。她的推销极富感染力，以至于被其所在公司的竞争对手于1952年挖走。阿什在该公司工作十多年后，眼看着不少经她培训过的男职员纷纷升职，而自己却一直原地踏步，便选择辞职。

阿什绝不会让性别歧视阻碍自己的事业。1963年，她和丈夫乔治·赫伦贝克（George Hellenbeck）打算开一家自己的直销卖货公司，并将其命名为玫琳凯化妆品公司（Mary Kay Cosmetics）。就在开业前的一个月，乔治因心脏病不幸去世。在儿子理查德的支持下，阿什毫不犹豫地创办了这家新公司，并将自己的全部积蓄投了进去。刚开始时，她的团队只有9名被其称为美容顾问的化妆品销售人员。

大型企业

阿什的员工几乎都是女性，尊重员工就是她的企业文化。她为员工提供了灵活的工作时间和丰厚的销售奖励：每年，公司前5名的销售人员都会得到一辆粉红色的凯迪拉克作为奖励。阿什的美容顾问从她这里批发化妆品，然后在家里向客人推销，以此赚取差价。如果一个美容顾问发展了另一个卖家，就可以得到佣金。第一年，玫琳凯化妆品公司就实现了盈利，第二年的销售额就达到了100万美元；到了1996年，玫琳凯化妆品公司的销售额已超过10亿美元。2001年阿什去世之后，公司依然保持着增长势头。

> **"每一个成就，无论大小，都是始于你的想法。"**
>
> ——玫琳凯·阿什，1995年

1918—2001年

生平大事

创办公司
1963年，在丈夫去世1个月后，阿什创办了自己的玫琳凯化妆品公司。

快速发展
1969年，阿什在得克萨斯州的达拉斯建立了一家化妆品厂，以满足需求。

走向国际
1971年，阿什在澳大利亚成立了玫琳凯化妆品公司的第一家国际子公司。

建立慈善基金会
1996年，阿什成立了玫琳凯基金会，专门帮助身患癌症的妇女和家庭暴力受害者。

扩充队伍
截至2003年，玫琳凯公司在30多个国家雇用了超过100万名美容顾问。

山姆·沃尔顿是美国商人和企业家，他创立了零售巨头沃尔玛。沃尔顿以物美价廉和卓越的服务为追求目标，彻底改变了人们的购物方式。时至今日，他所坚持的原则依旧是沃尔玛发展的重要基石。

1918 年，山姆·摩尔·沃尔顿（Samuel Moore Walton）出生于美国俄克拉何马州，成长于美国经济大萧条时期。他很小就开始靠打零工挣钱，比如卖牛奶、卖报纸等。后来，沃尔顿考上了美国密苏里大学，攻读经济学专业。大学期间，他继续靠送报纸、做服务员来勤工俭学。毕业后，沃尔顿在美国艾奥瓦州的J.C.Penney商店当实习经理。在那里，他学到了许多经营技巧，后来也运用到对沃尔玛的管理当中。例如，他将员工称作"伙伴"，以提升员工的归属感；要求管理人员必须亲自去店面巡视；等等。

第一个零售企业

1945年服完兵役之后，沃尔顿在美国阿肯色州的纽波特市开了第一家本·富兰克林连锁杂货店。他给自己定了一个目标，要在5年内将它打造成全州最好、最赚钱的杂货店。到了1962年，他已经开了15家本·富兰克林连锁杂货店。

*沃尔顿于1950年在阿肯色州本顿维尔开设**"沃尔顿五分折扣店"**。这是首家以他的名字命名的商店，目前是沃尔玛博物馆。*

生平大事

第一家连锁杂货店
1945年，沃尔顿花2.5万美元购买了阿肯色州第一家杂货店的特许经营权。

创办沃尔玛
1962年，沃尔顿在阿肯色州的罗杰斯开了第一家沃尔玛超市。

大获成功
1970年，沃尔玛已拥有38家门店，1500名员工，销售额高达4420万美元，并成功上市。

创新店铺形式
20世纪80年代，沃尔顿推出了山姆会员店、沃尔玛购物广场等全新店铺形式。

走向海外
截至2019年，沃尔玛在美国以外的26个国家拥有6000家门店和80万名员工。

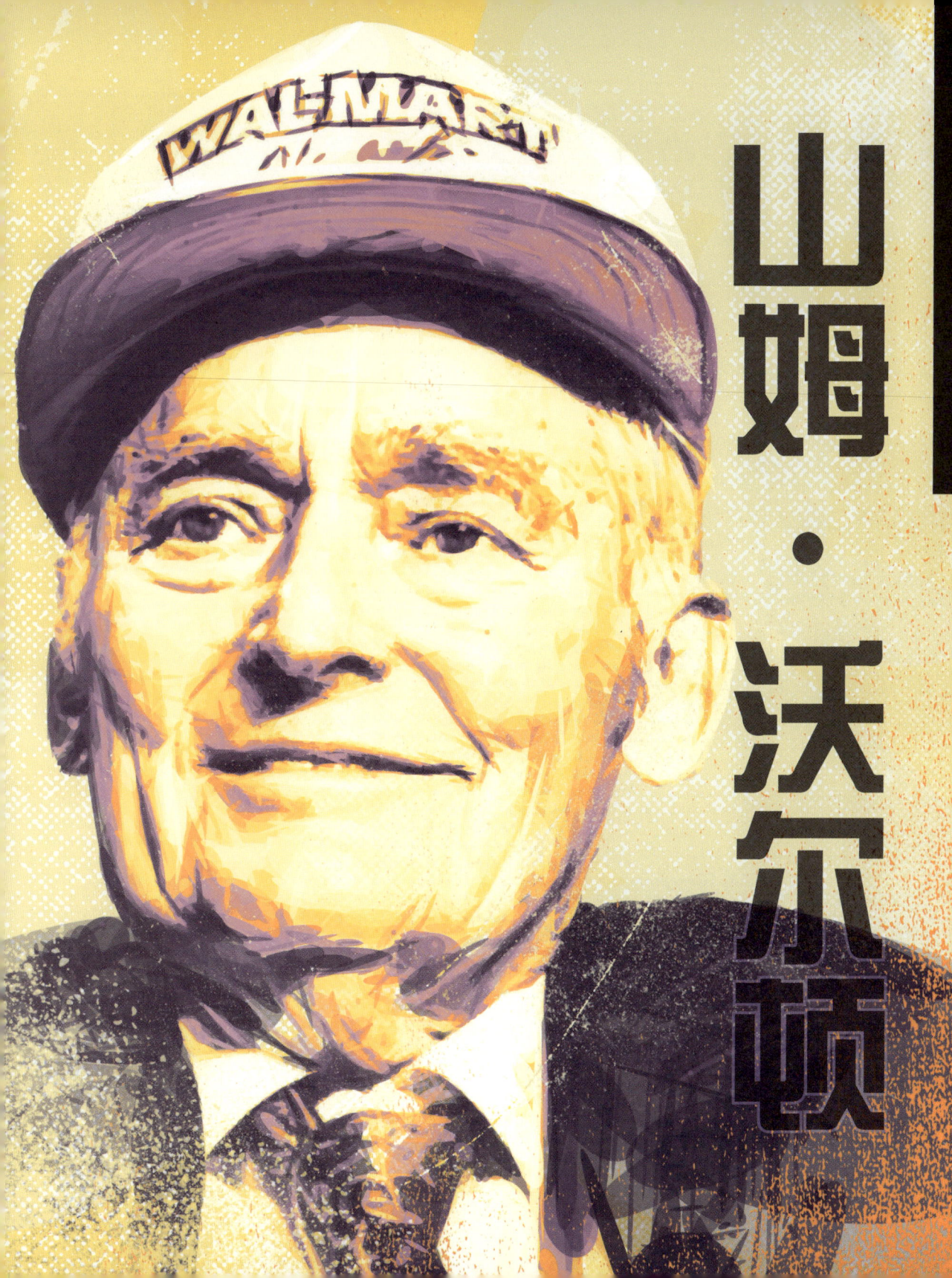

山姆·沃尔顿

1918—1992年

"顾客要想炒掉店员很简单，只需把自己的钱花在其他店即可。"

——山姆·沃尔顿，1992年

沃尔顿在经营本·富兰克林连锁杂货店时，仔细斟酌了通过合伙人实现快速扩张的可能性，但是他还是决定自力更生。1950年，他在阿肯色州本顿维尔的中心广场开了首家自有品牌店铺——"沃尔顿五分折扣店"，出售各类打折商品。

沃尔顿打算在各地的小镇开一系列出售打折商品的大型连锁店。1962年，他在阿肯色州的罗杰斯开了自己的第一家沃尔玛超市（Walmart，意为"沃尔顿市场"）。5年之内，他开了24家沃尔玛超市，销售额达到了1270万美元。1970年，沃尔玛正式上市。到了1972年，美国境内的沃尔玛门店已多达51家，销售

乔治·科尔斯

乔治·詹姆斯·科尔斯（George James Coles）爵士是澳大利亚企业家兼慈善家，他创立的科尔斯集团（Coles Group）是澳大利亚的大型零售商之一。2007年，该公司以220亿美元的价格被出售。

1910年，科尔斯（1885—1977）接管了父亲经营的店铺的其中一家。后来，科尔斯前往英国和美国学习不断变化的零售方法，特别是"五分折扣店"概念。1914年，他与兄弟合伙开了第一家科尔斯杂货店，出售各种各样的低价商品，后来又接连开了更多门店。1927年，科尔斯公司上市。到了第二次世界大战时，科尔斯在澳大利亚的门店数量已达到86家。科尔斯兄弟又陆续收购了其他小型家族连锁企业。

额超过 7800 万美元，沃尔玛获准在纽约证券交易所挂牌上市。通过持续的快速扩张，沃尔玛成为一家跨国公司。

保持低价只是沃尔玛获得成功的一方面原因，它的"配套服务"同样是留住回头客的关键。与当时的企业管理风气不同，被称为"山姆先生"的沃尔顿乐于和员工们分享自己的愿景，他经常会随机去门店与店员聊天，并将交谈时产生的一些新的发展思路推广到其他门店。

小镇战略的成功

沃尔顿的妻子不喜欢大城市，这在很大程度上影响了沃尔顿的小镇经营战略，也限制了其他竞争对手的发展。沃尔顿确保每家门店距离沃尔玛区域配送中心只有一天的车程，这意味着，门店总是库存充足。成功的关键还在于沃尔玛主要销售美国产品，而非廉价的进口商品，沃尔顿一直在寻找和接洽能够供应沃尔玛全品类目录的本土制造商。

1985 年，《福布斯》（Forbes）杂志将沃尔顿评为"美国首富"，而此时的沃尔顿依然开着那辆黑色福特皮卡，自豪地穿着沃尔玛工作服、头戴门店棒球帽。1992 年，沃尔顿去世时，他于 1970 年花 1650 美元购买的 1000 股沃尔玛股票已升值至 260 万美元，当时沃尔玛的员工总数达到了 38 万人，年销售额约为 500 亿美元。

沃尔顿开办的第一批"五分折扣店"确立了他的新型零售方式：通过大量销售廉价产品，削弱竞争对手，加速资金周转，并利用回笼资金进一步扩大业务规模。

经常在 **4:30** 开始工作

留下了大约 **1000 亿英镑的财产**

1993 年，单周销售额首次突破 **10 亿美元**

1908—1997 年

生平大事

显像技术获奖
1933年，在巴黎万国博览会上，井深大因发明"动态霓虹灯"而获得优秀发明奖。

创建公司
1946年，井深大用盛田昭夫父亲出的500美元，与盛田昭夫共同创办了电子公司。

获得执照
1953年，井深大向美国西部电气公司支付了2.5万美元，获得了在日本生产晶体管的许可证。

科学普及
1972年，井深大成立索尼教育基金会，培养儿童学习科学知识。

井深大是一名设计天才，他发明了磁带录音机和全晶体管电视等产品，并与共同创始人盛田昭夫一起将自己的小型电子公司发展成为电子行业巨头——索尼公司。

1908年，井深大（Masaru Ibuka）出生于日本的日光。在东京早稻田大学攻读电子学时，他就成了远近闻名的"天才发明家"。他曾在多家科研公司工作，后来被日本海军聘为战时研究委员会的民用无线电工程师。在此期间，他遇到了盛田昭夫（Akio Morita）。1945年，井深大离开海军，在东京一家被炸毁的百货商店里开了一家收音机修理店。1946年，他和盛田昭夫共同创立了东京通信工业公司（Tokyo Tsushin Kogyo），1958年将其更名为索尼公司（Sony Corporation）。井深大曾引领索尼公司的技术创新，并担任公司总裁和董事长，直到1976年退休。

> "创建一个**强调自由和开放精神的理想工厂**。"
> ——井深大在创立东京通信工业公司（索尼公司的前身）时的讲话，1946年

井深大

盛田昭夫

1921—1999年

日本商人盛田昭夫将索尼品牌打造成全球电子和娱乐行业的领导者，彻底改变了人们对音乐、电视、广播和电影的消费方式。

1921年，盛田昭夫出生于日本爱知县。家人希望他能接手家族的清酒酿造生意，可他从小就痴迷于科技，后来考入日本大阪帝国大学攻读物理学。随后，盛田昭夫以学生身份进入日本海军，被分配到航空电子研究所担任技术员，与工程师井深大一起测试和生产新设备。虽然盛田昭夫和井深大相差13岁，但两个人依然成了好朋友，后来还一起合伙开了公司。盛田昭夫主要负责索尼公司的财务和市场营销，他将索尼打造成了一个全球品牌，不断推进新产品的开发，使索尼始终保持在电子行业的领先地位。1994年，他因健康问题而选择退休。

> "我讨厌那些故步自封、**不渴望成功的人**。"
> ——盛田昭夫，1966年

生平大事

与井深大相遇
1945年，盛田昭夫在日本海军当技术员，在设计追踪导弹时认识了井深大。

品牌诞生
1958年，盛田昭夫将东京通信工业公司更名为索尼公司，并在东京证券交易所上市。

美国市场
1963年，盛田昭夫旅居美国1年，形成了对美国消费市场的深刻洞见。

进军电影产业
1989年，索尼以34亿美元的价格收购了美国哥伦比亚电影公司，并使其在电影业中占有了巨大份额。

"创造力来自寻找意外，探寻未知。"

——井深大，1992年

在合伙创办东京通信工业公司时，井深大表示：希望能打造一家制造厂，在那里，工程师们纯粹是为了理想而工作，能够将自己的技术水平发挥到极致。东京通信工业公司诠释了两个人之间的完美合作：井深大擅长技术创新，是索尼多项最

具标志性发明背后的功臣；而盛田昭夫则极具商业头脑，他对井深大的创意进行全球推广，并在商业上大获成功。

1950年，这对好搭档推出了第一个著名的创新产品——日本的第一台"G-型"盘式磁带答录机。起初，这款磁带答录机仅在政府机构中推广，后来成了日本学校的必备教具。

*盛田昭夫和井深大*彻底改变了娱乐业。特丽珑彩电（1968年）因其清晰明亮的画面而备受赞誉，而索尼随身听（Walkman，1979年）则改变了人们听音乐的方式。

到了1952年，东京通信工业公司的员工人数已经增加到120名。井深大为了扩大市场，决定到美国考察。在那里，他接触到了由美国公司贝尔实验室发明的晶体管。回到日本后，井深大说服了盛田昭夫，将晶体管作为本公司的新项目。

晶体管大获成功

1953年，在朋友的帮助下，与专利持有者西部电气公司（Western Electric）进行了数月谈判后，盛田昭夫终于获得了在日本生产晶体管的许可证。但是，此事还需经日本通商产业省（MITI）审批。而此前，日本通商产业省已经驳回了盛田昭夫的初次申请。幸运的是，由于日本通商产业省突然的人事调整，盛田昭夫最终获得了许可。这一进展带来了东京通信工业公司的首款畅销产品——晶体管收音机。在当时，收音机一般是采用体积庞大的真空管制造的，而井深大打算用晶体管代替，因为后者不仅体积更小，还更耐用。但在当

1946年，员工人数为20名

1988年，以20亿美元收购哥伦比亚唱片公司

索尼随身听销量高达2亿台

沙汉弗萨德·拉法蒂

沙汉弗萨德·拉法蒂（Shahrzad Rafati）是数字媒体技术公司Broadband TV的创始人，她在个人视频与大型网站之间搭建桥梁，实现了在线视频的流量变现。

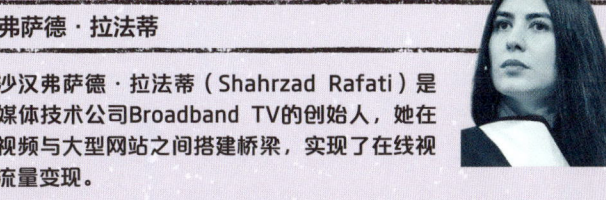

拉法蒂（1979—　）出生于伊朗，十几岁时移民加拿大。在获得计算机学位后，她开创了一种全新的商业模式和技术，让企业能够通过粉丝上传的在线视频赚钱。她的第一个大客户是美国国家篮球协会（NBA），后来索尼影业（Sony Pictures）等大公司也成了她的客户。她积极推动性别平等，还代表加拿大参加了20国集团的商界女性领袖工作组。

"我只做自己喜欢的事,盛田昭夫承担了更困难的工作。"

——井深大,1989年

时,这是一场赌博,这项改进不仅在技术上存在很大难度,还需要投入大量资金和努力。

尽管遭到了许多员工的强烈反对,盛田昭夫和井深大还是坚持开展晶体管项目。他们的努力在1955年得到了回报,井深大的工程师们制造出了日本第一台晶体管收音机。

创建品牌

盛田昭夫到美国之后,得到了一笔可观的订单。美国主要手表制造商宝路华(Bulova)希望订购10万台收音机,条件是将收音机的品牌改为宝路华。盛田昭夫拒绝了宝路华的提议,并表示有朝一日,索尼 [为去美国营销创建的意为"宝贝男孩"(sonny boy)的新名称] 也会成为和宝路华齐名的品牌。他是对的。1957年,新型TR-63收音机问世。这款只有口袋大小的收音机是当时世界上最小的晶体管收音机。1958年他们又推出了一款更小巧的收音机——TR-610收音机,该设计在全世界好评如潮,最终热卖了50万台。同年,盛田昭夫又做出了一个大胆的决定,将公司更名为索尼公司。这又是一场赌博,因为当时东京通信工业公司在日本早已家喻户晓。盛田昭夫坚持认为,更名有助于公司进一步扩展海外业务。1960年,索尼美国分公司正式成立。次年,索尼(美国)成了首家在纽约证券交易所上市的日本公司。

在促进日本战后经济复苏的过程中,井深大和盛田昭夫扭转了全世界对日本的成见,"日本制造"不再是劣质产品的代名词,而成了尖端科技的缩影。盛田昭夫在国际贸易市场上越来越活跃,常常会出面协调日本与美国的贸易关系问题。与此同时,井深大则继续负责产品的设计与创新,包括1962年推出的世界上最小的全晶体管电视,以及1968年推出的应用特丽珑显像技术的高档彩电。

1971年,井深大将公司总裁之位传给了盛田昭夫,自己则继续担任公司的首席顾问,直至1997年去世。两年后,盛田昭夫也去世了。这对搭档凭借独到的眼光和创业精神,不仅将索尼公司打造成大型跨国企业和消费电子行业的领军者,还全面进军娱乐行业,成为音乐、电影、电视和游戏等诸多领域的巨头。

井深大和盛田昭夫高瞻远瞩的实力使索尼设计了多款具备革新意义的产品,包括1999年首次推出的爱宝(AIBO)系列机器人宠物。

1965年,**索尼生产了世界上第一台家用磁带录像机**,可同时录制图像和声音,磁带录制完成后立即回放。

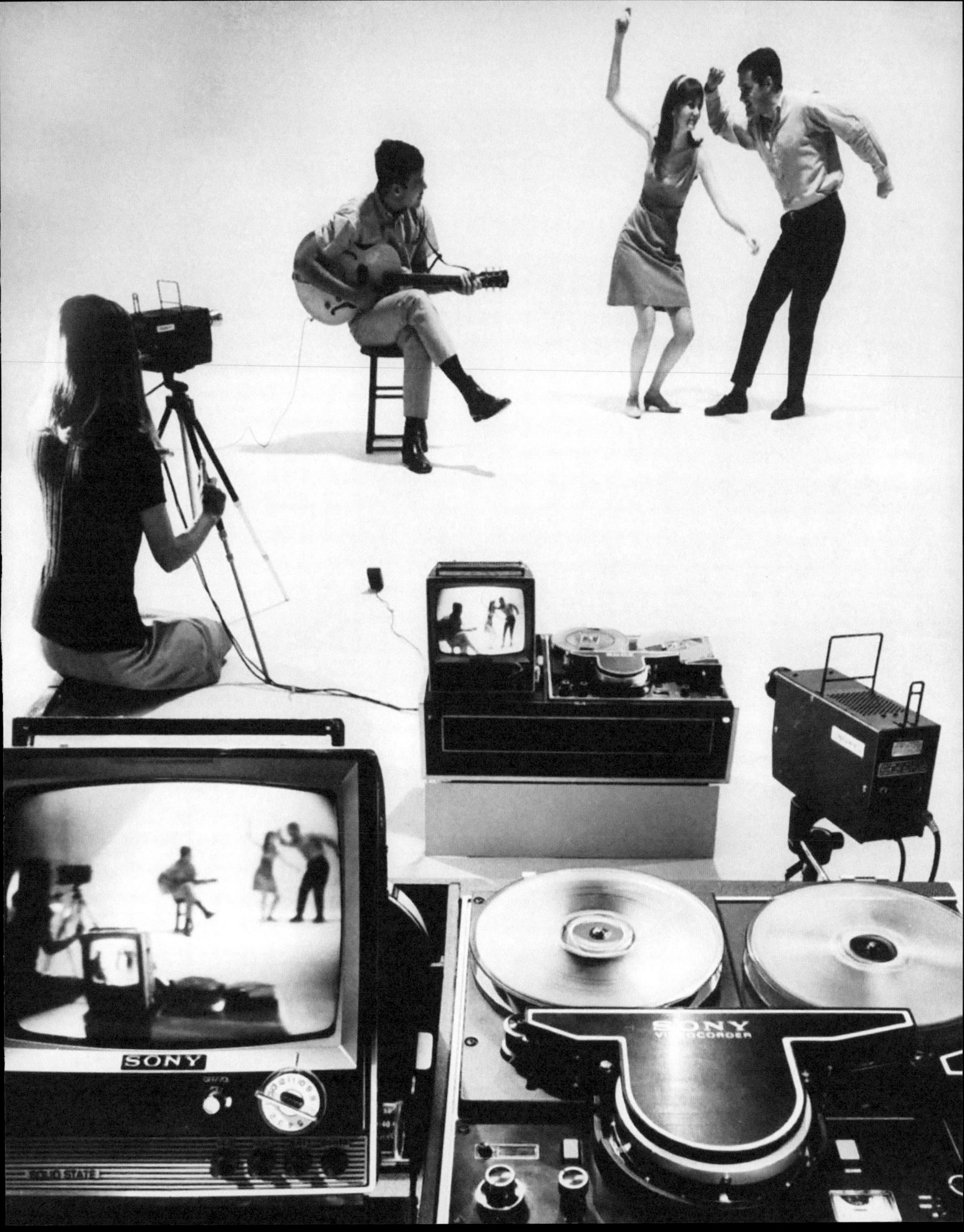
SONY
SOLID STATE
SONY

法基尔·钱德·柯理

1924—2020年

F.C.柯理是印度商人和工程师。20世纪60年代,他率先在印度应用信息技术,并在全国范围内推广成人教育。

1924年2月24日,法基尔·钱德·柯理(Faqir Chand Kohli)出生在印度的白沙瓦(位于今天的巴基斯坦)。他曾先后就读于印度旁遮普大学、加拿大皇后大学和美国麻省理工学院,后来还在美国参加了电力系统的操作培训。1951年,柯理回到印度之后,加入了塔塔电力(Tata Power)。1968年,他监督了计算机控制系统的安装工作,该系统主要用于监控印度的孟买和浦那的电网。1年之后,他被任命为塔塔咨询服务公司(Tata Consultancy Services,TCS)——今天印度最大的软件咨询公司的总经理。

柯理将塔塔咨询服务公司打造成一家跨国企业,还构建了公司的软件系统。在这一过程中,他为印度引进了先进技术,对推动印度的计算机普及发挥了重要作用。鉴于他的卓越贡献,世人尊称他为"IT行业之父"。1999年,柯理从塔塔咨询服务公司退休后,开始专心利用计算机系统推广成人教育和扫盲事业。

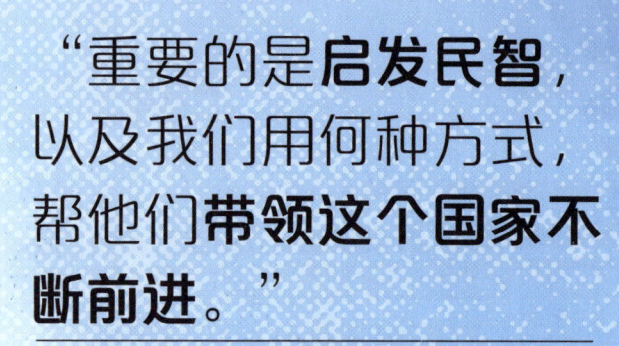

> "重要的是**启发民智**,以及我们用何种方式,帮他们**带领这个国家不断前进**。"
> ——法基尔·钱德·柯理,2018年

生平大事

电网的计算机化
1968年,柯理策划了亚洲第一个针对电网的计算机控制系统。

推广教育
2000年,柯理开发了一个教育软件,通过图片来教成年人读书识字。

获得认可
2002年,柯理被授予印度三级公民荣誉奖——莲花装勋章(Padma Bhushan)。

查尔斯·施瓦布

1937—

美国的金融大亨查尔斯·施瓦布创立了美国最大的证券经纪公司代客买卖股票,还率先推出了面向更多普通人的证券买卖服务。

查尔斯·"查克"·R. 施瓦布(Charles "Chuck" R. Schwab)出生于1937年,在斯坦福大学获得工商管理硕士学位。1971年,他创立了一家投资经纪公司。1975年,在美国出台了允许收取浮动佣金的政策之后,施瓦布先发制人,推出了低价佣金与快速高效交割相结合的服务,占据了行业领先地位。他的嘉信理财公司(Charles Schwab Corporation)很快成为美国最大的折扣经纪商。

嘉信理财公司在投资服务行业中做出了许多创新,比如7天24小时服务、零交易费共同基金(买卖股票不收取佣金)和在线交易等,帮助个人投资者最大限度地利用存款进行投资,同时还积极推广前沿技术。2008年,施瓦布卸任公司总裁,但仍是公司的董事长和最大的股东,同时也是公司多元化发展背后的动力。

生平大事

开始创业
1963年,施瓦布推出了理财资讯服务,帮助客户进行投资。

建立公司
1971年,施瓦布在加州科福尼亚开办了经纪公司,并继续提供理财资讯服务。

创立品牌
1973年,施瓦布买下了合伙人的股份,并将公司更名为嘉信理财公司。

回馈社会
1987年,施瓦布和妻子成立了慈善基金会,主要关注教育、健康和贫困等问题。

> "务必要积极应对,因为投资的**最大风险**就是**什么都不做**。"
> ——查尔斯·施瓦布,1998年

英格瓦·坎普拉德是瑞典宜家家居的创始人，他在销售和市场营销方面极具天赋，致力于为客户提供设计精良、价格实惠的家具产品。节俭理念是他创新的动力，他设计的极简主义家具物美价廉，彻底改变了家居世界。

生平大事

第一本目录

1951年，坎普拉德制作了第一本宜家的年度产品目录，并在瑞典各地发行。

新店开张

1965年，坎普拉德在斯德哥尔摩的昆根斯库瓦开了宜家旗舰店，1970年该店经历火灾之后于1971年重新开放。

走向世界

1981—1989年，坎普拉德先后在法国、比利时、美国、英国和意大利开设了宜家门店。

传播"宜家"精神

1996年，《宜家小字典》正式出版，包含了与宜家理念有关的词汇。

英格瓦·坎普拉德（Ingvar Kamprad）5岁就开始在瑞典斯马兰的阿古纳瑞德村向邻居们出售火柴和种子，就此开启了自己的创业生涯。他用自己做生意赚来的钱买了一辆自行车。10岁起，他开始骑着自行车挨家挨户地推销自己批发的铅笔和圣诞装饰品。17岁时，父亲为了庆祝坎普拉德毕业，奖励他金额不大的一笔钱。父亲由衷地为他感到骄傲，因为他患有阅读障碍，能完成学业实属不易。坎普拉德用这笔钱创办了宜家公司（IKEA，取自他的名字及家乡名首字母）。起初，宜家是一家邮购公司，销售铅笔和明信片等产品。不久后，坎普拉德将当地农民生产的家具添加到产品目录中，结果销量暴增。

平板式包装家具

20世纪50年代，瑞典进入快速现代化时期，许多人从乡村搬到了城市。人们在城市中建起了许多新的公寓，为外来人口提供住宿。人们需要更多便于运输的家具。为此，坎普拉德及时地进行了创新。一次，有一名员工要将一张桌子送到摄影棚拍摄产品目录照片，当他试着把桌子拆卸后搬进车里时，坎普拉德看到了平板式包装家具（各个部件可拆卸并且组装简单的家具。——译者注）的潜力。他马上意识到，可以对家具进行平板式包装，并以更实惠的价格出售，因为它们的制造、储存和运输成本更低，组装费用也可节省。这种以效率和经济为重的简单理念成为宜

> "在我看来，**我的任务是为大多数人服务**。"
>
> ——英格瓦·坎普拉德，2000年

英格瓦·坎普拉德

1926—2018年

"我们只要**不断地问**自己为什么要**这样**或**那样做**，就能找到**新出路**。"

——英格瓦·坎普拉德，2000年

一名员工将桌子拆卸后装进了汽车。**坎普拉德**看到这一幕**突然意识到**，平板式包装的家具更便于运输，也完全可以在家里进行组装。

家成功背后的动力,也成了宜家与其他家具零售商相比所具有的明显竞争优势。

当时,宜家并非瑞典唯一的邮购公司。在众多竞争对手当中,也不乏一些通过降价出售劣质商品来获取市场份额的零售商。为了证明宜家并不是那些销售劣质商品的普通邮购公司的一分子,坎普拉德在瑞典阿尔姆胡尔特开设了一间展厅,让潜在顾客可以先看货,再购买。为了鼓励人们到这里来参观并购买家具,他还提供了免费的咖啡和面包。1953年5月,这家展厅一开业,便立刻受到了顾客的欢迎,坎普拉德也因此获得了顾客对家具产品的宝贵反馈意见。

低价与便利性

从创业之初,坎普拉德的理念就是"提供设计精良、功能齐全的家居产品,并以极低的价格出售,让尽可能多的人买得起"。1976年,他在《一个家具商的信仰》(Furniture Dealer's Testament)中重申了这一初衷。低价与便利性是宜家成功的关键:顾客可以在一天之内参观展厅,选购家具;然后将它运回家,自行组装。坎普拉德还坚信,"让顾客饿肚子是做不好生意的"。他从最初提供咖啡和面包,发展到在自己的家具展厅里开设餐厅,为顾客提供各类美食(其中,瑞典肉丸最受欢迎,这也成为后来每一家宜家门店的必备特色菜肴)。

卡尔·阿尔布雷特

卡尔·阿尔布雷特(Karl Albrecht)接管了母亲在德国埃森的食品零售店,并将其发展成为全球连锁超市阿尔迪(ALDI)。

在第二次世界大战期间阿尔布雷特(1920—2014)和他的兄弟西奥服完兵役之后,开始共同经营家里的食品店,并很快开了更多的门店。这些门店虽然店面不大,但都有配套的仓库,主要销售不易腐烂的食物。如果食品没有卖完,也很快就会下架。这使得他们能够控制定价。时至今日,阿尔迪食品超市的门店数量已经超过了11000家。

只可惜,坎普拉德因施行低价策略,激怒了瑞典家具市场上其他更大的竞争对手。到了20世纪50年代中期,他们已经愤怒到禁止坎普拉德参加瑞典国内的家具展;全国家具经销商协会也向各家家具生产厂家施压,要求他们停止向宜家供货。为了解决这些问题,坎普拉德将生产转移到生产成本更低的波兰,而将所有家具的设计都留在公司内部。

20世纪60年代,坎普拉德带领宜家向海外扩张,在挪威奥斯陆和丹麦哥本哈根开设了新店。宜家的家具因其现代风格设计和现代材料的应用,迅速打响了知名度。1968年,造价便宜的刨花板成为宜家产品的共同特征。1969年,宜家推出了以刨花板为底座的普瑞维特沙发(Privat),十分畅销。和这款沙发一样,宜家有许多经典产品都是用斯堪的纳维亚半岛的地名或单词来命名的,比如波昂扶手椅(Poang)、玛斯霍曼咖啡

5岁时做了第一笔生意

17岁时创立了宜家

一辆沃尔沃车开了20年

91岁时还在给公司做顾问

"乘飞机时，我从不**坐头等舱**，宜家的其他**高管也不坐**头等舱。"

——英格瓦·坎普拉德，1997

桌（Mastholmen）和爱克托沙发（Ektorp）等。这是坎普拉德经过深思熟虑后想到的命名方法。鉴于他本人有阅读障碍，以单词命名要比数字更容易记忆。

宜家不断发展壮大。但1994年，坎普拉德再次陷入争议。媒体报道了他在战时与瑞典法西斯组织"新瑞典运动"（Nysvenska Rorelsen）及其领导人佩尔·恩达尔（Per Engdahl）的关系。在给宜家员工的信中，坎普拉德为这些关系而表达了歉意，但表示他和恩达尔仍然是朋友。他还逐渐染上了酗酒的毛病，一直持续到2004年。

截至2000年，宜家在全球30个国家拥有超过5万名员工和155家店铺。坎普拉德逐渐放下了肩上的担子，将宜家的部分事宜交给了儿子彼得、乔纳斯和马提亚斯打理。2013年，87岁的坎普拉德最终辞去了董事会主席一职，由儿子马提亚斯继任。

节俭的亿万富翁

虽然人们对坎普拉德具体的个人财富尚不清楚，但他依然在2004年被报纸评为全球最富有的人之一。没人知道他的全部收入，因为他通过国际宜家集团（Inter IKEA Group）、伊卡诺集团（IKANO Group）和英嘉集团（INGKA Group）3家控股公司经营宜家。据《福布斯》杂志估算，2005—2010年，坎普拉德的净资产约为280亿美元（220亿英镑）。

虽然坎普拉德是一个亿万富翁，但他却异常节俭：坐飞机他只坐经济舱，平时能坐火车或地铁时绝不打车；他的衣服是逛跳蚤市场时买的；发型也只剪便宜的。曾有一次，他参加一场庆祝晚宴时曾被保安拒之门外，因为保安看到他是坐公共汽车到达会场的。

坎普拉德对待自己员工的态度也很民主。他将员工称为"同事"，允许员工上班时穿休闲装，还将单位比作一个大家庭。在谈到自己的节俭时，坎普拉德说："假如我开始购买奢侈品，那只会刺激他人效仿。作为领导者，以身作则是很重要的。当我要在自己身上花钱时，我就会问自己，宜家的顾客是否也买得起。"坎普拉德于2018年去世，享年91岁。

*1951年，**坎普拉德出版了**他的第一本宜家年度产品目录，这成了宜家的主要营销手段。*

1935—

意大利商人莱昂纳多·戴尔·维吉奥具有独立自主、百折不挠的品质。他摆脱了童年的贫困阴影，创立了陆逊梯卡集团，成为世界上最大的眼镜和镜片生产商和分销商。

莱昂纳多·戴尔·维吉奥（Leonardo Del Vecchio）7岁时，因家里太穷，被母亲送到了孤儿院。14岁时，他开始在米兰的工厂里当学徒，学做工具。他用赚到的钱报了夜校，学习设计。在发现自己有制造眼镜配件的天赋后，他来到了意大利的眼镜工业中心阿戈尔多，并于1961年创办了陆逊梯卡（Luxottica）眼镜公司。创业之初，维吉奥的公司主要为客户生产眼镜架；1967年，他开始推出自己的品牌设计。截至20世纪80年代，他已经与包括阿玛尼（Armani）在内的多家时尚公司达成了全球眼镜销售许可店的协议。维吉奥思维敏捷，对眼镜架的设计、生产方法及眼镜市场了如指掌，能够精准把握陆逊梯卡发展的方方面面，并适时收购其他知名眼镜品牌，比如雷朋（Ray-Ban）和奥克利（Oakley）等。

生平大事

学习技能
1949年，14岁的维吉奥开始在工厂当学徒，学习制作眼镜所需的金属加工技术。

创建陆逊梯卡眼镜公司
1961年，维吉奥在威尼斯北部的阿戈尔多建立自己的眼镜作坊，并雇了10名员工。

发起收购
1990年，维吉奥的公司在纽约证券交易所上市，融资后开始收购其他著名眼镜品牌。

世界领先
2017年，陆逊梯卡眼镜公司与法国镜片制造商依视路（Essilor）合并，成为大型跨国企业。

> "我刚开始接眼镜生产合同的时候，从没想过自己能走这么远。"
> ——莱昂纳多·戴尔·维吉奥，2011年

莱昂纳多·戴尔·维吉奥

意大利设计师乔治·阿玛尼创立了以自己名字命名的奢侈时装品牌，并担任首席执行官和首席设计师。40多年之后，阿玛尼品牌已经成为一个全球性的时尚帝国，并对现代服装的演变产生了重大影响。

乔治·阿玛尼（Giorgio Armani）出生于1934年。本来他在意大利米兰大学学医，准备当一名医生，但1953年时阿玛尼放弃了医学学位，加入了意大利军队。1957年，他成为米兰一家百货公司的采购员。1964年，他决心投身时装设计行业。他在时尚品牌尼诺·切瑞蒂（Nino Cerruti）的公司积累了大量经验。尽管从未接受过正规培训，阿玛尼却设计了一系列男装。1970年，他离开了切瑞蒂，成为一名自由时装设计师兼时尚顾问。1975年，阿玛尼和自己的朋友兼商业伙伴塞尔吉奥·加莱奥蒂（Sergio Galeotti）共同创立了乔治·阿玛尼股份有限公司（Giorgio Armani S.p.A.），并推出了自己的男装和女装成衣品牌。

全球影响力

1979年，阿玛尼在美国建立了乔治·阿玛尼集团，为美国市场生产服装。通过在造型上不断创新，阿玛尼改变了时尚行业，使男装线条更加柔和，女装更具现代感。1980年，他为电影《美国舞男》（American Gigoio）中理查德·基尔（Richard Gere）设计了服装。这使他在好莱坞大受欢迎，引领了明星们的时装潮流。随后，阿玛尼扩大了自己的产品线，推出了香水，以及成本较低的副线品牌爱姆普里奥·阿玛尼（Emporio Armani）。阿玛尼在全球拥有约3000家门店，而他本人保留了对公司的全部控制权。

生平大事

进军时尚界
1957年，阿玛尼在米兰一家百货商店当采购员，之后转行从事时装设计。

建立品牌
1975年，41岁的阿玛尼创立了乔治·阿玛尼股份有限公司，推出了他标志性的极简风格服装。

全球认可
1982年，阿玛尼登上《时代》杂志的封面，是享此殊荣的第二位设计师。

时尚达人
2000年，阿玛尼成为首位在美国纽约古根海姆博物馆展出作品的在世设计师。

"完美主义和**对新目标的不断追求**是一种精神境界，会给我们的生活带来**深远影响**。"

——乔治·阿玛尼，2013年

阿玛尼2019年春夏男装系列继续彰显了他在休闲剪裁方面的才华。

乔治·阿玛尼

1934—

菲尔·奈特

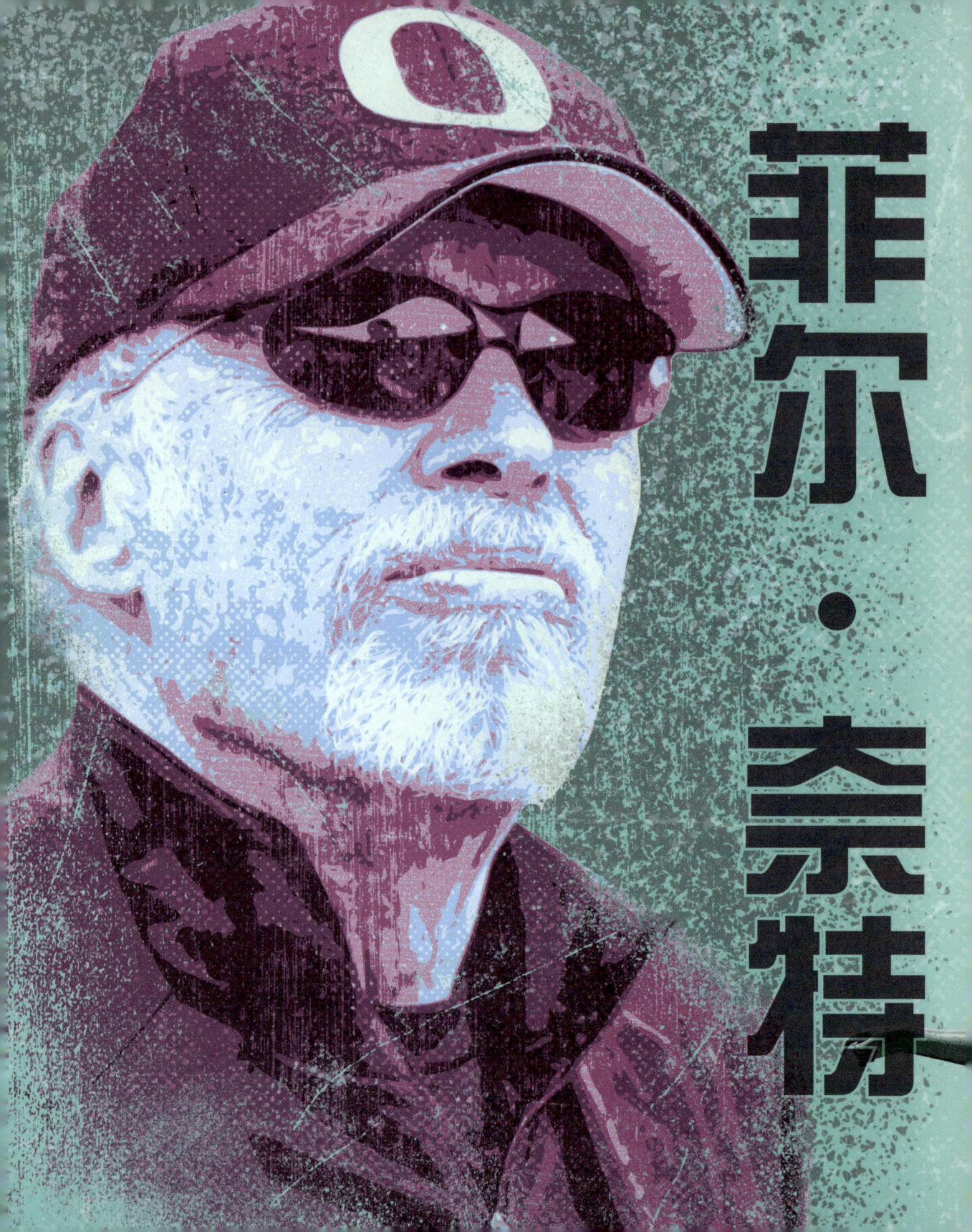

菲利普·奈特是美国著名运动服装品牌耐克公司的创始人之一。身为公司总裁和董事长，他将耐克打造成了世界上最大的运动鞋和服装供应商，并在此过程中积累了巨额财富。

1938年，菲利普·汉普森·奈特（Philip Hampson Knight）出生于美国俄勒冈州。他从小就喜欢跑步，是美国克利夫兰高中田径队的重要成员。在美国俄勒冈大学就读期间，他还多次参加比赛。在其田径教练比尔·鲍尔曼（Bill Bowerman）的指导下，奈特成为一名中长跑运动员。鲍尔曼一直在尝试改进跑鞋，并制作了自己设计的跑鞋，但没有鞋业公司愿意采纳。奈特是第一个愿意尝试鲍尔曼设计的跑鞋的人。

在鲍尔曼不断测试新跑鞋的过程中，奈特拿到了新闻学学位。服完兵役后，奈特被斯坦福大学录取，攻读 MBA 课程。一次，他的作业是提出一种新的商业理念。当其他学生专注于电子和科技行业时，奈特却坚持做自己最熟悉的事情——关于运动鞋——将日本高品质运动鞋进口到美国销售，赚取高额利润。他的这篇创业论文最终得到了 A 的好成绩，该创意也让他找到了自己公司日后的发展方向。

业务起步

1962 年，奈特前往日本，与跑鞋制造商鬼冢虎（Onitsuka Tiger）建立了合作关系。他和鲍尔曼各出资 500 美元，共同成立了蓝带体育用品公司（Blue Ribbon Sports），进口虎牌运动鞋到美国销售。刚开始，他们将鞋放在

公司的第一个员工杰夫·约翰逊（Jeff Johnson）建议，用长着翅膀的希腊胜利女神的名字来命名公司。

> "就算所有人都**觉得你的想法疯狂**，也不必理会……你**只管坚持下去，不要放弃。**"
> ——菲尔·奈特，2016 年

1938—

生平大事

业务筹备

1962 年，奈特与鬼冢虎签订了在美国代销运动鞋的合同，但首批样品一年之后才到美国。

建立公司

1964 年，奈特与鲍尔曼共同创办了蓝带体育用品公司。1967 年，第一家门店在美国加利福尼亚州开张。

推出耐克品牌

1971 年，蓝带体育用品公司更名为耐克；一年后，第一款耐克运动鞋问世。

"Just Do It"

20 世纪 80 年代，耐克丰富了产品线，并通过使用激励口号来提高品牌知名度。

功成身退

2016 年，奈特辞去董事长一职，投身慈善事业，此时耐克的营业额已高达 320 亿美元。

> **唐纳德·费舍尔和多丽丝·费舍尔**
>
> 1969年，唐纳德·费舍尔（Donald Fisher）和多丽丝·费舍尔（Doris Fisher）开了第一家GAP商店，主要出售李维斯牛仔裤和音乐唱片。截至2018年，该品牌的全球销售额已高达166亿美元。
>
> 唐纳德·费舍尔（1928—2009）因为买不到合身的牛仔裤，便和妻子多丽丝·费舍尔（1931— ）在旧金山开了一家GAP服装店，售卖各种款式和尺寸的李维斯牛仔裤，它在青少年中很受欢迎。1972年，GAP开始生产自有品牌的基础款服装，发起了一场商业街的品牌革命。1973年，GAP上市之后，费舍尔夫妇继续扩大业务，收购了香蕉共和国（Banana Republic），并成立了包括童装在内的新部门。目前，GAP的市值已达数十亿美元，在全球拥有超过3700家门店。

奈特汽车的后备厢中，四处兜售。第一年，他卖了1300双，总收入为8000美元。截至1969年，奈特已经有两家门店、20名员工和30万美元的销售额。他辞去了会计工作，开始全职管理公司。

1971年，奈特与鬼冢虎因矛盾而分道扬镳。随后，奈特将公司更名为耐克（NIKE），并修改了商业计划：不再走代销之路，而是开始生产和销售自己的运动鞋。耐克的商标——小钩子图案由奈特花了35美元

1962年
虎牌运动鞋

1972年
阿甘鞋

1984年
空中飞人运动鞋

从一个美术学院女学生手中买下，后来奈特把公司的股份也分给了她。

品牌诞生

1972年，耐克的第一款跑鞋Cortez在奥运会选拔赛上亮相，这为公司带来了超过300万美元的利润。这款鞋运用了华夫饼鞋底和加高鞋跟等创新设计，在耐克的早期成功中发挥了重要作用。

奈特并不热衷于正式营销。他希望围绕运动员的需求来树立耐克的形象。例如，在长跑运动员史蒂夫·普雷方丹（Steve Prefontaine）的影响下，其他运动员也穿起了耐克跑鞋。此外，篮球运动员迈克尔·乔丹（Michael Jordan）、网球明星约翰·麦肯罗（John McEnroe）和高尔夫球手泰格·伍兹（Tiger Woods）等运动员也纷纷为耐克运动鞋背书。20世纪80年代，耐克开始转向主流广告，用鼓励人心的"Just Do It"（想做就做）作为品牌口号。随着健身越来越普及，奈特决心在激烈竞争中保持领先地位。

20世纪90年代，为了应对反全球化浪潮，奈特实施了新的供应链改革，在各个地区安排了现场经理，负责监督"劳动法"的遵守情况。通过大量收购，耐克在实现业务稳步扩张的同时，还丰富了产品线。

2016年，奈特辞去了耐克董事长一职。截至目前，他已经向美国教育机构捐赠了数十亿美元，为慈善事业做出了重大贡献。

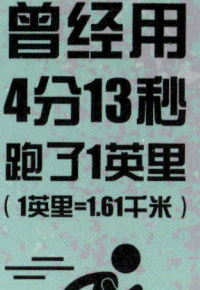

*1964年，**奈特开始卖鞋**。他将日本运动鞋放进自己的汽车后备厢，在各个田径赛事的比赛现场，向运动员们演示这款跑鞋的好处，努力推销。*

1990年 大气垫跑鞋

曾经用**4分13秒**跑了1英里
（1英里=1.61千米）

仅用**500美元**开了一家公司

向慈善机构捐款超过**20亿美元**

担任公司**董事长52年后退休**

名人录

在经历了经济大萧条和第二次世界大战之后，全球经济出现了转型，步入快速增长时期，商品消费屡创新高。企业利用大量广告和电信手段吸引更广泛的客户群，从而获得更大的利润。

西尔维奥·桑托斯
（1930— ）

西尔维奥·桑托斯（Silvio Santos）是巴西著名的媒体大亨和电视大王。1981年，他成立了自己的SBT电视台（Sistema Brasileiro de Televisião），同时继续主持自己的综艺节目。桑托斯还成立了西尔维奥·桑托斯集团（Grupo Silvio Santos），将业务延伸到房地产、酒店、金融和化妆品等领域。1989年，他参加了巴西总统的竞选，但并未成功。

阿尔文·艾利
（1931—1989）

非洲裔美国人阿尔文·艾利（Alvin Ailey）出生于美国得克萨斯州，1942年移居洛杉矶。从1949年起，艾利开始接受正规的舞蹈训练。莱斯特·霍顿教授（Lester Horton）是他的舞蹈老师，也是他重要的领路人。1953年霍顿去世后，艾利成为霍顿舞蹈团的导演，自编了一些舞蹈。1958年，艾利在纽约创办了阿尔文·艾利美国舞蹈剧院，创作了一批极具影响力的现代舞作品。1969年，艾利建立了自己的舞蹈学校。作为一名重要的民权活动家，艾利在2014年被追授美国最高的平民荣誉——总统自由勋章。

迪鲁拜·安巴尼
（1932—2002）

迪鲁拜·安巴尼（Dhirubhai Ambani）出生于印度的古吉拉特邦。17岁时，安巴尼移民到也门的亚丁市，在一家贸易公司做文员。1958年，他回到了印度，做起了香料和纱线生意。后来，他又涉足纺织、食品等行业。1973年，安巴尼将自己的公司更名为信实工业公司（Reliance Industries），并于1977年上市。信实工业公司的业务范围逐渐扩大至金融服务、石油化工、塑料制造和发电等行业。20世纪80年代，安巴尼正式卸任，但依然参与信实工业公司的管理，直至去世。

阿曼西奥·奥尔特加
（1936— ）

2015年，西班牙时装大鳄阿曼西奥·奥尔特加（Amancio Ortega）曾当过送货员、裁缝助理，后来当上了一家服装店的经理。1963年，奥尔特加成立了自己的第一家公司，销售浴袍。1975年，他创办了Zara服装公司，并在西班牙拉科鲁尼亚开了第一家门店。Zara逐渐发展为一家拥有1000多家分店的全球连锁品牌。1985年，奥尔特加创立了兼营多个品牌的Inditex服装控股公司，Zara成为奥尔特加服装帝国中的主打品牌。奥尔特加一直担任Inditex公司的董事长，直到2011年卸任。

迪特玛·霍普
（1940— ）

迪特玛·霍普（Dietmar Hopp）出生于德国海德堡，曾在国际商业机器公司（IBM）担任工程师。1972年，霍普与其他4位同事离职后，成立了SAP软件公司（Systems, Applications & Products），为大企业提供各类系统、应用程序和产品。该公司从为客户提供会计和薪资服务开始，最终发展成为全球企业提供全套软件产品。1988年SAP公司上市后，霍普一直担任联合首席执行官至1998年；1998—2003年，他担任SAP公司的监事会主席。霍普把自己的大部分财富都捐给了慈善基金会，以支持体育、医学和教育事业。

朱迪·谢泼德·米塞特
（1944— ）

朱迪·谢泼德·米塞特（Judi Sheppard Missett）毕业于美国芝加哥西北大学，是一名专业舞蹈演员，在芝加哥教授跳舞课。1969年，她为了帮助学生健身，对自己的舞蹈课程进行了调整，并命名为爵士健身操。1971年，她搬到了加利福尼亚州。她的爵士健身操在那里大受欢迎，以至于她不得不额外聘请健身教练。到了 1982 年，美国已经有超过 1000 名正式的爵士健身操教练了。这促使米塞特开始了连锁经营，让爵士健身操进一步风靡全球。今天，米塞特仍然是爵士健身操公司的首席执行官，拥有 8000 多家连锁店。

哈索·普拉特纳
（1944— ）

德国人哈索·普拉特纳（Hasso Plattner）在获得工程学学位后，开始在 IBM 工作。1972 年，他与同事合伙创立了 SAP 软件公司。1988 年，SAP 公司上市，普拉特纳出任执行董事会副主席。1997—2003 年，他担任执行董事会主席和联合首席执行官，还兼任 SAP 监事会主席，并创立了自己的投资基金。1998 年，他创立了哈索·普拉特纳研究所，专攻信息技术教育及研究。

曹德旺
（1946— ）

曹德旺出生于中国上海，14 岁时被迫辍学。1976 年起，他在福建省福清市的一家玻璃厂里担任采购员。1983 年，他买下了这家玻璃厂。3 年后，工厂改为生产汽车玻璃，也改变了中国的汽车玻璃主要依赖于进口的历史。1987 年，曹德旺成立了耀华汽车玻璃有限公司，也就是后来的福耀集团。在他的领导下，福耀玻璃成为全球汽车玻璃生产的领军企业，同时还推出了其他多种类型的玻璃产品。

穆罕默德·易卜拉欣
（1946— ）

穆罕默德·易卜拉欣（Mohammed Ibrahim）出生于苏丹，从小移居埃及，后来去了英国，并在那里获得了移动通信的博士学位。1989 年，他创立了自己的 MSI 软件公司。1998 年，他又创立了 iMSI 移动投资公司（iMSI Cellular Investments），即后来的塞特国际通信公司，是首批专注于非洲的移动通信运营商之一。后来，易卜拉欣以 34 亿美元的价格将塞特卖给了科威特移动通信公司。2006 年，他成立了穆·易卜拉欣基金会，致力于推动非洲的政治变革。

波德维恩·波尔曼
（1949— ）

波德维恩·波尔曼（Boudewijn Poelmann）出生于荷兰。在荷兰乐施会担任多个职务后，波尔曼于 1983 年创立了新媒体公司 Novamedia。1991 年，他与人合伙创立了独立媒体（Independent Media）。2005 年，独立媒体被出售时，已经成为俄罗斯第二大报纸和杂志出版商。1989 年，波尔曼帮助设计并推出了荷兰国家邮政编码彩票，并将该彩票所获收益的一半捐给了慈善机构。此后，波尔曼在瑞典、英国和德国等国先后推出了类似的彩票，为慈善事业募集的资金超过 100 亿美元。

哈维尔·莫尔
（1950— ）

哈维尔·莫尔（Javier Moll）出生于西班牙的萨拉戈萨，是西班牙媒体大亨。1978 年，他和妻子收购了加那利出版（Prensa Canaria）公司，在加那利群岛发行报纸。从 1984 年起，他们开始收购国内其他报纸，并将公司更名为伊比利亚出版集团（Editorial Prensa Ibérica）。集团推出了数字新闻业务，还开办了两个电视频道和一个广播电台。莫尔于 2015 年卸任，由他的儿子继任集团总裁。

狄恩·卡门
（1951— ）

美国发明家狄恩·卡门（Dean Kamen）在大学退学后发明了一种只有口袋大小的药剂注射器，可向病人精确释放相应剂量的药物。1976 年，卡门创办了自动注射器（AutoSyringe）公司，开始生产和销售这款注射器。1981 年，他卖掉了注射器公司，然后创办了 DEKA 研发公司，进行关键医疗设备的研发与制造，比如，便携式肾透析机、iBOT 电动轮椅等。卡门最著名的发明是他于 2001 年推出的个人电子交通工具——平衡车。他还钻研过净水处理技术，并发明了弹弓净水器。

霍华德·舒尔茨
（1953— ）

美国商人霍华德·舒尔茨（Howard Schultz）他曾在施乐（Xerox）公司做过销售，后来又在汉马普拉斯（Hammarplast）公司当经理，这家公司生产咖啡过滤器等塑料制品。1982 年，舒尔茨加入了西雅图的一家小型咖啡烘焙公司星巴克（Starbucks）担任市场主管。1985 年，从星巴克离职后，他创办了自己的连锁咖啡店。1987 年，舒尔茨收购了星巴克，开始在美国和加拿大大规模扩张，并于 1992 年上市。1996 年，星巴克开了第一家海外分店，截至目前，全球已有 30000 多家分店，舒尔茨一直担任星巴克总裁。直至 2017 年。

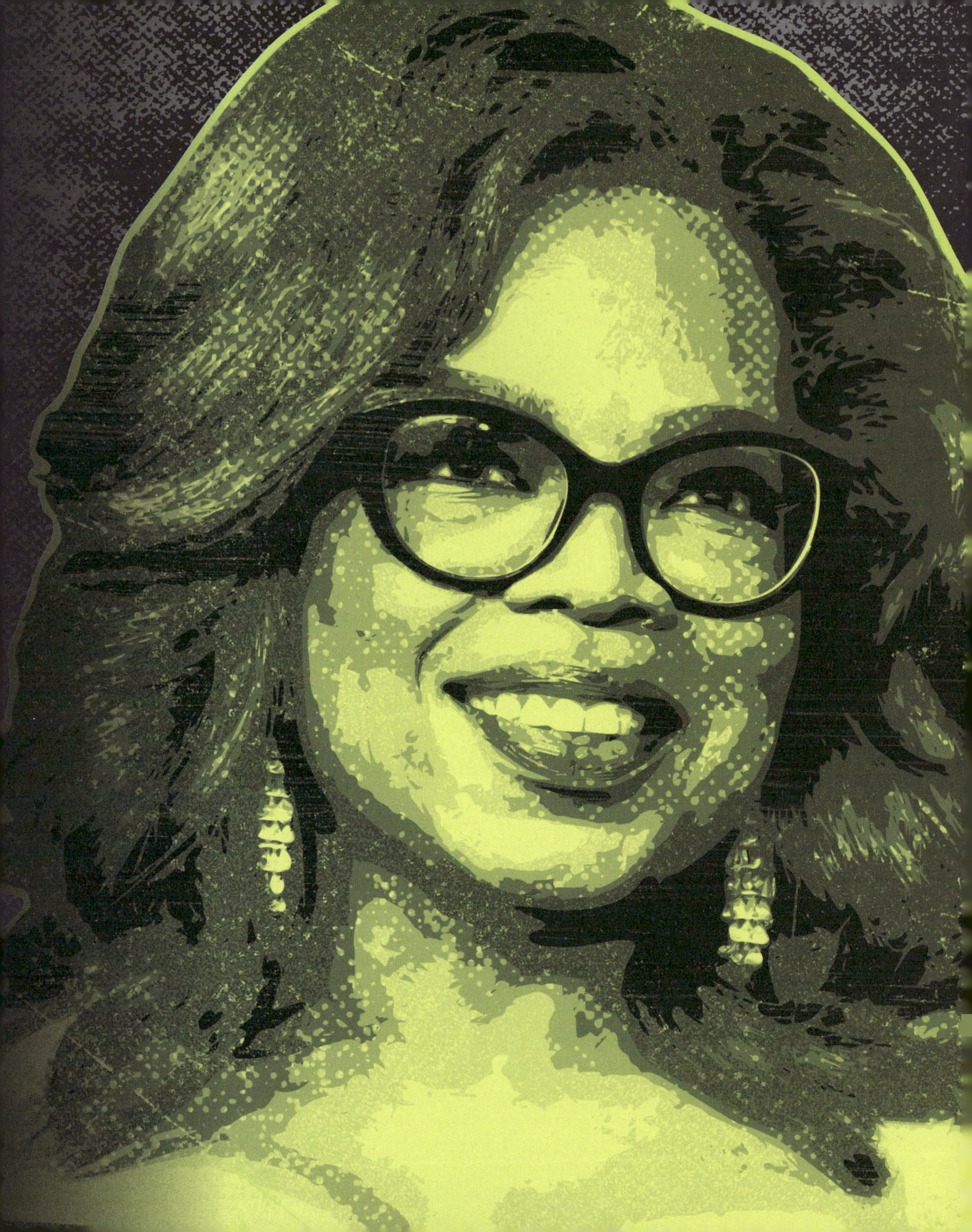

6

休闲与娱乐

1960—2000年

1940—

生平大事

早期投资
1955年,埃卢成为墨西哥最大银行的股东。截至1965年,投资利润高达40万美元。

建立帝国
在20世纪60年代中期,埃卢创办了一系列公司,为建立卡索集团打下了基础。

收购公司
20世纪80—90年代,埃卢通过"收购公司、投资、出售公司"获得利润,不断将事业发展壮大。

卡洛斯·斯利姆·埃卢是白手起家的墨西哥商业大亨,也是工程师和慈善家。通过在多个领域进行投资组合,他创造了巨额财富,成为世界上富有的人之一。

卡洛斯·斯利姆·埃卢(Carlos Slim Helú)从小就受到父亲的熏陶,领悟到了良好财务管理的价值:他11岁时买了一只政府债券,开始了第一次投资;12岁时开始炒股。1961年,埃卢从墨西哥国立自治大学获得了工程学学位,成为一名股票交易员。1965年,他用个人投资所赚的钱开办了自己的经纪公司。

在接下来的20年中,埃卢不断进行再投资,持续扩张自己的商业帝国。1982年,他在墨西哥金融危机期间以低价收购了许多企业,在经济复苏后获得了巨大收益。如今,他的卡索集团(Grupo Carso)覆盖教育、制造和金融服务等多个领域。在墨西哥证券交易所的上市公司中,埃卢对其中40%左右的公司都有一定控制权。他以乐善好施而闻名,为墨西哥城的艺术和文化保护工作做出了卓越贡献。他还成立了卡洛斯·斯利姆基金会(The Carlos Slim Foundation),以支持拉丁美洲的卫生、体育及教育等事业。

> "帮助贫困人口脱贫……对经济、对国家、对社会、对企业都是非常好的。"
>
> ——卡洛斯·斯利姆·埃卢,2012年

卡洛斯·斯利姆·埃卢

弗雷德里克·W.史密斯

1944—

弗雷德里克·W.史密斯是全球首家隔夜快递公司——联邦快递的创始人和首席执行官。他对快递服务不断创新，为行业引入了国际快递和物流查询等服务。

1944年，弗雷德里克·华莱士·史密斯（Frederick Wallace Smith）出生于美国的密西西比州。20世纪60年代初，史密斯在耶鲁大学读书时，提出了隔夜快递服务模式，这也成为他日后创业成功的关键。1971年，在不断完善最初想法的基础上，史密斯用筹集到的9100万美元进行风险投资，创立了联邦快递公司（Federal Express）。面对公司前两年的亏损，史密斯靠在美国拉斯维加斯赌博赚来的钱艰难维持。公司于1976年开始扭亏为盈，并于1978年上市。史密斯率先推出了国际快递和物流查询等服务。今天，联邦快递的市值已高达数十亿美元，史密斯也因其卓越的领导能力获得了许多奖项。

> "害怕失败绝不能成为不敢尝试的理由。"
> ——弗雷德里克·W.史密斯

生平大事

隔夜快递模式的成功

1971年，史密斯创立了联邦快递公司。截至1973年，联邦快递拥有14架飞机，为25个城市提供服务。

反败为胜

2008年经济衰退期间，联邦快递公司利润持续下滑，但在2013年却创下了销售额新高。

业内赞誉

史密斯被《福布斯》评为2017年在世的100位最具商业头脑的伟大企业家之一。

穆罕默德·尤努斯是孟加拉国经济学家和社会企业家。看到国内妇女一贫如洗、生活举步维艰之后，他挺身而出，提出了"小额信贷"这一理念，为那些无法从传统银行获得贷款的穷人提供小额贷款。目前，由他创立的格莱珉银行使全世界数百万人受益。

生平大事

饥荒来袭
1974年，孟加拉国爆发大饥荒后，尤努斯开始研究农村的贫困原因。

投资女性事业
1976年，尤努斯首次以穷人可承受的利率向贫困妇女发放小额贷款。

创建银行
1983年，尤努斯成立格莱珉银行。截至目前，在孟加拉国共开设了2200多家分行。

业务扩展
尤努斯从1989年起陆续新建了多个基金会，扶持从渔业到计算机行业的广泛发展。

全球倡议
2011年，尤努斯成立了尤努斯社会企业中心，推动并支持世界各地的公益事业。

穆罕默德·尤努斯（Muhammad Yunus）出生于现今的孟加拉国吉大港，曾在美国攻读经济学博士学位，后留美国任教。孟加拉国宣布独立之后，他返回了祖国，目睹了1974年饥荒的可怕——成百上千的贫困农民家庭因买不起食物而活活被饿死。

在担任孟加拉国吉大港大学经济系主任期间，尤努斯开设了一个专门研究农村贫困问题的课题。他发现，制作竹家具的妇女为了购买原材料，只得去借高利贷，这意味着她们没办法攒下钱来。尤努斯做了一个实验：他借给乔布拉村42名妇女27美元，结果妇女们在还清借款之后还稍微赚了点钱。这使尤努斯相信，假如穷人有机会借到利率很低的贷款来做生意，他们就可以在偿还贷款的同时获得收入，进而把生意做大，从而帮到他们的家庭。尤努斯还认为，贷款应该主要提供给妇女，因为她们更可能把钱花在改善家庭生活条件的地方。

突破性的银行

1976年，尤努斯借了一笔贷款，专门为吉大港周边的穷人建立了一家银行。到1982年，已有28000人参与了他的小额信贷计划。一年后，尤努斯成立了格莱珉银行（Grameen Bank），在孟加拉国开展小额信贷业务。但并不是所有人都支持尤努斯，他遭遇了宗教和政治对手的重重阻挠。一些保守派的神职人员甚至告诉妇女，假如她们向格莱珉银行借款，就无权参加穆斯林葬礼。但尤努斯依然坚信自己做的事是正确的，因此顶着压力继续推进。在知道妇女已经家徒四

> **"如果金融体系将赤贫人口排除在外，是不可能实现可持续性发展的。"**
>
> ——穆罕默德·尤努斯，2018年

穆罕默德·尤努斯

1940—

截至2008年年底，尤努斯为穷人提供的贷款总额高达76亿美元

2006年，尤努斯成为首位获得诺贝尔和平奖的孟加拉人

在100多个国家开展小额贷款项目

壁时，尤努斯不会要求抵押品，而是信任来自其他借款人的监督压力。通常情况下，准借款人会被分成5人一组，与格莱珉银行的下乡经理进行面谈，其中两个人会先获得贷款。假如在试用期后，这两个人能够按时还款，那么另外3人就可以获批贷款。这样一来，这些"团结小组"就会互相监督。到了2017年，格莱珉银行面对的900万借款人中，有97%是女性，还款率超过99%。

20世纪80年代末，尤努斯开始丰富格莱珉的业务种类。他创办了一些非营利公司，比如配备10000台手工织布机生产高品质纺织品用于出口的格莱珉纺织公司（Grameen Uddog），以及用于扶持贫穷的鱼虾养殖户的格莱珉渔业公司（Grameen Motsho）。

全球视野

2011年，尤努斯放眼全球，与萨斯基亚·布鲁斯滕（Saskia Bruysten）和索菲·艾森曼（Sophie Eisenmann）等企业家共同创办了尤努斯社会企业中心（Yunus Social Business，YSB），致力于支援和资助撒哈拉以南非洲、南美洲和南亚的社会企业。尤努斯将那些专注于解决社会问题而不为股东谋求利润的企业称为社会企业，他所资助的社会企业主要集中在医疗保障、清洁水、卫生设施以及清洁能源等领域。但尤努斯认为，这不是一门生

意，而是慈善。例如，在印度，废物回收企业通过扩大可回收物品的范围，为许多拾荒者提供了更高的收入和更强的安全保障，使工人和环境都受益；而"妇女展翅翱翔"（Women on Wings）项目则为印度从事农业、纺织业和林业的妇女创造了超过26万个可持续的就业机会；此外，还有一些公益项目为哥伦比亚的穷人提供了平价医疗服务，为50万名海地人提供了低于市场价格的清洁产品。尤努斯为消除贫困做出了卓越贡献，在2006年被授予诺贝尔和平奖。

杰西卡·杰克利

在穆罕默德·尤努斯2003年的一次演讲的启发下，美国宾夕法尼亚州的杰西卡·杰克利（Jessica Jackley）推出了自己的在线小额信贷业务。此后，她向200万人发放了超过13亿美元的贷款。

杰克利（1977— ）了解到，在发展中国家，打算创业的人所面临的最大问题是缺乏启动资金。2005年，她与合伙人马特·弗兰纳里（Matt Flannery）共同创办了一个名为基瓦（Kiva）的小额贷款网站，作为出资人向借款人提供贷款的一个平台，平台还会向贷款人分享借款人的亲身经历。这些借款人中，有80%为女性，平台所提供的贷款不收取利息，还款率超过96%。

"为了实现稳定与和平，我们必须想方设法创造机会，让人民过上体面的生活。"

——穆罕默德·尤努斯，2006年

尤努斯的小额贷款项目使全世界的贫困企业家能够借到钱给自己的小公司投资，创造利润，从而帮助他们及其家庭摆脱贫困。

乔治·卢卡斯是著名导演、制片人和编剧，他凭借代表作《星球大战》系列，彻底改变了20世纪的电影制作。他创办了自己的卢卡斯电影公司。

生平大事

伟大的梦想

1962年，卢卡斯读电影学院时发誓30岁时要成为百万富翁。

第一个工作室

1969年，卢卡斯与弗朗西斯·福特·科波拉（Francis Ford Coppola）共同创建了独立制片人的电影工作室——美国西洋镜。

建立慈善机构

1991年，卢卡斯成立了乔治·卢卡斯教育基金会，以鼓励学校创新。

乔治·卢卡斯（George Lucas）从小就对漫画书着迷，这为他的第一部长篇电影《美国风情画》（American Graffiti）提供了灵感。日本导演黑泽明（Akira Kurosawa）也影响了他早期的电影创作。卢卡斯在美国南加利福尼亚大学电影学院读书时，总爱和一帮同学一起观看黑泽明的电影，史蒂文·斯皮尔伯格（Steven Spielberg）就是其中之一。

电影特许经营权

1966年，卢卡斯于毕业后拍摄了机器人题材的未来科幻电影《五百年后》（THX 1138，于1971年上映）。尽管影片反响不佳，他还是坚持拍摄了《美国风情画》。该片于1973年上映，是当时最成功的低成本影片。卢卡斯在1977年的电影《星球大战》（Star Wars）中，重复了《五百年后》中的部分主题。他对这部电影倾注了全部心血，影片一经播放便一炮而红，成为现代流行文化的重要组成部分。尽管该片由20世纪福克斯电影公司制作，卢卡斯还是设法保留了《星球大战》的许多版权，这个精明的商业决定让他通过销售星球大战玩具及周边商品赚了数百万美元。

《星球大战》大获成功之后，卢卡斯希望对今后的电影拥有更多的执行权和控制权。因此，他用自己的卢卡斯电影有限公司（Lucasfilm Ltd.）确定了一批新的电影项目，其中包括他与老友史蒂文·斯皮尔伯格共同创作的系列电影《夺宝奇兵》（Indiana Jones）。2012年，卢卡斯以45亿美元的价格将卢卡斯电影有限公司和《星球大战》的特许经营权卖给了迪士尼。

> "梦想极其重要。只有先想到了，才有可能做到。"
> ——乔治·卢卡斯

卢卡斯正在拍摄《星球大战》中的机器人C-3PO。 他最著名的代表作是六部《星球大战》电影，目前，该系列电影的版权归迪士尼公司所有。

1944—
乔治·卢卡斯

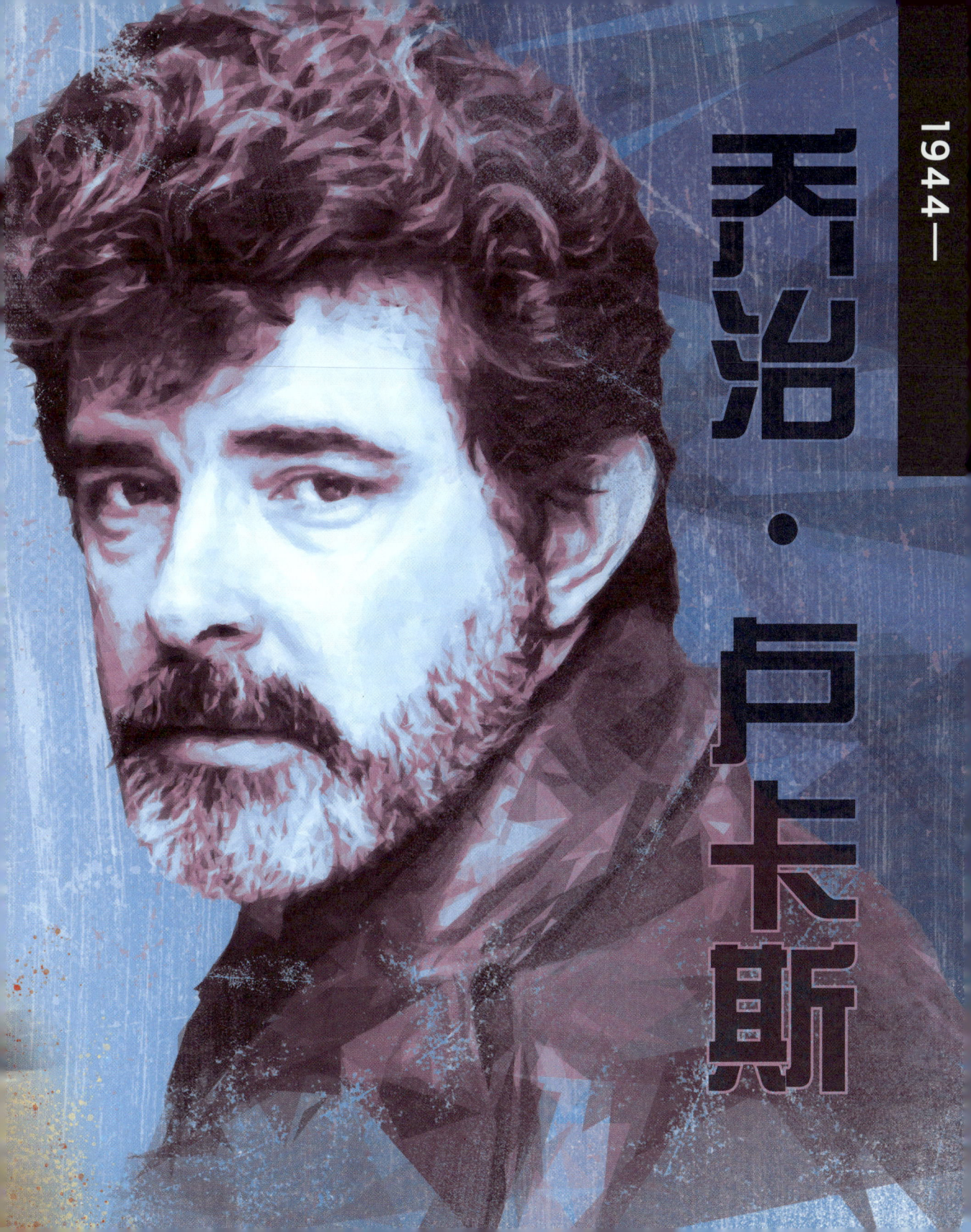

柳传志在中国科学院计算技术研究所的资金支持下，创立了联想科技公司，并成功地将公司打造成全球著名的大型个人计算机制造商。

柳传志于1944年出生，毕业于西安军事电讯工程学院（即现在的西安电子科技大学）。1984年，柳传志在中国科学院（简称中科院）做研究员时，从那里获得20万元的投资，成立了联想科技公司（Legend，后更名为Lenovo），并继续开展研究工作。

创业之初，柳传志从贸易做起，通过贸易积累资金并了解海外市场。在发展过程中，联想公司勇于创新，实现了许多重大技术突破，其中包括成功研制可将英文操作系统翻译成中文的联想式汉卡，开发出可一键上网的个人计算机，并于2003年推出完全创新的关联应用技术，从而确立了联想在3C时代的重要地位。凭借这些技术领先的个人计算机产品，联想登上了中国信息技术业的顶峰。从1997年起，联想成为中国计算机市场的领军者。2005年，联想收购了IBM的个人计算机部门，成为当时全球最大的计算机制造商。2019年12月，70多岁的柳传志辞去了联想控股的董事长一职。

生平大事

技术研究
在校期间，柳传志一边研究雷达，一边学习计算机的相关知识。

科研工作
1984年之前，柳传志一直在中科院担任工程师。

创办联想
1984年，柳传志从中科院获得了20万元的投资，与10名同事一起创办了联想科技公司。

生产个人计算机
联想于1990年发布了第一台个人计算机，并于2005年收购了IBM的个人计算机部门。

获得荣誉
2016年，柳传志荣获了CNBC亚洲商业领袖奖终身成就奖。

> "没有奉献精神，创业就很难成功。"
>
> ——柳传志

柳传志

1944—

罗伯特·L·约翰逊

罗伯特·L.约翰逊是商人兼投资人,他发现市场上缺乏为非裔美国人服务的电视平台,于是创办了美国黑人娱乐电视台,很快就在美国赢得了一批忠实的追随者。

罗伯特·路易斯·约翰逊(Robert Louis Johnson)出生于美国密西西比州的希科里。1968年,他从美国伊利诺伊大学本科毕业;1972年,他从美国普林斯顿大学硕士毕业。毕业之后,他在华盛顿特区公共广播公司做公关主管;此后,他又去了美国国家有线电视协会,担任政府关系副主席。广播电视圈的从业经历使约翰逊深深意识到,电视能够给人带来无限可能。但同时,他也注意到了,为非裔美国人服务的电视台在市场上还是一片空白。

成功与多元化

1980年,约翰逊借了1.5万美元的银行贷款,成立了美国黑人娱乐电视台(Black Entertainment Television,BET),这是第一个由非裔美国人控制且面向非裔美国人的有线电视台。刚开始,BET电视台只在每周五晚上播出两个小时音乐电视和重播情景喜剧,但很快,它便成了一家成功的电视台,并开始制作自己的节目。到了20世纪90年代,BET电视台已通过旗下综合频道、音乐频道、电影频道、网站和系列出版物,走进美国7000多万个家庭。2001年,约翰逊以30亿美元的价格将BET电视台卖给了美国通信和媒体巨头维亚康姆(Viacom)集团,并就此跻身亿万富翁行列。此后,他继续担任BET电视台的首席执行官,直至2005年卸任。

2002年,约翰逊为了进行多元化投资,成立了自己的RLJ投资公司(RLJ Companies),控股包括酒店、金融服务、体育和娱乐在内的多家公司。他还收购了美国北卡罗来纳州的NBA球队夏洛特山猫,成为第一个拥有大型职业篮球队的非裔美国人。

> "我不怕**弄脏**我的手。"
>
> ——罗伯特·L.约翰逊,2002年

生平大事

出人头地
1964年,约翰逊考上了伊利诺伊大学,是家里唯一的大学生。

敢为人先
1980年,约翰逊成立了BET电视台,这是第一个为非裔美国人观众服务的电视台,也是当今主要的黑人电视台。

创造历史
1991年,BET电视台成为第一家在纽约证券交易所上市的非裔美国公司。

出售公司
2001年,约翰逊将BET电视台卖给了维亚康姆集团,赚了10亿多美元,成为当时最富有的非裔美国人。

支援非洲
2007年,约翰逊成立了利比里亚企业发展基金,以资助利比里亚的新生企业。

1946—

詹姆斯·戴森

英国发明家詹姆斯·戴森在成功发明第一款产品之前，经历过许多次失败，负债累累。后来这款采用"旋风分离技术"的无袋真空吸尘器，成为彻底颠覆家庭清洁方式的标志性产品。虽然戴森掌管着一家全球性公司，但他的兴趣仍然集中在创新上。

詹姆斯·戴森（James Dyson）的童年在英国的诺福克度过。9岁时，父亲亚历克·戴森（Alec Dyson）的突然离世，给他带来了巨大打击。戴森的父亲生前是他就读的寄宿学校的老师，在父亲去世后，戴森仍留在学校住读。幼年丧父，加上只身在外读书，培养了戴森独立的性格，也让他下决心要证明自己。十几岁的时候，戴森爱上了长跑，也锻炼出了他日后不断打磨产品设计所需的勇气和毅力。

毕业后，戴森打算当一名医生。然而，在他实习的医院中，有位医生认为他更适合做艺术设计。于是，戴森去了伦敦柏亚姆·肖艺术学校（Byam Shaw School of Art），后来又进入了英国皇家艺术学院学习，并对设计和工程产生了浓厚兴趣。

在这里，戴森结识了罗托克工程公司（Rotork）的负责人杰里米·弗莱（Jeremy Fry）。弗莱陆续给戴森安排了一些兼职设计项目，也成为他的导师和领路人。其中一个项目是1970年戴森在大学最后一年的评定项目：一款可以在没有码头或港口的条件下着陆的高速扁平登陆艇。毕业之后，戴森继续跟着弗莱工作，接管了弗莱负责设计和销售登陆艇的子公司。4年后，戴森做好了独自创业的准备。

进军商界

1974年，戴森首次尝试创业。在装修房子时，戴森发现老式手推车很难用，于是设计了球轮手推车（Ballbarrow），用塑料球来代替轮子，从而使手推车更易操作。戴森把所有的钱都花在了开发原型上，因此急需外部资金投入生产。

他成立了自己的新公司柯克戴森公司（Kirk-Dyson），却错将产品的专利

> "**遭遇失败**时，**我们**其实**会**非常**兴奋**，因为这就是我们**学习的方式**。"
>
> ——詹姆斯·戴森，2007年

1947—

生平大事

接触设计
1966年，戴森被英国皇家艺术学院家具设计专业录取，后来改学室内工程设计。

开始创新
1974年，戴森用塑料球代替老式手推车的轮子，发明了球轮手推车，获得了建筑创新奖。

发明旋风分离器
经过5年的改进，戴森发明了双气旋技术，并于1983年推出了G-Force吸尘器。

成立公司
戴森于1991年成立了戴森电器有限公司，并于1993年推出了第一台戴森DC01吸尘器。

支持后辈
2002年，詹姆斯·戴森基金会正式成立。2007年，戴森设立了年度奖金，用于鼓励新锐设计师。

权直接转让给了新公司，而不是授权于它。1979年，当戴森的投资人卖掉公司时，他失去了对公司和设计的控制权。尽管遭遇挫折，但是球轮手推车的发明还是引导戴森完成了他后来的设计代表作，并坚定了他完全控制今后所有设计的决心。

真空革命

为了打扫自己的球轮手推车厂，戴森建造了一台工业气旋吸尘器，利用离心力将灰尘从空气中分离出来，并且不需要用集尘袋来收集灰尘。1978年，戴森意识到这项技术同样可以应用于家用除尘。家中老式吸尘器的集尘袋经常会发生堵塞，这让戴森不胜其烦。他尝试用纸板和胶带做了一个基本的气旋装置，固定在吸尘器上，结果实验成功了。戴森花了5年时间，做了5000多个无袋的真空吸尘器原型；当他完成设计时，他已经身无分文。戴森找不到愿意生产这款吸尘器的制造商，因为它会压缩对真空集尘袋的市场需求。所以，戴森只能自己来生产。

最终，戴森与一家日本的目录产品公司合作，开始出售这种名为G-Force的吸尘器。结果，产品大受欢迎。1993年，戴森用自己赚来的钱在英国的科茨沃尔德建立了研发中心和工厂。在那里，他又开发了DC01型号吸尘器，它不仅保留了强大吸力，还能净化空气中的香烟烟雾。戴森很快就申请了

戴森利用双气旋技术，推出了改良款无袋吸尘器和旋风加速风扇等多种新产品。

> "解决问题，你可以靠聪明才智，也可以靠标新立异的想法和水滴石穿的坚持。"
>
> ——詹姆斯·戴森，2004年

气旋技术

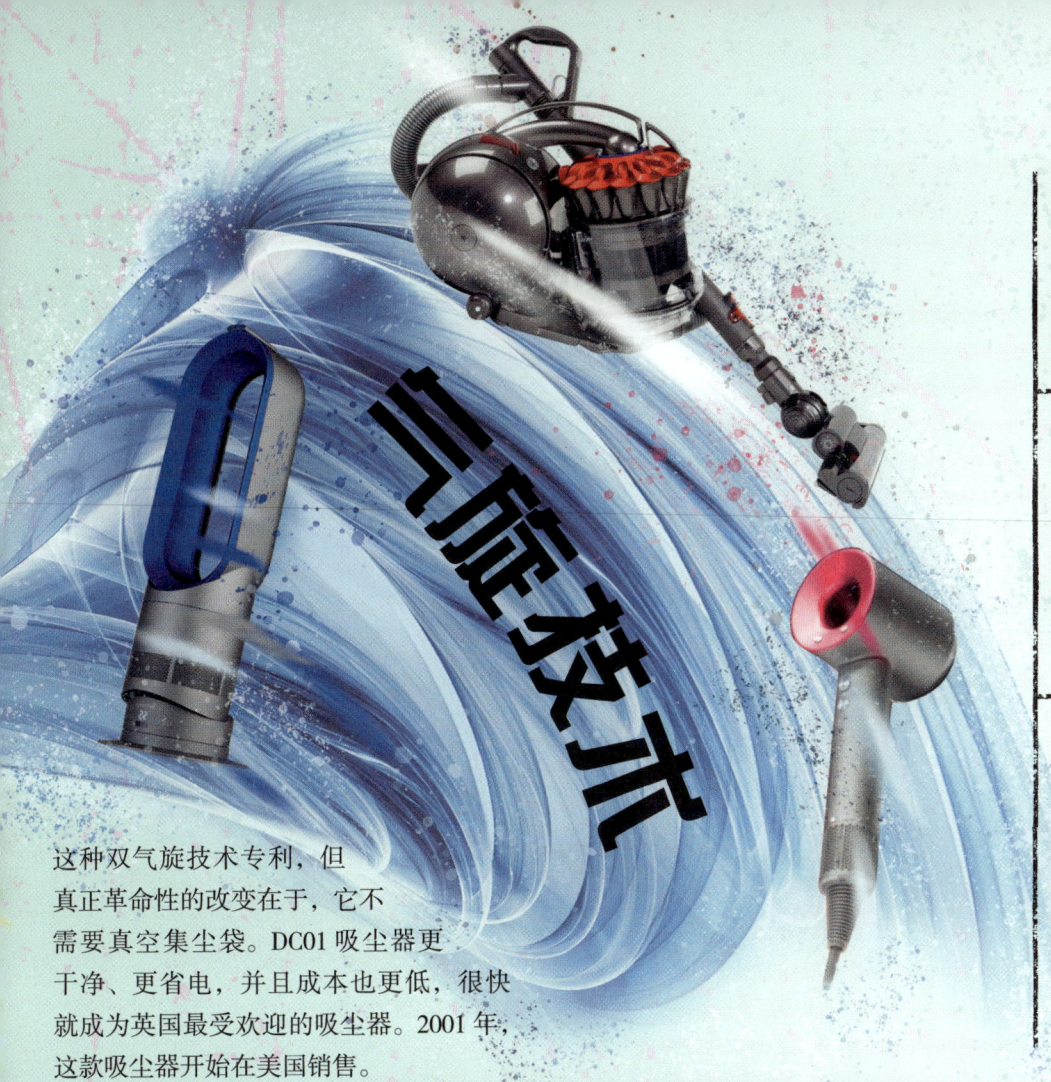

花了15年时间成立公司

制造了5127个真空吸尘器的原型

投入7100万美元研发超音速吹风机

这种双气旋技术专利，但真正革命性的改变在于，它不需要真空集尘袋。DC01吸尘器更干净、更省电，并且成本也更低，很快就成为英国最受欢迎的吸尘器。2001年，这款吸尘器开始在美国销售。

追求创新

戴森坚持精益求精，不断改进并更新吸尘器型号，还推出了多种新产品，包括喷气式干手机、吹风机、无叶风扇和空气净化器等。

除了不断追求自我突破之外，戴森还于2002年成立了慈善基金会，支持中小学和大学的教学和研究工作。2014年，他在伦敦帝国理工学院成立了戴森设计工程学院。

尼克·格雷

英国发明家尼克·格雷（Nick Grey）离职时只有很少的积蓄。但他在不到一年时间里就创立了格雷科技公司（G Tech.），生产创新型无绳电器。

格雷（1968— ）并没有正式学过工程设计。他曾在真空吸尘器制造商VAX公司担任产品设计主管，后于2001年辞职。离职后仅一年时间，他就设计出了SW01吸尘器，并将其卖给了美国吸尘器品牌鲨客公司（Shark）。和戴森DC01吸尘器不同，这款吸尘器是无绳的，一经推出就大受欢迎。此外，他还开发了其他家用和园艺产品，包括他最畅销的AirRam无绳真空吸尘器（2012年）。与其他主流型号相比，这款吸尘器耗电更少。

理查德·布兰森是维珍集团的创始人，他的经商天赋、冒险精神和对经营规范的不屑让他成为著名的企业家。他克服了重重困难，将生意越做越大，业务范围涵盖从音乐到太空旅游等多个领域。

理查德·查尔斯·尼古拉斯·布兰森（Richard Charles Nicholas Branson）16岁离开英国白金汉郡的斯多中学时，校长就曾预言他以后不是进牢房，就是发大财。布兰森有阅读障碍，读书的日子于他而言很是煎熬，但那时的他已经两度尝试做生意，一次种植圣诞树，另一次繁殖鹦鹉，不过都以失败告终。

两年后的1968年，布兰森获得了首次成功。他创办了青年文化杂志《学生》（Student），内容以明星独家访谈为主，包括对著名歌星的采访和评论文章。布兰森设法卖出了足够大的广告版面，首刊就印刷了50000册。

不久之后，布兰森在出版杂志的办公室里做起了邮购唱片的生意，与商业街的传统零售商们开始了竞争。布兰森认为自己和同事们都不懂经商，就将这家公司命名为维珍（Virgin），并很快在伦敦的牛津街上开了一家唱片店。1972年，他又开了一间录音工作室，并创办了维珍唱片公司。一年后，维珍唱片的首位签约歌手麦克·欧德菲尔德（Mike Oldfield）凭借专辑《管钟》（Tubular Bells）一炮而红。布兰森愿意与那些标新立异甚至具有争议的歌手和乐队合作，比如性手枪乐队（Sex Pistols）、彼得·加布里埃尔（Peter Gabriel）

生平大事

初次创业
1968年，布兰森创办了杂志《学生》，并开始通过邮购售卖唱片，以资助其出版业务。

第一家唱片店
1971年，布兰森在伦敦牛津街开了第一家唱片店。

进军航空业
1984年，布兰森成立了维珍大西洋航空公司，开始与老牌航空公司竞争。

推广品牌
布兰森先后投资了度假、酒店、银行、电信、媒体等行业，并于2004年投资了太空旅行。

理查德·布兰森

"靠守规矩是学不会走路的。**不断练习，跌倒了再爬起来**，如此才能**学会**。"

——理查德·布兰森，2014年

1950—

斯泰利奥斯·哈吉-约安努

斯泰利奥斯·哈吉-约安努（Stelios Haji Ioannou）出生在一个开航运公司的富裕家庭，以创办廉价航空公司易捷航空（EasyJet）而闻名于世。

哈吉-约安努（1967— ）25岁时创建了自己的斯第马油船公司（Stelmar Tankers）。3年后的1995年，他又创建了易捷航空。这家在二线机场运营的低价航空公司虽不起眼，却改变了欧洲人的旅行方式。他始终秉持提供"物超所值"的服务理念，将业务逐步延伸到汽车、酒店等行业，形成了今天的易捷集团（Easy Group）。2000年，易捷航空在伦敦证券交易所上市。

和文化俱乐部乐队（Culture Club）等。很快，维珍唱片公司就成了世界上最大的独立唱片公司。

1984年，布兰森发现了旅游业的新商机。一次，他在波多黎各度假时，飞往英属维尔京群岛的航班被临时取消。于是他决定自己包机，其他受困乘客只需支付少量费用，便可一同搭乘。这笔收入弥补了包机费用，此事让他意识

> "不管目标是什么，如果你总是**畏首畏尾**，不敢**去飞**，那么永远都不会成功。"
> ——理查德·布兰森，2006年

布兰森在音乐领域的成功为其向更多领域扩张提供了资金，比如旅游、银行和电信等行业。然而1992年，为了继续发展自己的其他兴趣，他忍痛割爱，将维珍唱片卖给了EMI唱片公司。

到了航空市场存在的缺口。短短几个月，他就成立了维珍大西洋航空公司（Virgin Atlantic），并开通了伦敦盖特威克和美国纽瓦克之间的航线。维珍航空凭借创新的服务、鲜红的品牌色调、新颖的广告和强大的公关实力，与老牌长途航空公司展开了竞争。

在接下来的30年中，布兰森逐渐发展了各类旅游服务，酒店、度假、火车、邮轮、甚至太空旅游，不一而足。2004年，他成立了维珍银河公司（Virgin Galactic），旨在将付费乘客带上太空，体验他所说的"最伟大的冒险"。

布兰森乐于尝试任何市场，他广泛建立了广播、电信、医疗、健身、能源和金融服务等各类公司，维珍也由此变成了一个家喻户晓的品牌。虽然维珍可乐、维珍化妆品等尝试最终失败了，但是布兰森敢于追求心中所想，越挫越勇，坚持以消费者为中心，不断挑战传统商业惯例，这也让他备受赞许。2000年，他因创业佳绩而被封为爵士。

推广大师

布兰森在宣传方面天赋异禀，随时都准备好给自己的公司当"代言人"，并维护维珍的品牌形象。在私人生活中，他也和在生意场上一样富有进取心，做了不少惊天动地的事情，还创造了许多纪录。例如，他乘坐热气球横渡大西洋和太平洋，驾船穿越大西洋并创下用时最短纪录，还是以风筝冲浪方式横渡英吉利海峡的人中年纪最大的。近年来，他致力于解决环境和社会问题，并通过自己的非营利性基金会维珍联合会（Virgin Unite），推动其他创业项目，支持那些希望创办"草根公司"的人，并为他们提供指导和资金支持。布兰森不仅取得了巨大的商业成就，还写了不少关于创业的书籍，并开了一个很受欢迎的网络博客，强化了自己作为创业顾问的形象。

15岁时进行了初次创业

1978年以18万英镑买下内克尔岛

在3个月内创立了维珍大西洋航空公司

在65岁时打破了7项吉尼斯世界纪录

"我误打误撞地当上了企业家。从那时起，我开始沉迷于经商，不是为了赚钱，而是因为我认为自己可以比其他人做得更好。"

理查德·布兰森
受访于记者马丁·刘易斯（Martyn Lewis），1997年

1986年7月，布兰森与英国首相撒切尔夫人一道，庆祝自己的维珍大西洋挑战者II号横渡大西洋成功并创下用时最短纪录。▶

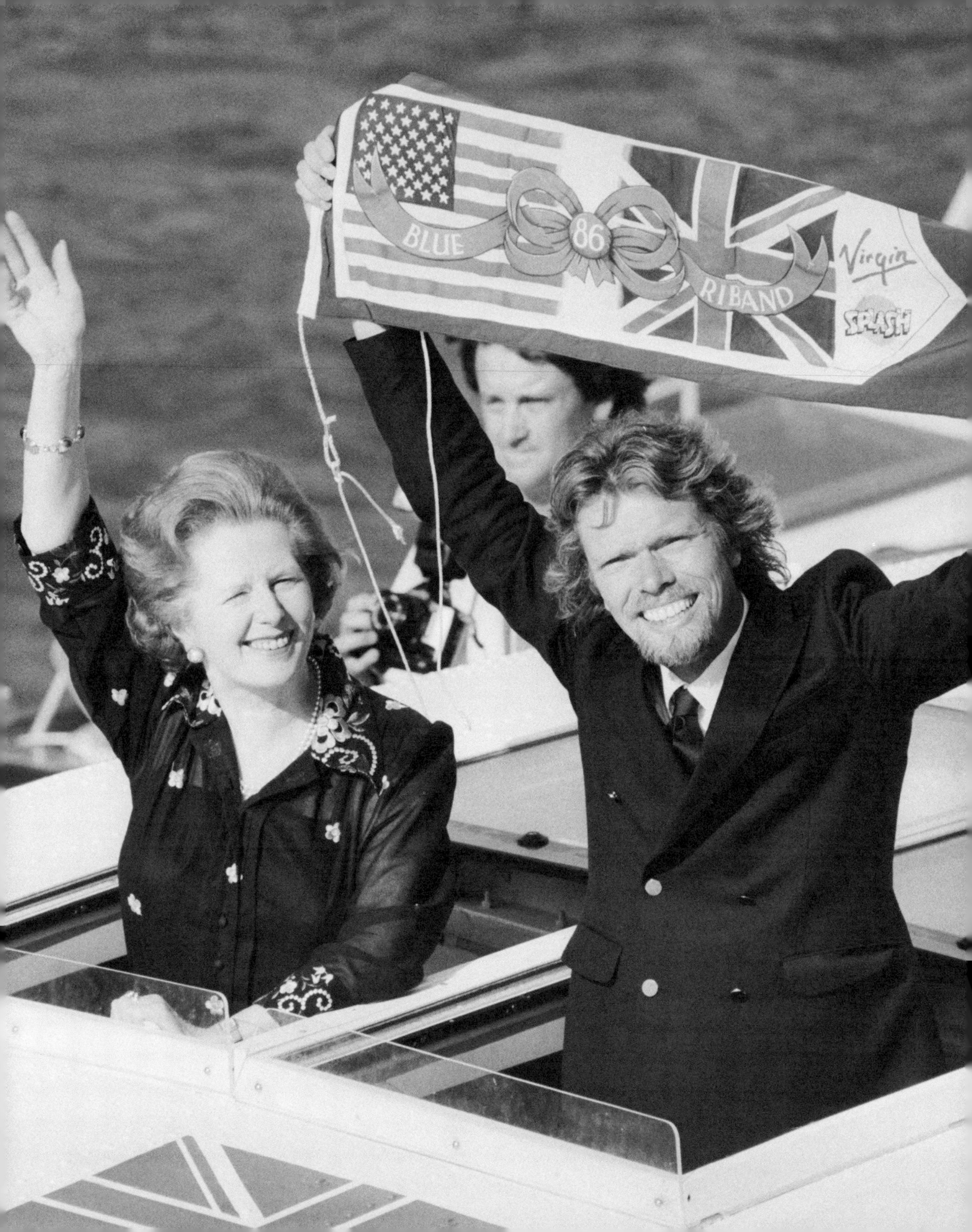
BLUE
86
RIBAND
Virgin
SPLASH

阿里安娜·赫芬顿

1950—

阿里安娜·赫芬顿出生于希腊，是著名新闻网站"赫芬顿邮报"的创始人，也是繁荣全球公司的首席执行官。她凭借自己的远见卓识和商业上获得的成功，曾入选《时代》杂志的100位"全球最具影响力人物"，并荣登《福布斯》全球100位最具影响力女性榜单。

生平大事

英国留学
1966年，阿里安娜·赫芬顿移居英国，在剑桥大学学习经济学，年仅16岁。

政治野心
2003年，阿里安娜·赫芬顿与阿诺德·施瓦辛格共同竞选州长。后来，排名第五的她退出了竞选。

成立网站
2005年，阿里安娜·赫芬顿成立了名为"赫芬顿邮报"的自由评论及免费新闻网站。

推广健康
2016年，阿里安娜·赫芬顿成立繁荣全球公司，旨在帮助人们减少生活中的压力和倦怠感。

阿里安娜·赫芬顿（Arianna Huffington）原名阿里亚德妮－安娜·斯塔西诺普洛（Ariadne-Anna Stasinopoulou），出生于希腊雅典。她大学就读于剑桥大学，学习经济学，并成为剑桥大学第三位女学生会主席。1974年，年仅24岁的她写了《女人中的女人》(The Female Woman)，批判了妇女解放的某些弊端。此后，她又陆续出版了15本书。

1980年，斯塔西诺普洛辞去了英国BBC广播电台和电视台记者和主持人的工作，搬到了美国纽约。1986年，她嫁给了后来的国会议员迈克尔·赫芬顿（Michael Huffington），并在洛杉矶找到了电台评论员的工作。2003年，她参与竞选加利福尼亚州州长，虽然最终失败，但她学会了运用网络力量，并在网上筹集了近100万美元的资金。

2004年美国总统大选结束之后，阿里安娜·赫芬顿和商人肯尼思·勒尔（Kenneth Lerer）筹措资金，建立了一个全天候的新闻平台和博客。2005年5月，由阿里安娜·赫芬顿任主编的"赫芬顿邮报"（The Huffington Post）创立，并逐渐发展成全球知名的媒体品牌。阿里安娜·赫芬顿将自己打造成一块招牌，定期在电视节目上露面，并在一年一度的世界经济论坛（World Economic Forum）上占有一席之地。2007年，"赫芬顿邮报"推出了不同的地区版本。2011年，阿里安娜·赫芬顿以3亿多美元的价格将该网站卖给了美国在线（AOL），并成为其旗下赫芬顿邮报传媒集团的总裁兼总编辑。

2016年8月，阿里安娜·赫芬顿宣布将离开"赫芬顿邮报"，并打算建立一个与健康保健相关的数字平台，以帮助自己找到应对压力和倦怠的方法，从而改善身体状况。2016年11月，她创办了繁荣全球（Thrive Global）公司。

> "即使你**感到害怕**，也要**坚持完成**你的梦想。"

——阿里安娜·赫芬顿，2014年

弗罗伦索·阿拉基嘉

1951—

弗罗伦索·阿拉基嘉是尼日利亚女商人,她多才多艺,广泛涉猎时尚、印刷和石油等行业。作为一名虔诚的基督徒,她以乐善好施而闻名。

1951年,弗罗伦索·阿拉基嘉(Folorunsho Alakija)出生于尼日利亚联邦拉各斯的伊科罗杜,在英国和尼日利亚读书后进入银行业,做起了行政秘书的工作。12年后,为了追逐心中对时尚的热爱,她离开了银行,赴伦敦留学,并成立了自己的高级服装定制公司(Supreme stitch)。1996年,她将公司更名为沙伦玫瑰时装屋(Rose of Sharon House of Fashion),在推广尼日利亚文化方面取得了巨大成绩。阿拉基嘉还成立了法姆法石油公司(Famfa Oil),并于1993年获得了近海油田的开发权。通过与美国石油公司的合作,该油田于1996年全面投产,并成为尼日利亚的高产油田。为了进一步丰富自己的业务组合,阿拉基嘉进军印刷行业,成立了沙伦玫瑰印刷公司(Rose of Sharon Prints)。随后,她又在2006年成立了数字现实印刷公司(Digital Reality Prints)。阿拉基嘉不仅是尼日利亚富有的女性之一,还是一位大慈善家。她成立了沙伦玫瑰基金会(Rose of Sharon Foundation),专门帮助寡妇和为孤儿提供奖学金和助学金。

> "拼命工作,你就能创造'幸运';多跑一英里,你就能创造'幸运';尤其是女人。"
>
> ——弗罗伦索·阿拉基嘉,2014年

生平大事

从银行业起步
1974年,阿拉基嘉先在拉各斯的当地银行担任秘书,后来开始在FinBank工作。

时尚先锋
1986年,阿拉基嘉创立了高级定制品牌,为尼日利亚的富有女性定制时装。

进军石油业
1993年,阿拉基嘉获得了石油勘探许可证。其公司现持有油田60%的股份。

1953—

基兰·玛兹穆德–肖是印度最大的生物制药公司百康的创始人，致力于通过最具成本效益的方法，为贫穷国家的人们提供平价药品。

基兰·玛兹穆德–肖（Kiran Mazumdar-Shaw）出生于印度的班加罗尔。她最初想要学医，但后来获得了动物学学位。她的父亲是联合酿酒厂的酿酒主管，在父亲的鼓励下，她前往澳大利亚巴拉瑞特大学留学，获得了酿酒专业的硕士学位。可当她回到印度之后，她却发现身为一名女性，很难找到管理相关的工作。1978年，玛兹穆德–肖与爱尔兰百康生物制药公司的创始人莱斯利·奥金克洛斯（Leslie Auchincloss）会面后，在自己的车库里创办了印度百康公司（Biocon India）。当时的公司仅有两名员工，主要生产酿酒用的酶，并将其出口到欧洲和美国。

在玛兹穆德–肖的领导下，印度百康公司成为一家蓬勃发展的跨国生物制药公司。她一直将业务重点放在平价药品上，以降低癌症等疾病的治疗费用。2009年，她成立了玛兹穆德–肖医疗中心，研究针对多种疾病的更有效的疗法。

生平大事

酿酒专家
1975年，玛兹穆德–肖获得了酿酒学硕士学位；她是班级第一名，也是学该专业的唯一女生。

进军生物技术
1978年，她在爱尔兰百康生物制药公司工作之后，在自己的车库里建立了印度百康公司。

百康上市
2004年，印度百康公司正式上市，首日收盘价为11亿美元。

资助癌症中心
2009年，在家人生病、朋友病故之后，她在班加罗尔成立了拥有1400张病床的癌症护理中心。

"失败是暂时的，但放弃是永久的。"

——基兰·玛兹穆德–肖，2014年

基兰·玛兹穆德–肖

约翰·麦基

约翰·麦基以引导美国人吃得更健康为己任,并最终使有机食品成为餐桌上的主流。在此过程中,他创办了美国最大的连锁食品店,并拥有数百家分店。

约翰·麦基(John Mackey)是一名坚定的素食主义者。1978年,大学肄业的他从家人和朋友那里凑了4.5万美元,和女友蕾妮·劳森(Renee Lawson)一起在美国得克萨斯州的奥斯汀开了一家名为"更安全之道"(Safer Way)的天然食品店,但销售业绩平平。开业第一年,麦基的投资就损失了一半。麦基意识到,刻意去限制商品种类并非明智之举。两年后,"更安全之道"与克雷格·韦勒(Craig Weller)和马克·斯凯尔斯(Mark Skiles)的克拉克斯维尔天然食品商店(Clarksville Natural Grocery)合并,并搬到了一栋更大的楼中,店名改成"全食超市"(Whole Foods),以"全食、全民、全地球"为宣传口号。

全食超市的上架商品主要是各类有机食品,这些食品不添加任何人工香料、色素或防腐剂。此外,相比"更完全之道",全食超市还增加了肉类、糖类和酒类产品,销售额逐渐有了起色。但没过几个月,一场山洪摧毁了超市的大部分房屋和库存。麦基和他的团队没有退却,在忠实顾客的支持之下,新店在一个月内又重新开业了。

顶住压力发展业务

20世纪80年代,全食超市实现了稳步发展,并于1992年正式上市,但当时只有10家分店。麦基开始收购美国其他地区的有机食品零售商,但扩张速度太快,以至于让他和身为全食超市董事会成员的父亲产生了矛盾。1994年,麦基认为父亲的保守态度阻碍了公司的发展,要求他辞职。在接下来的20年中,全食超市进入了快速扩张期。超市推出了不少新产品,比如包装好的"365超值"系列,从冷冻干果、早餐谷物、遮阴咖啡到有机身体

> "要想**学习**和成长,就必须**抓住机会**,不怕**犯错**。"
>
> ——约翰·麦基,2014年

1953—

生平大事

第一家店
1978年,麦基体验了素食主义生活,并在得克萨斯州的奥斯汀开了"更安全之道"天然食品店。

合伙创业
1980年,"更安全之道"与克拉克斯维尔天然食品商店合并为全食超市。

经历洪水
1981年,全食超市的房屋和库存在未投保的情况下被山洪摧毁,但很快便重新开业。

投资扩张
1992年,全食超市利用上市募集到的2800万美元,实现了在美国的快速扩张。

出售公司
2017年,面对日益激烈的竞争,麦基以137亿美元的价格将全食超市卖给了亚马逊。

2006年，麦基主动给自己降薪到1美元

将自己100%的股票全部捐给慈善机构

2019年开设了第500家全食超市

全食超市以麦基的核心价值观为基础，致力改善顾客健康，乃至整个社会环境。所有出售的产品必须达到公司严格的质量标准，并尽可能保持纯天然。

天然有机

可持续农业

不含人工色素、香料和防腐剂

乳液，应有尽有。超市大受欢迎，销量也越来越高。麦基不断将其他区域性天然食品店收归麾下，将全食超市打造成一个美国连锁品牌。截至2004年，全食超市在加拿大和英国都开了新门店。

食品哲学

麦基认为，他创办全食超市的初衷不光是为了赚钱，还因为健康食品有助于提高社会福祉。在一次采访中，他表示大多数美国人的饮食习惯极为不健康，如果人们改吃天然食物，一个星期就会带来极大改变。

麦基聘用的员工全都认同他的健康饮食理念和良心经营之道，优厚的工作条件和内部医疗保障计划更提高了员工们的忠诚度。1998年，《财富》（Fortune）杂志将全食超市评为值得应聘的前100家公司。全食超市规定，高管薪酬上限为全职员工平均工资的19倍，麦基还从2006年起，大幅削减了自己的薪酬和奖金。

尽管全食超市也出售肉制品，但麦基坚持所有供应商都必须严格遵守动物福利标准。然而，这种道德规范并没有让麦基免受争议，他就工会、"奥巴马医改"和气候变化等问题发表的言论引发了许多负面新闻报道。

万变的市场

2013年，全食超市迎来巅峰时代，当时公司的股价高达65美元。不过，此时的老牌零售商已经意识到有机食品市场的重要性，并纷纷开始售卖有机食品，并且价格比麦基更低。2016年，美国最大的主流连锁超市克罗格（Kroger）的天然和有机产品年销售额超过了全食超市，全食超市的股价暴跌至30美元。不过，次年麦基以137亿美元的价格将全食超市卖给了亚马逊，并继续担任全食超市的首席执行官。

伊冯·乔伊纳德

美国人伊冯·乔伊纳德（Yvon Chouinard）热爱攀岩，将自己户外运动器材的小生意逐渐做成了市值10亿美元的巴塔哥尼亚（Patagonia）公司，并不遗余力地支持环保。

1957年，乔伊纳德（1938— ）开始用强化钢自制岩钉，除自用之外，将其余岩钉放在汽车后备厢，以每个1.5美元的价格卖给其他登山者。1965年，他与登山伙伴共同创办了乔伊纳德器材公司（Chouinard Equipment），重新设计并制造了一系列更坚固、更轻便的登山器材。后来，乔伊纳德发现岩钉会破坏岩石表面，便引入了可重复使用的铝岩楔，"无痕攀岩"的概念由此诞生。1973年，乔伊纳德将公司更名为巴塔哥尼亚，并将业务扩展到户外服装和五金配件。他还承诺将销售额的1%或利润的10%（以较大者为准）捐给环保事业。

严格的质量标准

> **"你得追赶海浪。如果没有海浪，你就不能冲浪。"**
>
> ——约翰·麦基，2014年

奥普拉·温弗瑞

为了挽救一个电视节目，奥普拉·温弗瑞临危受命，但她不仅让节目起死回生，变成了世界上最受欢迎的脱口秀节目，还打造出了价值数十亿美元的媒体帝国。

奥普拉·温弗瑞（Oprah Winfrey）原名俄珥巴·盖尔·温弗瑞（Orpah Gail Winfrey），童年时先后跟随外祖母、母亲和父亲生活。她从9岁起就多次遭受性虐待，14岁时不幸怀孕。尽管成长环境十分恶劣，但奥普拉在学校却表现很好，展现出了在公共演讲方面的极高天赋。她顺利获得了美国田纳西州立大学的奖学金，并在那里学习语言交流和表演艺术。

1984年，奥普拉接手并主持了岌岌可危的早间脱口秀节目《芝加哥早晨》（AM Chicago），并实现了重大突破。她犀利、机智、坦率的荧幕形象，加上循循善诱而富有同情心的采访技巧，成功逆转了该节目的收视率。1986年，她在别人的建议下，将节目授权给一家全国性的广播电视网，并更名为《奥普拉·温弗瑞秀》（Oprah Winfrey Show），双方约定节目总收入的25%归奥普拉所有。奥普拉脱口秀很快就成为美国收视率最高的日间节目，这让她赚得盆满钵满。该档脱口秀持续播出了25年。1987年，她成为百万富翁；一年之后，她的总收入达到了3000万美元。

建立品牌

1986年，奥普拉出演了由爱丽丝·沃克（Alice Walker）的小说《紫色》（The Color Purple）改编的同名电影，并凭借坚强自信的索菲亚一角获得了奥斯卡提名。奥普拉懂得用自己的收入进行投资，并逐步将自己的"品牌"打造成了一个新兴的媒体帝国。1986年，她将自己的名字"Oprah"反拼为"Harpo"，成立了电视制片公司哈普工作室（Harpo Productions）。

生平大事

才华初现
1970年，奥普拉在演讲比赛中获胜，并获得了大学4年的奖学金。

逆转收视率
1984年，奥普拉接任《芝加哥早晨》主持人，吸引了约100万名新观众。

走向全国
1986年，奥普拉在美国推出了《奥普拉·温弗瑞秀》，一夜爆红。

建立媒体帝国
1986年，奥普拉组建了哈普工作室，制作电影、电视剧和自己的节目。

1954—

> "没有失败这回事。失败只是**生活想试着将我们推向**另一个方向。"
>
> ——奥普拉·温弗瑞，2013年

奥普拉·温弗瑞的脱口秀每周一期，并且有现场观众参与，并将日常生活、名人嘉宾、时事讨论、自助美食和书友会结合在一起，彻底改变了脱口秀的形式。截至2000年，该节目已获得47个日间时段艾美奖。

在此过程中，她成为第一个拥有自己脱口秀工作室的非裔美国人。到了20世纪90年代末，她的脱口秀观众已超过1000万人，年收入达1.5亿美元，在芝加哥拥有200名员工。从1993年起，她的子公司哈普电影公司（Harpo Films）开始制作大电影，包括《宠儿》（Beloved, 1998年）和《塞尔玛》（Selma, 2014年）等。到了1995年，她的净资产已经达到3.4亿美元，因此成为当时美国娱乐圈最富有的女性。

全球影响力

1996年，奥普拉推出了电视节目《奥普拉书友会》（Oprah's Book Club），每期与观众分享一本书。15年间，节目共推荐了约70本书，经节目曝光之后，这些书全部成为畅销书。据估计，书友会节目带来的书籍总销量约为5500万本书。奥普拉随

> "明知**别人**不会知道，依然选择去**做正确的事**，才是真正的**正直**。"
>
> ——奥普拉·温弗瑞

后又推出了更多的媒体项目。2000年，她创办了女性月刊《奥普拉杂志》(The Oprah Magazine)。此外，她还写了一些关于饮食和锻炼的书，并开办了一个面向女性的有线电视台和奥普拉广播电台。

21世纪初，奥普拉成为史上首位登上亿万富翁名单的黑人女性。她参与了各种慈善项目。1998—2010年，她承担了天使网络（The Angel Network）的所有行政费用。天使网络鼓励了15万人向慈善事业捐款8000万美元。她还在南非建立了奥普拉·温弗瑞领导学院，为女童和年轻女性等弱势群体提供上学读书的机会。

奥普拉一直在努力减肥。她与减肥产品和服务机构慧俪轻体（Weight Watchers）的合作，是"奥普拉效应"——但凡与她的名字有关，就一定会大受欢迎——的另一个例证。2015年，奥普拉以4300万美元购买了慧俪轻体10%的股份，并同意担任其全球形象大使。3年内，慧俪轻体收获了100万新成员，而奥普拉所持股份的市值也涨到了4亿美元。奥普拉常常鼓励人们在绝望中寻找希望，她反败为胜的能力也使她的全球品牌实现了现象级发展。她的媒体帝国、创业经历和慈善项目也使她成为世界上富有、受尊敬的女性。

玛莎·斯图尔特

生活时尚大师玛莎·斯图尔特（Martha Stewart）是美国第一位白手起家的女亿万富翁。

斯图尔特（1941— ）出生于美国的新泽西州。20世纪80年代，她因著有烹饪、娱乐、家居装饰的相关书籍而声名鹊起，她的电视节目和杂志《玛莎·斯图尔特的生活》（Martha Stewart Living）更让她家喻户晓。随着不断推出新杂志、各类食谱书和电台节目，斯图尔特的媒体帝国不断扩张。虽然在2004年，她抛售公司股票引发了争议，她却凭借一系列成功的电视和出版项目东山再起。

19岁成为当时美国最年轻的地方新闻**主播**

5次被评为世界上最有影响力的人

"每个人都有自己的使命。你真正的人生功课,是尽快弄清楚自己的使命和自己该成为什么样的人,然后找到最适合自己的方式,顺从天意,尽力而为。"

奥普拉·温弗瑞
摘自《生活大讲堂》奥普拉·温弗瑞官网,2011年11月8日

奥普拉·温弗瑞举办了自己的畅销书《理清的道路》(The Path Made Clear)的同名巡演,在加拿大站的演出中逗得众多热情的观众开心不已。▶

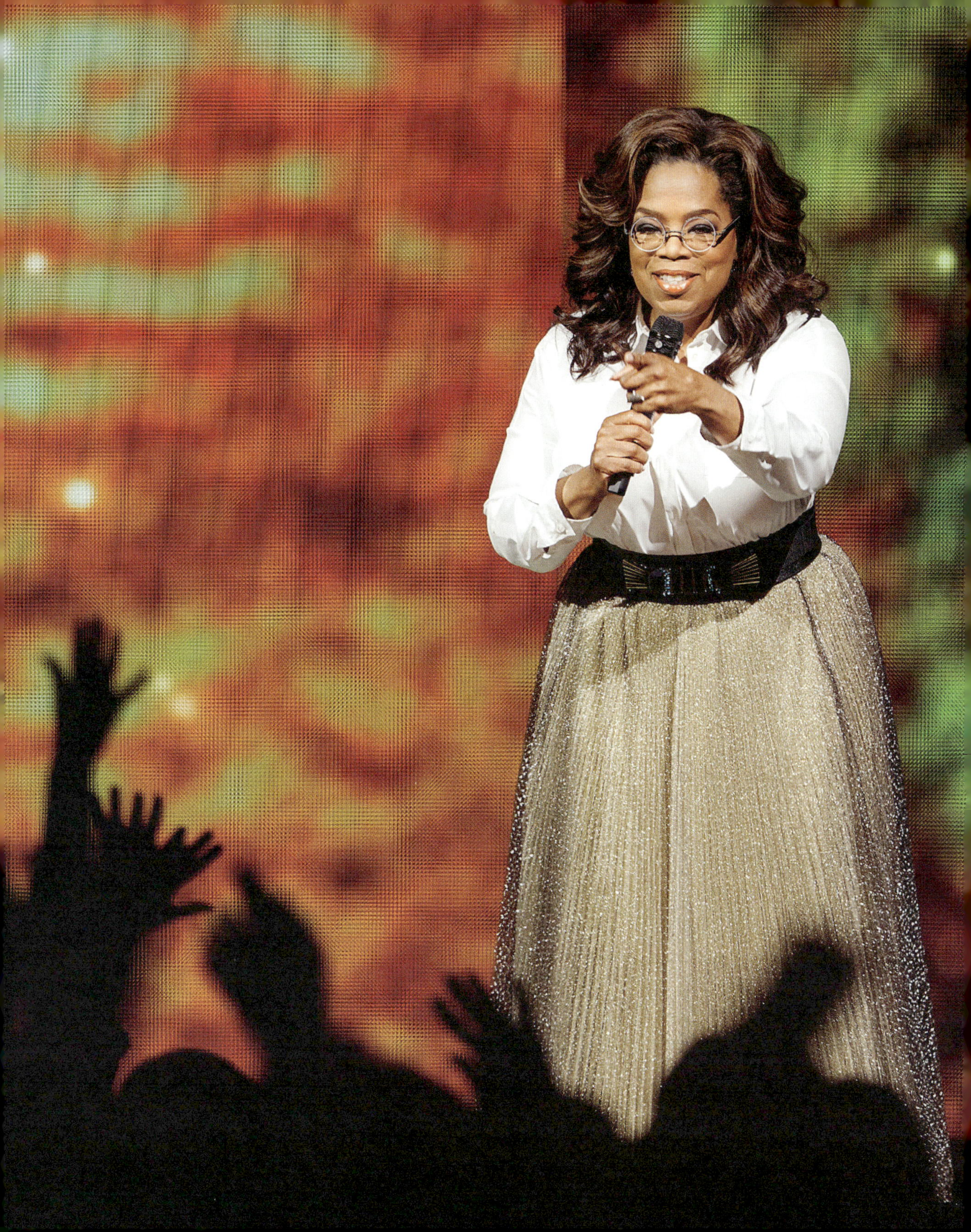

中国商人王健林创办了大连万达集团并担任董事长。他希望将自己的房地产公司发展成为一家集商业地产、酒店贸易、影视娱乐、零售、旅游和体育于一体的全球巨头。

生平大事

创建公司
1988年，王健林收购了负债累累的房地产公司，并将其更名为大连万达。

发展业务
王健林于2000年建成了首个万达广场，随后在全国各地广泛开发商业地产项目。

投资足球
2015年，王健林斥资5200万美元购入西班牙马德里竞技足球俱乐部20%的股份。

卖出资产
2017年，王健林以90多亿美元的价格出售了他在中国的旅游地产组合。2018年，他以6亿美元的价格出售了AMC的部分股份。

王健林出生于中国四川。1970年，王健林成为中国人民解放军中的一名军人。1978年，王健林晋升为排长，并进入大连陆军学院学习，后于1986年从辽宁大学毕业，获得经济管理专业学位。退伍之后，他到大连工作，先是当政府文员，后来又投身住宅地产开发。

1988年，王健林借钱投资了自己工作的房地产公司，并将其更名为大连万达。《经济学人》(The Economist)杂志将王健林形容为"一个拥有拿破仑一般的野心的人"。他热衷于将业务扩张到大连之外，在全国多地承接了许多商业和住宅建筑项目。其中，万达广场是集住宅、购物中心、餐厅和酒店于一体的大型城市综合体。王健林建了260多个这样的项目，使大连万达成为了中国最大的房地产开发公司。

致力于多元化发展的王健林，还将目光投向了娱乐产业。在开了6000家影院之后，他又于2012年以26亿美元收购了AMC娱乐集团，使大连万达成为全球最大的电影院公司。而后，他又收购了《蝙蝠侠》三部曲的幕后制片公司传奇娱乐(Legendary Entertainment)，进军国际影坛。2016年，他斥资30亿美元在南昌修建了以文化为主题的万达城，与上海迪士尼乐园打起了擂台。作为慈善事业的倡导者，王健林在2011年为慈善事业捐款超过1.97亿美元，并代表大连万达为中国的抗震救灾和多个公共建设项目捐款。

"我从不在意财富，我更在意的是**追求财富的过程**。"

——王健林，2015年

2018年，万达旗下占地376万平方米的**青岛东方影都**正式开业，旨在推动中国电影业的发展。

王健林

1954—

名人录

1960—1995年,随着电信和计算机技术的快速进步,新的娱乐和消费模式应运而生,这也为企业家带来了新的机会。到了20世纪90年代,移动电话技术和互联网成为经济的重要组成部分。

埃里克·施密特
（1955— ）

软件工程师埃里克·施密特（Eric Schmidt）出生于美国弗吉尼亚州。1982年,施密特获得了加利福尼亚州大学的计算机科学博士学位,并加入了美国太阳微系统公司（Sun Microsystems）,担任首席技术官。1997年,他成为计算机软件公司Novell的首席执行官。2001年,他又被谷歌聘为首席执行官。在他的领导下,谷歌迅速发展成为全球领先的科技公司之一。2011—2018年,施密特出任谷歌的执行董事长。2019年,他离开了谷歌母公司Alphabet的董事会,但仍旧担任公司的技术顾问。

维诺德·科斯拉
（1955— ）

维诺德·科斯拉（Vinod Khosla）出生于印度新德里。在获得了美国的MBA学位之后,科斯拉定居美国。1982年,他与别人共同创立了太阳微系统公司,并于1986年作为合伙人加入了风险投资公司KPCB,从事计算机和电信投资。2004年,他在硅谷创办了自己的科斯拉风险投资公司（Khosla Ventures）,专门进行高科技实验与创新方面的投资,尤其是针对相关创业公司的投资。科斯拉大力推广环保技术,是非洲和印度小额信贷的杰出支持者。

维贾伊·马尔雅
（1955— ）

维贾伊·马尔雅（Vijay Mallya）是印度企业家维塔尔·马尔雅（Vittal Mallya）的儿子。1983年,他接替父亲,成为马尔雅联合酿酒集团（United Breweries Group）的董事长。该集团主要生产酒精饮料,后来开始涉足航空旅行、化学品和电影等行业,寻求多元化发展。马尔雅曾两次当选印度议会议员。他是印度皇家挑战者班加罗尔板球俱乐部（RCB）的老板,还与别人共同拥有一支一级方程式赛车队。2016年,他移居伦敦,但却被印度政府以金融犯罪的罪名通缉并引渡。

梅格·惠特曼
（1956— ）

美国人梅格·惠特曼（Meg Whitman）于1979年从哈佛大学获得MBA学位之后,先后就职于宝洁、迪士尼和孩之宝等公司。1998年,她成为线上拍卖公司的首席执行官兼总裁,并对公司网站进行了整顿。同年,eBay（亿贝）成功上市。在惠特曼的领导下,eBay（亿贝）发展成了一家大公司。2008年,她离开了该公司。在竞选加利福尼亚州州长失败之后,她被任命为惠普公司的总裁兼首席执行官,负责主持2015年惠普公司"一分为二"的拆分工作。2018年,她离开惠普,成为手机短视频平台Quibi的首席执行官。

埃克·巴蒂斯塔
（1956— ）

埃克·巴蒂斯塔（Eike Batista）出生于巴西,大学时在德国留学。1980年,他回到巴西从事黄金和钻石贸易,后来又在亚马孙地区从事金矿开采。1985年,巴蒂斯塔成为加拿大黄金矿业公司（TVX Gold）的首席执行官。他还创立了集采矿、石油和天然气开采、发电、房地产、造船和物流于一体的EBX集团。2012年,他成为南美洲最富有的人,但第二年EBX集团就出现了利润暴跌现象。此后,巴蒂斯塔被控受贿,并于2018年被判入狱。

孙正义
（1957— ）

孙正义出生于日本,在美国完成了学业。1981年,他在日本创立了软银集团（SoftBank）,从计算机配件销售业务开始，逐步扩展到电信和杂志出版等行业。1994年，软银上市。两年后，孙正义开始涉足互联网，成立了合资公司日本雅虎，并担任首席执行官和总裁。1999年，软银成为一家面向全球众多公司的控股公司，投资金额高达数十亿美元，其中包括中国互联网公司阿里巴巴。孙正义一直担任软银集团的董事长兼首席执行官。

苏尼尔·米塔尔
（1957— ）

苏尼尔·米塔尔（Sunil Mittal）出生于印度旁遮普邦。1976年，他与两个兄弟创办了印度巴帝公司（Bharti Enterprises）。该公司最初生产自行车零件，而后开始多元化发展，并于1984年开始生产电话和传真机。1992年，米塔尔成功地将巴帝定位为一家移动电话服务提供商。3年后，他成立了巴帝电信（Bharti Airtel），业务从印度逐步扩张，目前在18个亚非国家运营。在米塔尔的领导下，巴帝公司又陆续扩展到食品、金融服务和房地产等行业。

斯特拉夫·马希依瓦
（1961— ）

斯特拉夫·马希依瓦（Strive Masiyiwa）出生于现今的津巴布韦。他于1983年在英国威尔士大学获得电气工程学位。回到津巴布韦之后，马希依瓦于1993年建立了移动电话公司Econet，但政府却拒绝给他颁发运营许可证。经过5年的司法抗争，Econet终于获得了运营许可，并取得了巨大成功。为了避免国家迫害，马希依瓦于2000年离开了津巴布韦。Econet集团的业务遍及非洲、欧洲和亚洲，业务范围包括互联网、银行和电力等行业。

尤里·米尔纳
（1961— ）

在放弃了物理学博士学位后，尤里·米尔纳（Yuri Milner）离开了莫斯科，前往美国攻读MBA学位。1995年，他返回了俄罗斯，后来又创办了自己的风险投资公司NetBridge，专门进行互联网投资。2001年，NetBridge和网站Port.ru合并改名为Mail.ru，由米尔纳担任首席执行官。直到2003年之前，该网站一直都是俄语国家的最大网站。2006年，他创办的DST风险投资公司（Digital Sky Technologies）买下了Mail.ru网站。此外，他还是科技投资公司DST全球（DST Global）的老板。

阿卡迪·沃罗兹
（1964— ）

阿卡迪·沃罗兹（Arkady Volozh）出生于苏联的古里耶夫（现今为哈萨克斯坦境内的阿特劳）。他创办了包括CompTek公司在内的多家计算机、电信和信息技术公司。1993年，他和别人共同开发了一款搜索引擎，并于4年后创立了科技公司Yandex。2000年，沃罗兹出任Yandex公司的首席执行官，该公司也成为俄罗斯最大的在线搜索引擎和科技公司，并将业务范围扩大到广告、数据存储及零售等线上服务。2011年，公司成功上市。作为首席执行官，沃罗兹还帮助公司开发了免费的数据科学在线课程。

伊利亚·塞加洛维奇
（1964—2013）

伊利亚·塞加洛维奇（Ilya Segalovich）是俄罗斯的计算机先驱。1990年，他与校友阿卡迪·沃罗兹共同创办了软件公司Arkadia。1993年，他们开发了可在整个互联网搜索内容的搜索引擎Yandex。1997年，Yandex网站上线，塞加洛维奇担任首席技术官。作为主要的俄语搜索引擎，Yandex通过广告来赚取利润。塞加洛维奇还参与了许多慈善事业，包括成立了一家孤儿救助组织。

达米安·赫斯特
（1965— ）

1989年，英国艺术家达米安·赫斯特（Damien Hirst）毕业于英国伦敦大学金史密斯学院。20世纪90年代，他成为"英国年轻艺术家"运动中的一员。他因动物尸体泡在甲醛溶液中的系列作品颇具挑衅而声名鹊起，其中最为出名的作品是泡在溶液中的一整条虎鲨。广告公司老板和收藏家查尔斯·萨奇（Charles Saatchi）是赫斯特早期的主要赞助人和宣传者。1995年，赫斯特获得了英国当代艺术界最负盛名的特纳奖（Turner Prize）。赫斯特凭借自己的宣传天赋，将自己的作品卖出了好价钱，并于2008年以约2亿美元的价格售出了一套作品集。目前，他是英国在世的最富有的艺术家。

迈克尔·戴尔
（1965— ）

1984年，尚在大学读书的美国人迈克尔·戴尔（Michael Dell）创办了他的第一家计算机公司，即后来的戴尔（DELL）公司。1988年，戴尔公司上市。20世纪90年代，戴尔公司成为全球领先的个人计算机制造商。2004年，戴尔辞去了首席执行官一职，继续担任董事会主席。2007年，他又重新出任公司的首席执行官。2016年，戴尔以670亿美元收购了数据存储公司EMC，并出任母公司戴尔科技（Dell Technologies）的首席执行官。

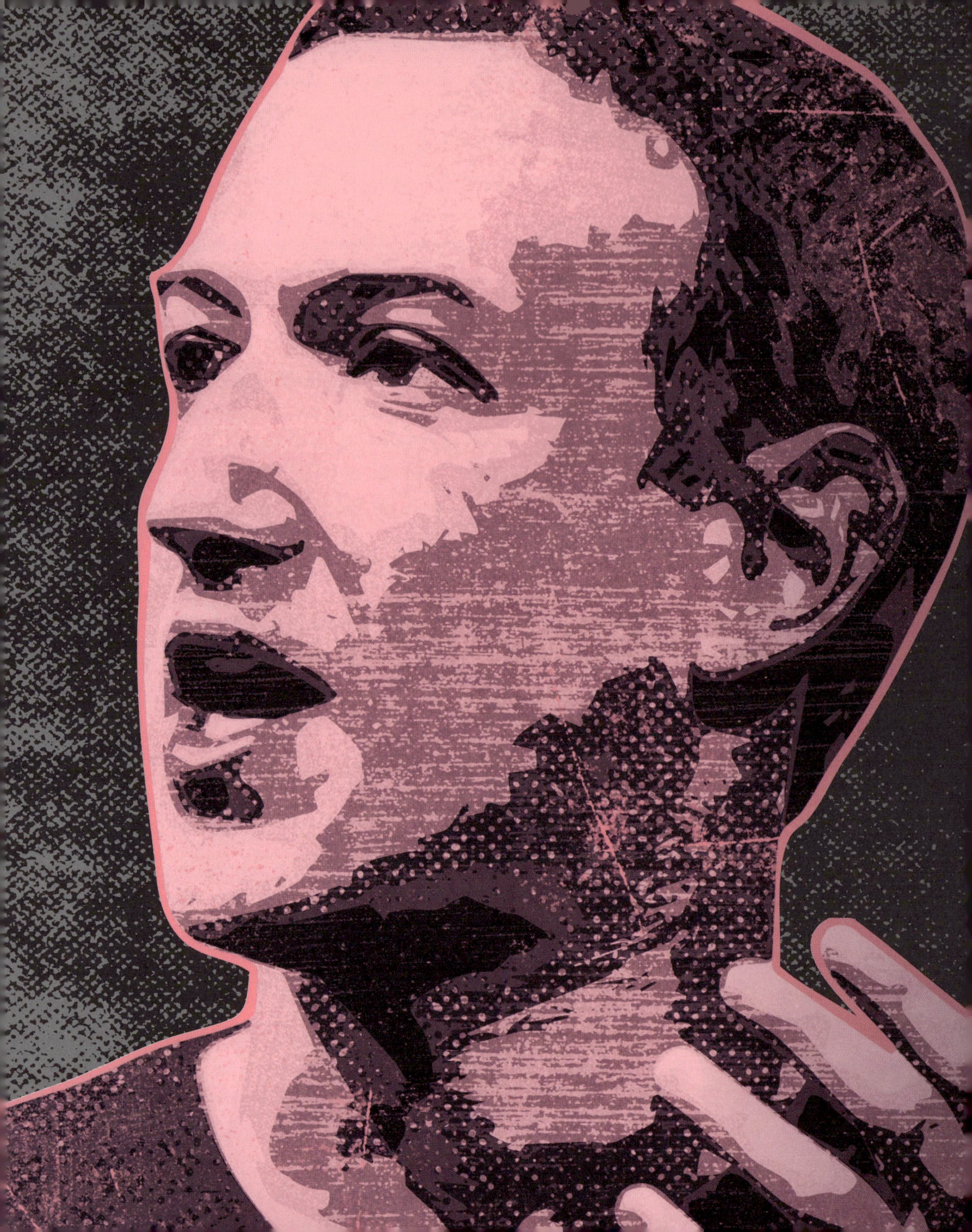

7

全球化与电子商务

1980年至今

美国商业巨子比尔·盖茨是著名的计算机软件专家、投资人和慈善家，因与人合伙创办了微软公司而闻名于世。他带领全球计算机行业进入了个人计算机时代，彻底改变了人们的工作和交流方式，让现代生活的方方面面都发生了天翻地覆的变化。

生平大事

初次创业

1970年，还在上中学的盖茨和艾伦一起开发了处理西雅图交通数据的Traf-O-Data软件。

共同创立微软

1975年4月，盖茨开发了BASIC程序并成立了微软公司；截至1976年年底，微软公司的收入为16000美元。

与IBM合作

1980年，盖茨开发了微软磁盘操作系统并授权给IBM公司。操作系统随后成为业界标准。

公司上市

1986年，微软公司上市，首日股价便从21美元涨到35.5美元。

全球主导地位

截至1999年，全球约95%的新个人计算机都预装了微软的Windows操作系统。

威廉·亨利·盖茨（William Henry Gates）在美国西雅图上中学时，就是一个充满好奇心的孩子。他对计算机很感兴趣，13岁时就开始和朋友保罗·艾伦（Paul Allen）一起编写软件程序。两年后，盖茨和艾伦共同开发了一款软件，用来监控西雅图的交通。当时，两个人打算成立一家公司，可盖茨的父母希望他能当律师，并鼓励他中学毕业之后继续考大学。

1973年，盖茨考上了哈佛大学。有一次，他在杂志上读到了一篇关于最新的Altair8800微型计算机的文章，就和保罗·艾伦联系了这家计算机制造商——微型仪器和遥测系统公司（MITS），并表示能够开发一套适用于Altair8800的BASIC语言。MITS公司对此很感兴趣，于是盖茨二人开始着手开发这套程序，并将其授权给了MITS。

软件革命

1975年，盖茨从哈佛大学退学。此时，艾伦已经在MITS公司工作了。盖茨和艾伦一起在美国阿尔伯克基的一间办公室里进行研发，并成立了Micro-Soft公司。盖茨意识到，这款软件其实可以应用于任何微型计算机。于是，他们花了不到一年的时间从MITS公司独立出来，并将公司更名为微软（Microsoft）。截至1979年，盖茨领导的微软公司共有16名员工，毛收入约为250万美元。

在当时，个人计算机的发展尚处于起步阶段。盖茨在市面上购买了一套现成的操作系统，将其改造成适用于个人电脑的微软磁盘操作系统（MS-DOS），并授权给了IBM公司。随着其他公司陆续开发个人计算机，该操作系统成为行业标

> "权力不来自知识垄断，而来自知识共享。"
>
> ——比尔·盖茨，1999年

1955—
比尔·盖茨

13岁编写了第一个软件程序

20岁创建了微软公司

向慈善机构捐赠了500多亿美元

每秒钟大概赚114.16美元

准。微软公司的该项收入也从1980年的700万美元跃升至1981年的1600万美元。

盖茨坚信个人计算机将成为一种极具价值的商业工具。随着微软团队的不断壮大，公司开发出了更多的新软件。

盖茨是微软公司的代言人，艾伦和史蒂夫·鲍尔默（Steve Ballmer）等人对微软公司的快速发展也功不可没。截至1983年，全世界约有30%的计算机正在使用微软公司的软件。

微软公司的发展一直保持着强劲势头，直到苹果公司于1984年推出了Macintosh计算机。这款计算机的界面简洁，还使用了图标。作为回应，盖茨开发了Windows操作系统，并于1986年正式问世。到了1993年，全球约

"互联网

85%的计算机上都安装了Windows操作系统。20世纪90年代中期，微软公司开发了Microsoft Office等与Windows操作系统的配套程序，还与生产商达成协议，在每台新计算机上都预装好微软公司的软件，从而巩固了自己在行业中的主导地位。该策略十分奏效，截至1999年，微软公司的销售额已经达到了197亿美元。

投身慈善

在执掌微软公司25年后，盖茨于2000年辞去了微软公司首席执行官一职，并与妻子梅琳达（Melinda）成立了自己的慈善基金会，用于改善发展中国家的医疗卫生和生活水平。迄今为止，该基金会已捐赠了500多亿美元的善款。2010年，盖茨夫妇还与金融大亨沃伦·巴菲特（Warren Buffett）共同发起了"捐赠誓言"活动，号召超级富豪们至少将自己一半的财富捐给慈善事业。

盖茨从一开始就意识到互联网的巨大潜力。1995年，盖茨给微软公司的员工发了一封名为《互联网浪潮》（the Internet Tidal Wave）的邮件，在信中分享了自己对微软的愿景，期待公司在新兴互联网行业中占据主导地位。

纳拉亚纳·拉马劳·纳加瓦拉·穆蒂

N.R.纳加瓦拉·穆蒂（N.R.Narayana Murthy）是印度信息技术实业家。他是跨国企业印孚瑟斯有限公司（Infosys Ltd.）的联合创始人，并将该公司发展为信息技术外包服务、软件技术及咨询领域的全球领导者。

穆蒂（1946— ）曾先后在印度和其他国家的信息技术公司工作。1981年，他与6名同事用仅有的250美元成立了印孚瑟斯有限公司，第一位客户来自美国纽约。随着业务的发展，印孚瑟斯在6年之内开设了美国办事处。穆蒂提出了全球交付模式（Global Delivery Model，GDM），这种在全球范围内外包信息技术解决方案现在已经成为印度的软件行业支柱。此外，他还提出了24小时工作制的概念。如今，印孚瑟斯成为一家全球软件服务公司，年收入高达120多亿美元，穆蒂也获得了许多国际商业奖项。

> "耐心是成功的关键因素。"
>
> ——比尔·盖茨，2004年

"浪潮"

史帝夫・賈布斯

史蒂夫·乔布斯是美国发明家、设计师和投资人。他是苹果公司的创始人之一，也是个人计算机时代的行业先驱。他推出了包括iPod、iPhone和iPad在内的众多开创性产品，革新了音乐、移动通信和媒体的形式，擘画了现代计算机科技的蓝图。

史蒂夫·保罗·乔布斯（Steven Paul Jobs）在婴儿时期被人收养，在美国加利福尼亚州硅谷附近长大。13岁时，乔布斯经朋友介绍，认识了18岁的斯蒂夫·沃兹尼亚克（Stephen Wozniak），两个人因对电子产品的共同爱好而一见如故。乔布斯大学辍学之后当了一名视频游戏设计师。后来，他与自己制造计算机的沃兹尼亚克合作，共同开启了一场个人计算机革命。

苹果的诞生

1976年4月，乔布斯和沃兹尼亚克共同成立了苹果计算机公司（Apple Computer Company）。他们在乔布斯父母的车库里组装苹果Ⅰ号计算机（Apple Ⅰ）的电路板，再卖给当地的独立经销商。后来，沃兹尼亚克又开发了苹果Ⅱ号计算机（Apple Ⅱ）。该计算机采用可扩展操作系统，功能更加强大，同时支持彩色图像。乔布斯则负责寻找风险投资。随着苹果Ⅱ号计算机的迅速成功，苹果公司得以在1980年成功上市。年仅25岁的乔布斯，身价已超过了2亿美元。

在当时激烈的行业竞争中，计算机巨头IBM是苹果公司的主要竞争对手。1984年，乔布斯推出了Macintosh（简称Mac），并取得了巨大成功。该机型主要面向普通个人用户，而非专业技术人士，对图像界面和鼠标也进行了革新；然而，由于运行速度缓慢和软件限制等问题，其销量还是无法与IBM的个人计算机相提并论。

1985年，乔布斯与苹果公司管理层就公司控制权问题发生了争执，最终被赶出了公司。他将自己的股票悉数卖出，只留了最后一股，还带走了

> "不要为**教条**所**束缚**，否则就是在**按照别人的意志**去**生活**。"
>
> ——史蒂夫·乔布斯，2005年

1955—2011年

生平大事

早期成功
1976年，乔布斯和沃兹尼亚克共同创立了苹果计算机公司。首款计算机Apple以666.66美元的价格发售。

重要创新
1984年，乔布斯推出了Macintosh，这是首款对用户友好且带有内置屏幕的个人计算机。

新的追求
乔布斯于1985年成立了NeXT公司；于1986年收购了皮克斯，并将它发展成为一流的数字动画工作室。

回归苹果
1997年，乔布斯重新出任苹果公司的首席执行官，令公司起死回生，免于破产。

推出新品
1998年起，乔布斯带领苹果公司不断推出创新产品，包括iMac、iTunes、苹果商店iPod、iPhone和iPad等。

拉里·埃里森

拉里·埃里森（Larry Ellison）洞察到了有效存储及检索信息数据库的市场空白，与他人联合创办了甲骨文公司（Oracle Corporation）。

拉里·埃里森（1944— ）是史蒂夫·乔布斯的旧友。大学辍学后，他在美国加利福尼亚州当了一名计算机程序员。1977年，埃里森与他人共同创办了软件开发工作室，率先开发了第一个商用关系数据库。该数据库以表格的形式存储信息，彻底改变了企业获取、分类和比较数据的方式。1986年，埃里森的工作室更名为甲骨文软件系统公司（Oracle Systems Corporation）并成功上市，也迅速成长为世界上最大的数据库管理公司。埃里森先是担任该公司的首席执行官，之后为首席技术官和董事长。

苹果团队中的几个追随者，成立了NeXT软件公司。

他开发了一种新的操作系统，主要面向教育市场用户。虽然NeXT计算机的销量不佳，但其在操作系统方面的创新是有目共睹的。

数字动画是乔布斯的另一个兴趣所在。1986年，他收购了动画工作室皮克斯（Pixar），并对该公司进行了大量投资。1991年，皮克斯公司开始制作全球首部全计算机动画电影《玩具总动员》（Toy Story），并于1995年由迪士尼正式发行。1995年，皮克斯公司在纽约证券交易所上市。2006年，乔布斯将皮克斯公司卖给了迪士尼，并由此进入了迪士尼董事会，以7%的持股比例成为迪士尼的最大股东。

1997年，身陷困境的苹果公司试图通过收购NeXT公司走出低谷。竞争对手微软推出的Windows 95系统价格更低，令苹果公司无法招架，正需要NeXT的全新操作系统来增添新鲜血液，而乔布斯也同意重新回归苹果，并担任公司的首席执行官。

苹果的复兴

乔布斯回归后对公司进行了重组，简化了产品种类，并成功发起了"不一样的思考"（Think Different）营销活动，吸引了众多新用户。1998年，乔布斯推出了iMac系列的第一款创新产品。他对高品质硬件和软件的坚持，是苹果重获成功的关键：产品必须在技术上出类拔萃，同时在美学上可圈可点。很快，苹果推出的时髦计算机成为令人垂涎的时尚单品——不

> "让世人觉得**我们做了一些很棒的事**……**这对我来说**才**是最重要的**。"
>
> ——史蒂夫·乔布斯，1993年

据称，乔布斯在辍学之后，曾在俄勒冈州的一个公社里摘苹果，因此才向后来的商业伙伴史蒂夫·沃兹尼亚克建议以"苹果"来命名公司。

仅处理速度快，而且价格相对低廉。

2001年，乔布斯推出了iPod，随后又推出了iTunes，这彻底改变了人们听音乐和存储音乐的方式。乔布斯很快意识到，新兴的触摸屏技术也可以应用到手机上。他于2007年推出了iPhone。它不仅能打电话、听音乐、上网，还能从应用商店购买更多的应用程序。2010年，首款触摸屏平板计算机iPad问世。一年后，乔布斯去世。他被世人誉为最伟大的创新领袖和数字革命先驱。乔布斯以独特的用户友好型产品，开创了个人计算机技术的新时代，将苹果打造成世界一流且最具标志性的品牌。

12岁时在惠普公司实习

21岁时在父母的车库里创办了苹果公司

一生获得了450多项专利

1995年皮克斯公司上市，乔布斯成为亿万富翁

"工作是你生活的重要组成部分，要想获得真正的满足，唯一的方法就是去做你认为很棒的工作。而要做很棒的工作，唯一的方法就是热爱你所做的事情。如果你暂时还没找到，请不要放弃寻找。"

史蒂夫·乔布斯
选自在斯坦福大学毕业典礼上的演讲，2005年6月12日

乔布斯执着于对细节和形式的追求，将极简主义美学融入了苹果公司的产品，使它们既美观，又实用。▶

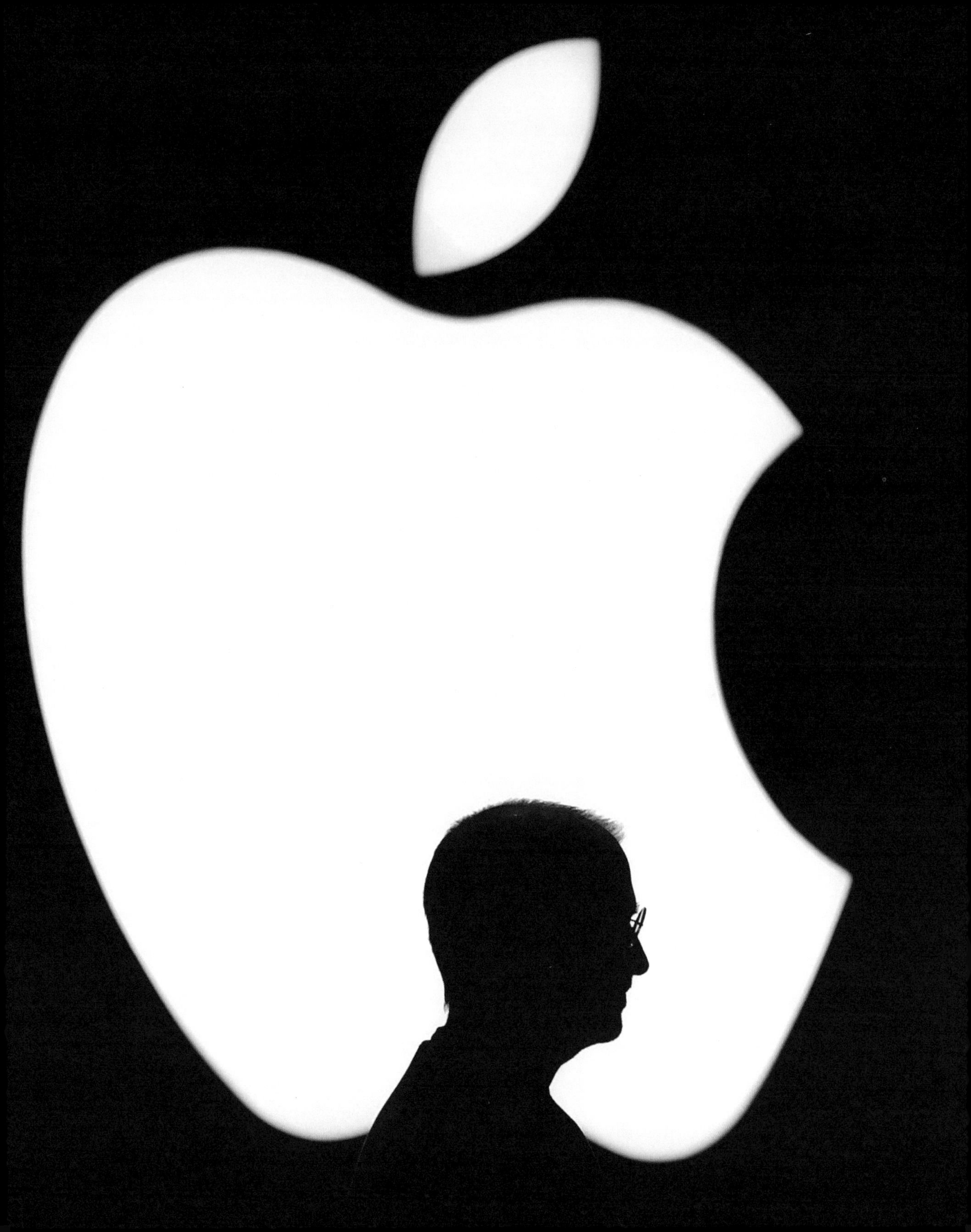

黛比·菲尔兹最初在棒球比赛时卖烤饼干，后来逐步创立了菲尔兹夫人饼干公司Mrs. Fields cookies，并将其发展为美国著名的新鲜烘焙饼干国际零售商。菲尔兹出过多本著作，并热心慈善，主张"没有最好，只有更好"，还做过多次励志演讲，并因此家喻户晓。

生平大事

饼干姑娘
13岁时，菲尔兹用最初赚的钱买了纯正的黄油、巧克力和香草来继续烤饼干。

开办公司
1977年，菲尔兹开了第一家同名饼干店，并在开业当天向顾客免费赠送饼干。

食品店创举
1989年，菲尔兹利用技术优势，引入了电子系统来管理饼干店。

写畅销书
《菲尔兹夫人的曲奇书》（1992年）热销180万册，位居《纽约时报》畅销书榜榜首。

成立慈善机构
1986年，菲尔兹与其丈夫共同创立了菲尔兹夫人儿童健康基金会。

1956年9月，黛比·菲尔兹（Debbi Fields）出生于美国加利福尼亚州的奥克兰，原名黛布拉·简·西维尔（Debra Jane Sivyer）。十几岁时，她成为奥克兰棒球队的第一批女球童。她特别喜欢烘焙，经常在棒球比赛时卖自己烤的饼干，渐渐成为人们熟悉的"饼干姑娘"。当时，她每小时能挣5美元，并将赚到的钱继续购买烘焙原料。

1976年，黛比嫁给了财务顾问兰德尔·菲尔兹（Randall Fields）。次年，她开始厌倦当一名家庭主妇，打算做一件自己喜欢而且又能赚钱的事情。于是，她开了自己的第一家饼干店。她办理了美国银行的商业贷款，在加利福尼亚州的帕洛阿尔托开了菲尔兹夫人的巧克力曲奇店，现烤现卖。1979年，菲尔兹的第二家店也大获成功，买饼干的顾客总是在门口排起长队。截至1983年，她已经在美国开了70家门店，销售额高达3000万美元。

1989年，菲尔兹率先在饼干店里安装了电子系统，用来跟踪饼干的生产和销售情况，这在食品零售业中是一种创举。最终，菲尔兹夫人饼干店在美国和世界各地开了数百家分店。20世纪90年代初，她以1亿美元的价格出售了自己的饼干公司，但在此后几年中她仍继续担任品牌代言人。

> "我知道自己**喜欢烤饼干**。每当我烤饼干时，都能**给人们带去快乐**。这就是**我的创业初衷**。"
>
> ——黛比·菲尔兹

黛比·菲尔兹

1956—

阿里科·丹格特

1957—

尼日利亚人阿里科·丹格特从小就具有创业精神，他在上小学时就开始向同学们推销糖果。刚刚工作时，他从事的是农产品贸易，后来进入制造业，成立了丹格特集团，主要从事水泥、糖、面粉的生产和石油的加工。

阿里科·丹格特（Aliko Dangote）出生在尼日利亚的卡诺州。他的外公是一位商人，靠出售燕麦和大米等大宗商品发家致富。他从小耳濡目染，对经商很有兴趣。1965年丹格特的父亲去世后，他的外公成为其监护人。丹格特21岁时从叔叔那里借了3000美元，开始进行农产品贸易，进口糖、大米、小米和可可等商品。他做得非常成功，短短3个月就还清了借款。

1995年，丹格特在考察巴西工厂时，认为自己应该将眼光从外贸转向制造业：假如他能在尼日利亚生产商品，就不再需要进口了。1999年，他创立了丹格特面粉公司；2000年他又创立了丹格特糖业公司，并且该公司很快就满足了尼日利亚90%的糖需求。2005年，丹格特向世界银行贷款4.79亿美元，自己又拿出了3.19亿美元，投资建造了一座水泥厂。13年过去了，他的公司成为非洲一流的水泥生产商，年产水泥4560万吨，在14个非洲国家设有分公司。丹格特决心坚持多元化发展，于2013年宣布将建设全球最大的炼油厂，同时进军电信行业。

1994年，丹格特成立了自己的慈善基金会，并且已经向教育、人道主义救援等事业捐赠了超过1亿美元。2011年，他因突出贡献被授予尼日尔司令勋章（Grand Commander of the Order of the Niger），这是尼日利亚第二高的国家荣誉。《福布斯》（Forbes）杂志还将他评为2014年非洲年度人物。

生平大事

开始贸易
1978年，丹格特利用贷款成立了一家小型贸易公司，主要进口巴西的糖和泰国的大米。

转移焦点
1999年，丹格特进军制造业，相继建了制糖厂和面粉厂以取代进口。

进军水泥行业
2005年，丹格特成立了丹格特水泥公司并持有85%的股份，成为非洲首富。

建立炼油厂
2016年，丹格特修建了炼油厂，以日处理65万桶原油为目标。

> "当你的父母或祖父母是企业家时，你通常也会**选择经商**。这会让你感到，一切皆有可能。"
>
> ——阿里科·丹格特，2015年

奇普·威尔逊早先是做滑雪、冲浪和滑冰等运动装备的设计和销售工作的，后来转向不断发展的瑜伽服装市场。他开创了"运动休闲"这一服装品类，将自己的瑜伽服装公司发展成了市值超过300亿美元的大型全球公司。

生平大事

早期成功
1979年，威尔逊成立了西滩滑雪板有限公司，向滑雪、滑板和冲浪爱好者销售专业运动服。

进军瑜伽行业
1997年，威尔逊卖掉了西滩滑雪板有限公司。随着瑜伽的日益流行，他于1998年创办了瑜伽服品牌露露乐蒙。

创新面料
2005年，他在露露乐蒙瑜伽服中使用了独创的四向弹力Luon™面料。

快速发展
2011—2013年，露露乐蒙成为北美发展迅速的公司之一。

成功上市
2007年7月，露露乐蒙成功上市，总共卖出了1820万股，募集资金超过3.2亿美元。

丹尼斯·"奇普"·威尔逊（Dennis "Chip" Wilson）出生于美国加利福尼亚州，他从小就对运动装备和服装制造很感兴趣。威尔逊的父母上大学时都是运动员，后来父亲当了体育老师，母亲当了裁缝。威尔逊喜欢游泳，也热爱其他体育运动，还常常在厨房的餐桌上帮母亲裁剪图案，慢慢也学会了缝纫。

威尔逊在加拿大卡尔加里大学学习经济学时，找了一份关于跨阿拉斯加石油管道的兼职工作。不到两年的时间，他赚到了17.5万美元，不仅为自己交了大学学费，还有了足够的资金开启自己的服装生意。在石油公司工作时，他将夏威夷风格的方布块拼接成色彩鲜艳的棉质宽松短裤，在当地购物中心的一个摊位上售卖。他的设计与当时流行的深色系紧身短裤风格迥异，在逐渐兴起的滑板界一炮而红。很快，威尔逊就离开了石油公司，开始专心经营服装生意。1979年，他成立了西滩滑雪板有限公司（Westbeach Snowboard Ltd.），为冲浪、滑板和滑雪爱好者设计运动服并制造、销售这些运动服。

进军瑜伽市场

20世纪90年代，威尔逊准备迎接新的挑战。1997年，他卖掉了西滩滑雪板有限公司，开始进行下一步计划。此时的他已经迷上了瑜伽。随着练瑜伽的人越来越多，威尔逊意识到年轻女性的专业运动服市场正在快速扩大，她们可能会购买上课和上街都能够穿的瑜伽服。凭借自己生产和销售滑冰服和滑雪服的丰富经验，威尔逊于1998年创立了瑜伽服品牌露

> "有时候，打好基础之后**推陈出新**，就已经**成功一大半了**。"
>
> ——奇普·威尔逊，2012年

奇普·威尔逊

1956—

> **凯文·普兰克**
>
> 作为一名狂热的橄榄球运动员，凯文·普兰克（Kevin Plank）厌倦了总会被汗水浸湿的棉T恤，成功创立了运动服品牌安德玛（Under Armour）。
>
> 普兰克（1972—　）在美国马里兰大学水龟队打橄榄球时，纯棉的球衣经常被汗水浸透，他迫切需要一种更舒服、更吸汗的布料做的衣服。20世纪90年代中期，他在祖母的地下室里卖掉了第一批由自制的新材料做的T恤，赚了1.7万美元。1999年，他在体育杂志《ESPN》上刊登了一则广告，这为他带来了100万美元的直接销售收入，许多足球队都从他这里买球衣。10年后，安德玛运动服的年收入突破10亿美元。自2014年开始，普兰克推出了运动记录和饮食查询等手机应用。截至2016年，该应用的用户数量已达到1.5亿名。

露乐蒙（Lululemon Athletica）。

刚开始，威尔逊在温哥华基斯兰奴的一家瑜伽馆里卖自己的瑜伽服，瑜伽课的学员就是现成的客户，而瑜伽老师则是他的品牌大使。两年后，他做好了开品牌专卖店的准备。

威尔逊如法炮制，在开店前先争取到瑜伽老师和学员们的支持，不断扩大着自己的生意。在不到20年的时间里，露露乐蒙不仅开设了400多家专卖店，而且线上销售额也高得惊人。威尔逊一直担任露露乐蒙的首席执行官，直到2005年引入投资人。他引入的投资人包括锐步前高管罗伯特·米尔斯（Robert Meers），在米尔斯领导下，露露乐蒙于2007年成功上市。2015年，威尔逊从董事会辞职，专心从事慈善事业和其他商业项目。

功能性与时尚性兼备

威尔逊凭借自己敏锐的市场嗅觉和对技术材料的痴迷，为新的服装类型开辟了新市场。他引入平缝技术，采用高品质面料和明快色彩，创造了舒适、透气又兼具时尚的功能性服装。这是第一款在运动前后都可以穿的运动服，甚至不运动时也可以穿。

这些瑜伽服的热销也昭示了品牌忠诚度的新时代已然到来。威尔逊通过建立品牌口碑，取代了传统的营销方式，并将自己的瑜伽服产品与社交理念结合起来，在自己的专卖店中为客人提供免费的瑜伽冥想和运动等课程。穿露露乐蒙的瑜伽服不仅是为了运动，更标志着一种对生活方式的选择和渴望。很快，这种理念就被其他的"运动休闲装"制造商广泛复制。

让100人从20个选项中挑选公司名称　　2004年开了第一家国外分店　　2014年以8.45亿美元的价格卖掉了露露乐蒙13.85%的股份

"如果你一开始就在为所有人设计产品，在推广时就会缺乏针对性。而我们主要面向32岁的职业女性，她们有房，爱旅行，追求时尚，热爱运动。"

奇普·威尔逊
KIMT3新闻网站采访，2018年

张茵被誉为中国的"废纸女王"。她通过废物利用发家致富——将回收的废纸制成出口商所需的高档纸板包装，并拥有全球著名的造纸厂。

生平大事

废纸回收
1985，张茵移居香港并成立自己的公司，此前她积累了丰富的废纸回收交易经验。

在美国收购废纸
1990年，张茵开着车了解美国加利福尼亚州各家垃圾场的情况，做成了废纸贸易。

包装盒生意
1995年，张茵回到香港，扩大了业务范围，开始生产出口货物的包装纸板。

纸业巨头
1995年，她和丈夫、弟弟一起创办了玖龙纸业。

位列榜首
2006年，玖龙纸业在香港上市，张茵也成为中国首位女富豪。

张茵原名张秀华，1957年出生，是家里8个孩子中的老大。她很小就开始工作，在纺织厂当过簿记员，在贸易学校里学过会计。后来，她在广东省深圳市的一家纸业公司里找到了一份管理工作。在那里，她发现中国存在着巨大的废纸商机。

1985年，28岁的张茵用自己30000元的积蓄在香港开了营港深纸品厂。随着中国出口业的蓬勃发展，出口商对包装纸板（一种厚纸板）的需求也在快速上升。由于缺乏木材，造纸行业开始用回收的废纸来制作纸板。张茵意识到，自己需要找到更好的废纸来源，便将目光投向了美国。1990年，她去了美国洛杉矶，在那里找到了足够的废纸原料。她精打细算，充分利用出口中国产品到加利福尼亚州使用的集装箱的剩余空间，将废纸运回中国。张茵与丈夫在美国共同成立了中南纸业，这也成为当时美国最大的造纸出口商。

1995年，张茵回到香港，创办了玖龙纸业（Nine Dragons Paper Holdings），用回收的废纸生产纸板包装材料。今天，玖龙纸业拥有年产量约为1300万吨的造纸产能。

> "我没有砍掉一棵中国的树，而是**变废为宝**。"
>
> ——张茵

张茵

1957—

王雪红

1958—

王雪红是中国台湾的企业家和慈善家，被人誉为科技界极具影响力的女性之一。她与他人共同创立了宏达国际电子股份有限公司（简称"宏达电"，HTC），积极研判台湾电子消费市场趋势，将宏达电发展成全球科技巨头。

1958 年，王雪红出生于中国台湾台北，是塑化行业亿万富翁王永庆的9个孩子之一。从小，父亲就教她如何经商和做慈善，并鼓励她去国外留学。她刚开始学的是音乐，后来转为经济学。

1982年，王雪红加入了姐姐王雪龄与他人合伙创办的大众计算机公司（First International Computer），负责计算机主板的销售和个人计算机部门的经营管理。到欧洲出差见客户时，她必须背着又大又笨重的计算机往返于火车站，很不方便，于是她产生了制造便携式手持电子设备的想法。1987年，她创立了威盛电子股份有限公司（VIA Technologies Inc.），在美国加利福尼亚州开发硅芯片技术。后来，随着中国台湾信息技术行业的蓬勃发展，她将公司迁回了中国台湾。

1997年，王雪红和朋友卓火土、电子工程师周永明一起创办了宏达电，开始生产笔记本式计算机。渐渐地，她发现这个行业很不稳定，竞争极为激烈。对王雪红来说，手持设备市场反而具备更多的机会。很快，宏达电就开始生产智能手机，并与微软、谷歌和T-Mobile等公司展开了合作。紧跟消费者、市场和技术趋势是宏达电成功的关键。展望未来，王雪红表示将继续探索XR（Extended Reality，扩展现实）等新技术，将宏达电打造成自己口中的"一个完整的生态系统"。

> "我们需要谦虚地意识到自己并非什么都懂……我们必须不断学习，处处留意。"
>
> ——王雪红，2012年

生平大事

出国留学
1981年，王雪红毕业于加利福尼亚大学伯克利分校经济系。

小型设备
1982年，王雪红加入大众计算机公司，梦想开发一种小型便携式计算机。

芯片技术
1987年，王雪红创立了威盛电子股份有限公司，主营计算机芯片的设计、开发、制造和销售。

手机业务
1997年，王雪红和他人共同创立了宏达电，该公司一度跻身世界第三大手机制造商。

资助教育
2012年，王雪红向台北60所中学捐赠了超过5500台宏达电平板计算机。

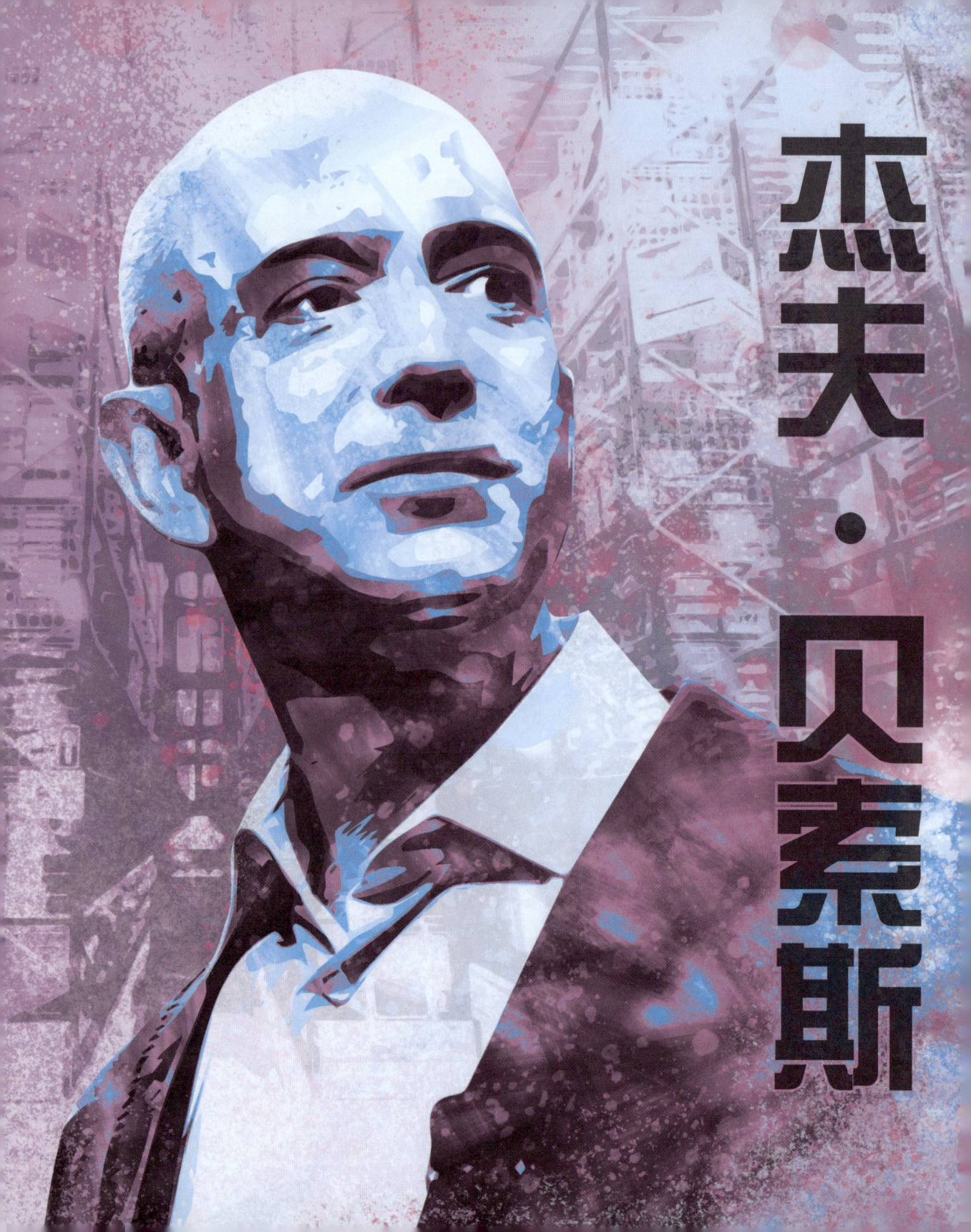

杰夫·贝索斯

1964—

杰夫·贝索斯是美国家喻户晓的企业家和电子商务先驱。1995年，他创办的亚马逊作为在线零售行业巨头，占据了市场的主导地位。贝索斯长远的眼光和卓越的经营能力使他成为现代史上成功的企业家。

1964年，杰弗里·普雷斯顿·乔根森（Jeffrey Preston Jorgensen）出生于美国新墨西哥州。4岁时，他的母亲再婚，他随继父改姓贝索斯（Bezos）。从普林斯顿大学计算机科学和电气工程专业毕业后，他收到了多个工作邀请。年仅30岁的贝索斯是美国华尔街投行最年轻的高级副总裁，在他萌生创办亚马逊的想法之前，他就已经是成功人士了。

1994年，在银行工作了4年的贝索斯偶然读到了一篇讲述新兴互联网用户迅速增长的文章。由此，他看到了在线零售的巨大潜力。于是，他制订了一个创业计划。他冒着巨大的风险，辞去了年薪6位数的工作，搬到了西雅图。在那里，他租了一套房子，在自己的车库里开始了创业。

起初，贝索斯列出了20种潜在热销产品，形成了第一份产品清单。不过，他认为在网上卖书的机会最大，因为实体书店存在空间限制，而网上书店则可以提供更丰富的书籍。他从家人和朋友那里筹到了初始投资，招了5名员工，便开始采购书籍，同时他开发了一个用户友好的购物网站，并推出了好物推荐、交易评价等创新性功能。网站最初叫作卡达布拉（Cadabra），后来贝索斯将其更名为亚马逊（Amazon）。

> "把困难的工作做好，才能挣得好名声。"
> ——杰夫·贝索斯，2004年

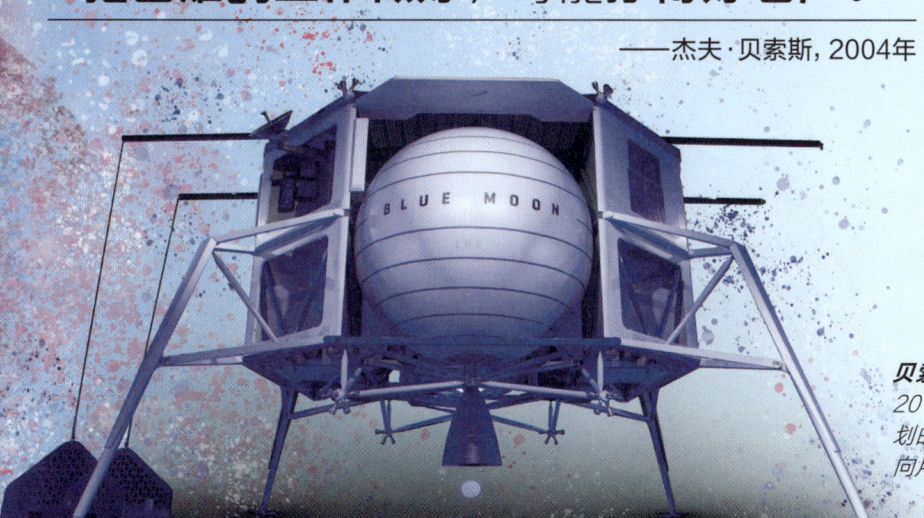

生平大事

发现商机
1994年，贝索斯辞去了体面的银行工作，把握互联网新商机，开始了电子商务创业。

创建亚马逊
1995年7月，贝索斯招了5名员工，通过技术开发创建了亚马逊网站。

稳健发展
1997年，亚马逊上市，市值超过4亿美元。

不断创新
1998年亚马逊开始卖音像产品，2002年开始卖服装，后来又增加了电子产品、玩具和各类杂货。

设立基金
2020年，贝索斯地球基金成立，旨在应对气候变化；贝索斯承诺初期将投入100亿美元。

*贝索斯的"蓝月亮"月球登陆器*于2019年亮相。作为太空"殖民"计划的一部分，这辆机器搬运车用于向月球表面运送设备。

贝索斯最初对亚马逊的**设想**是，将包括绝版书在内的所有出版书籍全部上架，为用户打造一份完整书单。

"我知道，唯一会让我后悔的事就是不去尝试。"

——杰夫·贝索斯，2001年

一鸣惊人

1995年7月，亚马逊网上书店作为"地球上最大的书店"正式上线，共上架100多万种图书。短短30天内，网站的图书就卖到了世界各地；短短12个多月，亚马逊的销售额就超过了1500万美元，员工人数也达到了100名。

1997年，许多传统零售商都开始争先恐后地与亚马逊竞争，贝索斯顶着市场上的质疑声，完成了亚马逊的上市。通过扩大产品范围，新增CD和视频等音像产品，贝索斯完胜竞争对手。亚马逊不仅在电子产品、游戏和玩具行业成为电商领导者，还通过代销商品，成为第三方零售商们的门户网站。

在互联网泡沫破灭期间，贝索斯曾向银行借款以维持亚马逊的运营，也一度被迫裁员并关闭仓库。2004年，公司扭亏为盈，实现盈利。

亚马逊还陆续推出了视频点播、Kindle电子阅读器、亚马逊语音助理Alexa、杂货店送货、Amazon Go便利店及无人机配送等产品和服务，持续创新成为亚马逊成功的关键。2005年，贝索斯推出了亚马逊Prime忠诚度计划，从竞争对手那里抢走了更多的客户。

尼克拉斯·曾斯特罗姆

尼克拉斯·曾斯特罗姆（Niklas Zennstrom）是瑞典的科技企业家。他是即时通信公司Skype的联合创始人，也是科技行业的主要投资人，为科技行业的其他创业者提供资金。

2003年，曾斯特罗姆（1966— ）与乔纳斯·弗里斯（Janus Friis）联合创办了Skype。2005年，eBay以26亿美元收购了Skype。曾斯特罗姆还联合创办了其他全球知名的科技企业，如Kazaa和Joltid。2006年，他成立了自己的风险投资公司Atomico，为其他创业者提供资助。2007年，他与妻子凯瑟琳共同成立了曾斯特罗姆慈善基金会，专注于改善人权和环境问题。

个人愿景

作为亚马逊的总裁、首席执行官和董事长，贝索斯常常因为他的"急剧扩张策略"、亚马逊纳税问题及其惊人的个人财富而登上媒体头条。

2000年，贝索斯开始大举投资航空航天行业，并于2016年公布了自己的"太空殖民"愿景。此后，他的蓝色起源公司（Blue Origin）陆续完成了几次亚轨道火箭发射任务。

2013年，贝索斯以2.5亿美元的价格收购了《华盛顿邮报》（Washington Post），意图打造一个在线媒体平台。2016年，他的报纸实现了盈利，全球的读者也越来越多。

16岁时在麦当劳打工 | 1994年曾告诫投资者亚马逊有70%的失败概率 | 每小时盈利近900万美元

"如果你的客户群随着你一起变老，那么你终将被淘汰……所以，你必须不断问自己，谁是你的新客户，如何才能使客户永远保持年轻。"

杰夫·贝索斯
ABC新闻采访，2013年9月25日

亚马逊在全球拥有超过175个物流中心，占地超过1.39亿平方公里。▶

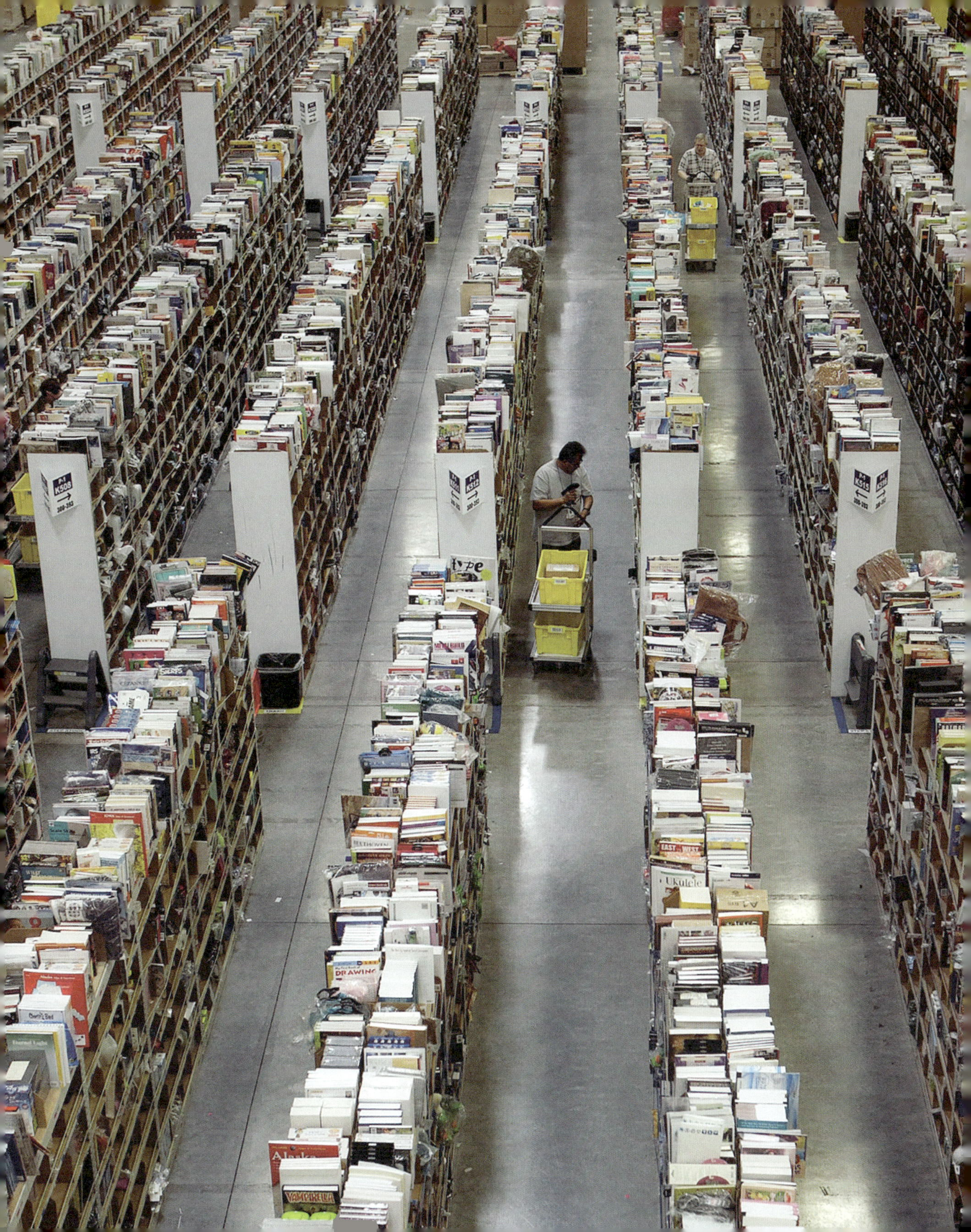

DRAWING
Ukulele
Alaska
VAMPIRELLA

吴亚军

1964—

吴亚军是龙湖地产的联合创始人兼董事长,她将这家小型住宅房地产公司打造成了一家极为成功的商业公司。

1964年,吴亚军出生于中国重庆。1984年,她获得了工程学学位之后,在一家国有工厂工作了4年。1988—1993年,她在中国建设部下属的一家报社担任记者,主要报道房地产方面的新闻。

在自己买房的过程中,吴亚军亲身经历了竣工延误、照明和燃气供应不到位、电梯时好时坏等各种问题。后来,她成立了自己的公司,也就是龙湖地产的前身。1997年,龙湖地产在吴亚军的家乡重庆的第一个住宅楼盘开盘,随后,龙湖地产的业务从重庆迅速扩展到全国,在中国各大城市建造了许多大型购物中心、高层公寓楼和商业综合体。

吴亚军逐渐成为"中国的地产女王"。2013年,她成立了双湖资本(Wu Capital),主要对科技、教育和医疗保健等领域进行投资,在北京、香港和加利福尼亚州硅谷均设有办事处。

> "我只是一个专心做自己事业的人。"
> ——吴亚军

生平大事

技术培训	创办龙湖	业务发展
1984年,吴亚军毕业于西北工业大学工程专业。	1993年,吴亚军成立了自己的房地产公司。4年后,第一个住宅项目开盘。	到了2018年,其公司收入达到了175亿美元,业务遍及48个城市。

1965—

哈佛大学毕业生塞思·戈德曼放弃了前途大好的从政机会，到耶鲁大学攻读管理学，并对饮料行业产生了兴趣。几年后，他与一位前耶鲁大学教授合伙创办了饮料公司诚实茶。

生平大事

从政经历
1988年，戈德曼参与了迈克尔·杜卡基斯（Michael Dukakis）的总统竞选工作，后放弃从政，去耶鲁学习管理。

萌生创意
1997年，戈德曼在印度参加一场茶叶拍卖会时，与纳尔巴夫分享了关于低卡饮料的想法。

创办公司
1998年，戈德曼与纳尔巴夫合伙创立了诚实茶饮料公司，并亲自参与销售工作。

盈利百万
2011年，戈德曼将诚实茶40%的股份卖给了可口可乐公司，开始投资植物替代蛋白质公司别样肉客。

塞思·戈德曼（Seth Goldman）出生于1965年，在美国马萨诸塞州长大。他在哈佛大学主修政府事务，从政几年后，于1995年进入耶鲁大学管理学院学习。一次，戈德曼在进行饮料行业的案例研究时，首次产生了关于低热量饮料的想法：他发现市场上充斥着各种各样的含糖饮料和矿泉水，而介于两者之间的低热量饮料还是一片空白。因此，他与自己读耶鲁大学时的教授巴里·纳尔巴夫（Barry Nalebuff）合作创办了诚实茶饮料公司（Honest Tea），开始生产低糖有机瓶装茶。2011年，可口可乐公司以4300万美元收购了诚实茶饮料公司40%的股份。

2015年，戈德曼成为植物替代蛋白质生产商别样肉客（Beyond Meat）的执行主席。2019年年底，他辞去了诚实茶饮料公司总裁一职，专心投身于气候变化与环境保护事业。

塞思·戈德曼

彼得・蒂尔

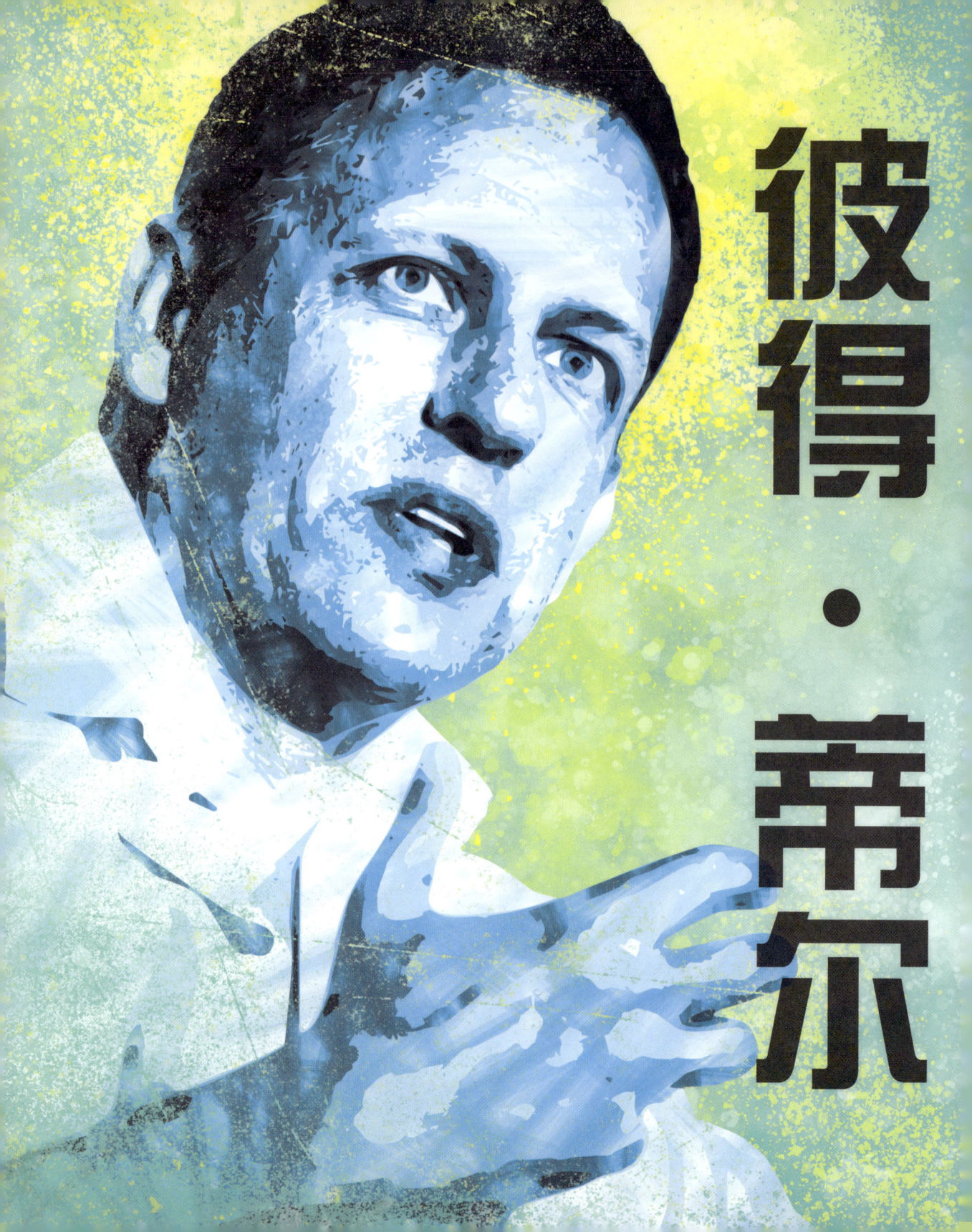

彼得·蒂尔曾在早期投资时遭遇惨痛失败。但他吸取了失败的教训，继续开发了支付软件PayPal，并将其发展成为全球首家及最大的在线支付平台。众所周知，他还成功投资了社交网络公司Facebook，并在卖出股票后赚得盆满钵满。

1967—

生平大事

开始投资
1996年，蒂尔成立了第一家风投公司，专门投资科技公司。

推出PayPal
1999年，蒂尔推出电子支付产品PayPal，3年后以15亿美元的价格卖给了eBay。

投资Facebook
2004年，泰尔成为Facebook的第一个外部投资人，并持有10.2%的股份；2012年，他以4亿美元的价格卖掉了大部分股份。

鼓励创新
2006年，蒂尔基金会成立，每年捐赠1300多万美元用于扶持创新。

彼得·安德烈亚斯·蒂尔（Peter Andreas Thiel）出生于德国，但他童年的大部分时间都是在美国和南非度过的。蒂尔是个聪明的学生，于1989年从斯坦福大学获得了哲学学位，3年后又在斯坦福法学院获得了法律学位。20多岁时，他曾做过司法书记员、证券律师和政客演讲稿撰写人，但他对这些工作都不太满意。20世纪90年代中期，他搬到了加利福尼亚州湾区，决心开始自己创业。

在家人和朋友的资助下，蒂尔筹到了100万美元。1996年，他成立了蒂尔资本管理公司（Thiel Capital Management, TCM），专门对初创企业进行投资。该公司做的是风险投资，在为具有高成长潜力的科技初创企业提供融资时，需要承担高于市场平均水平的投资失败风险。当时，蒂尔投资了朋友的一个网络日历项目，但项目失败并导致公司损失了10万美元。

康菲尼迪和PayPal

蒂尔不是轻言放弃的人。1998年9月，他和毕业生马克斯·列夫琴（Max Levchin）、肯·豪尔瑞（Ken Howery）和卢克·诺塞克（Luke Nosek）一起成立了一个平均年龄为21岁的创业团队，共同创办了康菲尼迪公司（Confinity具有"自信"和"无限"的双重含义）。在这个团队中，30岁的蒂尔经验最为丰富，也是主要出资人。公司的主要任务是开发一款电子支付软件。事实证明，该创意获得了巨大成功。1999年年中，康菲尼迪公司推出了电子支付软件 PayPal，用户可以利用该软件在寻呼机和手机上相互转账。通过宣传，康菲尼迪让其他公司相信这是一个不错的投资机会。在项目启动发

"今天的'**最佳实践**'会将你带进**死胡同**，**最好的路**往往是那些**崭新的、没人走过的路**。"

——彼得·蒂尔，2014年

蒂尔是一位国际象棋大师，在美国排在前1000名，象棋对他的商业策略有很大启发。

> "总有一天，PayPal 会成为你的钱包。"
>
> ——彼得·蒂尔，1999年

布会上，诺基亚风投用蒂尔的个人数字助理（Palm Pilot，当时最先进的手持电子设备，又称掌上电脑）上的 PayPal 软件，支付了 300 万美元的风险投资资金。2000 年，康菲尼迪与网上银行 X.com 合并后获得的投资不断。

PayPal 刚推出 5 个月时，用户就增加到了 100 万名。一年之后，PayPal 电子支付服务已经推广到了 26 个国家。2001 年期间，日均新增用户高达 2 万名。2002 年 2 月，PayPal 正式上市，上市当日开盘价为每股 13 美元，收盘时已涨到 20 美元，公司市值高达 8 亿美元。短短 5 个月后，蒂尔将不断扩张的 PayPal 以 15 亿美元的价格出售给了 eBay。截至 2015 年，PayPal 的估值已高达惊人的 508 亿美元。

投资新项目

蒂尔从 PayPal 功成身退后，于 2004 年开始投资新生社交网络公司 Facebook（俗称"脸书"）。他以 50 万美元的投资获得了脸书 10.2% 的股份。8 年后，他卖掉了手中的大部分股份，大赚了一笔。

蒂尔创建并投资了包括克莱瑞姆资本（Clarium Capital）在内的其他公司。不仅如此，蒂尔在 PayPal 工作时的几位同事也纷纷开始投资初创公司，并相继取得成功。蒂尔因此被誉为"贝宝黑手党教父"。2005 年，蒂尔与前同事肯·豪瑞（Ken Howery）和卢克·诺塞克（Luke Nosek）联手成立了风险投资公司创始人基金（Founders Fund）。泰尔的投资业务继续蓬勃发展，成为世人心中顶尖的技术投资者。

投资未来

2006 年，蒂尔成立了蒂尔基金会（Thiel Foundation），专门资助人工智能、延长寿命研究等一系列前沿技术项目。2011 年，基金会设立了蒂尔奖学金（Thiel Fellowship），帮助那些比起上大学更渴望自己创业的年轻企业家们。2014 年，蒂尔与他人合著了《从零到一》（Zero to One）一书，里面涉及他在斯坦福大学开设计算机历史、初创企业和科技未来课程的故事。

曾是美国 13 岁以下国际象棋排名前 10 的选手

以《指环王》中的人物或地点命名自己的 6 家公司

帕特里克和约翰·克里森

爱尔兰兄弟帕特里克·克里森（Patrick Collison）和约翰·克里森（John Collison）创建了在线支付公司 Stripe，建立了企业与银行系统的直连。

2006 年，帕特里克（1988— ）考上了美国麻省理工学院数学系，但他却选择辍学，于同年与兄弟约翰（1990— ）合伙创办了拍卖软件公司 Auctomatic。两年后，他以 500 万美元的价格卖掉了这家公司。兄弟俩继续创办了 Stripe 公司，开发了新的在线支付软件。该软件可嵌入企业网站和应用程序中，与信用卡系统和银行系统快速建立连接，使在线支付交易变得更快捷、更容易，对初创公司的帮助尤其大。截至 2018 年，已有超过 10 万家企业成为这款支付产品的用户。

皮埃尔·奥米迪亚

皮埃尔·奥米迪亚是美国企业家，彻底改变了电子商务模式。抱着试验的心态，他推出了个为买卖双方提供交易平台和社区的在线拍卖平台eBay，并使其迅速成长为全球最大的电子交易市场，这不仅推动了个人企业的快速发展，也铸就了奥米迪亚的成功。

皮埃尔·莫拉德·奥米迪亚（Pierre Morad Omidyar）6岁时，与伊朗籍父母从法国巴黎搬到了美国的巴尔的摩生活。上小学时，他就对计算机编程产生了兴趣，并于14岁时编写了自己的第一个计算机程序。奥米迪亚在获得了计算机科学学位后，于1991年和3个朋友合伙成立了印客发展软件公司（Ink Development Corporation），还在公司网站上增加了在线商店功能。事实证明这个创意非常成功。1996年，该公司被微软公司收购并更名为"电子商店"（eShop）。

奥米迪亚深谙电子商务带来的各种可能性，便开始着手编写代码，打算创建一个在线交易市场，让人们可以在网上买卖商品。1995年美国劳动节期间，他在自己的个人网站上添加了一个页面，为用户提供一项名为"拍卖网"（AuctionWeb）的在线服务。该网站迅速走红，用户纷纷在网站上出售一系列收藏品和家居用品。网站会向发布商品的卖家收取25美分到2美元不等的费用，并从每笔交易中抽取很少比例的佣金。很快，奥米迪亚的网站收入就开始超过他在通用魔术网络电话公司（General Magic）的工资。

奥米迪亚建立的拍卖网为卖家和买家搭建了桥梁，买卖双方可在交易后通过好评或差评来给予反馈，而且每笔交易的发生都能为奥米迪亚带来收入。9个月后，拍卖网大获成功。奥米迪亚辞掉了原来的工作，开始专注于网站建设。1996年，他在加利福尼亚州圣何塞买了一间办公室，并于1997年将拍卖网站迁移至新平台，并更名为eBay。

> "每个人生来都有同样的能力，只是缺乏平等的机会。"
>
> ——皮埃尔·奥米迪亚，2011年

1967—

生平大事

开始编程
1981年，读高中的奥米迪亚为了给学校图书馆整理书目而编写了自己的第一个计算机程序。

完成学业
1988年，奥米迪亚从马萨诸塞州塔夫茨大学毕业，获得了计算机科学学位。

创办拍卖网
1995年，奥米迪亚开发了拍卖网代码，这个在线交易网站即eBay的前身。

公开上市
1998年，eBay在纽约证券交易所上市，股价在24小时内几乎翻了3倍。

慈善创新
2004年，奥米迪亚与妻子帕姆成立了慈善机构奥米迪亚网络。

校长付给奥米迪亚6美元时薪，请他编写了他人生中的**第一个程序**

拍卖网的第一件拍品是一支坏掉的**激光笔**，以14.83美元**成交**

eBay上市时，31岁的奥米迪亚一夜之间**成为亿万富翁**

他曾打算用美国内华达州的Echo Bay为网站命名，只可惜该域名已经被人占用了。

到了1997年年中时，eBay每天的交易量已达到80万笔；一年后，eBay的注册用户达到了210万名，年收入达到7.5亿美元。奥米迪亚意识到，自己虽然在创新上具备优势，但在管理上存在短板，于是在1998年聘请了经验丰富的女商人梅格·惠特曼（Meg Whitman）来担任eBay的首席执行官。在惠特曼的10年任期内，eBay实现了飞速发展。1998年9月24日，eBay成功上市。上市首日便取得了巨大成功，股票以18美元开盘，在

1998年，奥米迪亚聘请了梅格·惠特曼来帮助他发展公司。在10年的时间里，她将ebay的年收入从400万美元提高到了80亿美元。

24小时内就涨到了53.5美元。

尽管公司规模迅速增长，但奥米迪亚依然坚持客户至上的企业文化。1999年，eBay出现了一次长达22小时的服务中断事故，结果eBay给网站排名前10000的卖家分别打电话致歉，成功避免了公司声誉毁于一旦。

在接下来的10年里，eBay致力于多元化发展，不断扩大业务范围，新增了汽车交易市场、房屋租赁广告网站、Gumtree分类信息服务平台，还投资了PayPal、Skype和StubHub等公司。虽然奥米迪亚仍是eBay的大股东，但他的重心逐渐转向慈善，并且开始关注一系列新兴的在线媒体业务。

慈善事业的市场运作

在见证eBay帮助了成百上千万的创业者，令他们的公司蓬勃发展之后，奥米迪亚认为这种模式也可以用于慈善领域。2004年，他和妻子帕姆（Pam）成立了奥米迪亚网络（Omidyar Network），开创了后来家喻户晓的"影响力投资"，投资对象既包括以营利为目的的企业，也包括非营利项目。目前，它已经为多个小型企业和社区项目提供了数百万美元的投资。

奥米迪亚抱着试验的心态创建了eBay，最终改变了电子商务模式。他的个性化买卖市场变成了一个大众交易平台，任何人都可以在eBay上通过拍卖自己的物品而获利。通过充分把握互联网繁荣的市场机遇，eBay在世界各地不断创造出新的商业机会，开辟出新的贸易社区。

迈克·拉扎里迪斯

米哈尔·"迈克"·拉扎里迪斯（Mihal "Mike" Lazaridis）大学辍学后，专心创办计算机软件公司。他开发了黑莓手机，改变了整个个人通信行业。

1984年，在加拿大滑铁卢大学攻读电气工程的拉扎里迪斯（1961—　）选择辍学，和朋友道格拉斯·弗雷金（Douglas Fregin）一起创办了RIM无线通信公司（Research in Motion）。1999年，他开发出了黑莓双向寻呼机。这是首款可以连接公司邮件系统的无线电子设备，使用户可以随时随地查看邮件。2003年，黑莓推出了全球首款基于集成技术的现代智能手机，并在全球拥有数百万名用户。

"我希望，人们开公司的原因是因为他们相信自己能够改变世界，而不是为了赚很多钱。"

——皮埃尔·奥米迪亚，2000年

李彦宏

1968—

李彦宏是中国计算机科学家和数字信息企业家，他与他人共同开发了中国的第一个搜索引擎——百度。通过对搜索引擎技术和网络广告方式进行创新，李彦宏彻底改变了互联网的使用及信息获取方式，并将百度打造成人们广泛使用的搜索门户网站。

生平大事

学术能力

1988年，李彦宏考入北京大学，为人生争取了新的可能性。

早期算法

1996年，李彦宏在道琼斯公司工作期间开发了RankDex算法，为百度搜索引擎的开发打下了基础。

创立公司

2000年，李彦宏与他人共同创立了中国第一家搜索引擎公司百度，并于2004年实现盈利。

展望未来

2013年，李彦宏建立中国首个深度学习研究院，推动人工智能产品的开发。

李彦宏出生于山西省阳泉市，在家中5个孩子中排行第4，父母都是工厂的工人。尽管家境并不富裕，但是他在学校表现优异。在母亲的鼓励下，李彦宏考上了北京大学。1991年，他从北京大学毕业，获得了信息管理学士学位。随后，他前往美国布法罗的纽约州立大学留学，并于1994年获得了计算机科学硕士学位。从这条起跑线出发，李彦宏成为世界上具有较强能力和创新精神的互联网搜索工程师中的一员。

早期奋斗

1994年，李彦宏加入了美国道琼斯公司（Dow Jones & Company）的IDD信息服务部门，研究搜索引擎的算法，并帮助开发了《华尔街日报》（The Wall Street Journal）网络版的软件程序。在道琼斯公司工作期间，李彦宏创建了RankDex算法，它可根据搜索结果的关联网站数量，对搜索结果按照被检索率进行排名。1997年，李彦宏为该算法申请了专利。1998年，由谷歌创始人拉里·佩奇（Larry Page）和谢尔盖·布林（Sergey Brin）共同开发并申请专利的PageRank算法问世，它与李彦宏的RankDex非常类似。李彦宏向道琼斯公司推荐了自己的搜索引擎，可惜遭到拒绝。后来，李彦宏正是使用了这种算法，开发了百度搜索引擎。

1997年，李彦宏加入了搜索引擎公司Infoseek，担任软件工程师。通过朋友和后来的事业搭档徐勇的引荐，李彦宏认识了雅虎公司搜索引擎团队的负责人吴炯。然而，当时的雅虎并没有意识到搜索引擎的商业潜力，商谈没

> "有**激情**，有**能力**，创业的种子才能**开花结果**。"
>
> ——李彦宏，2017年

杰克·多尔西

杰克·多尔西（Jack Dorsey）是美国互联网企业家兼计算机程序员。他与他人合伙创办了社交网站Twitter（推特），彻底改变了人们的交流方式。

多尔西（1976—　）在美国密苏里州的圣路易斯出生并长大。十几岁时，他就编写了一个车辆调度程序，至今仍被多家出租车公司使用。2000年时多尔西意识到，如果将自己的调度软件与即时消息结合起来，就能让朋友们相互分享自己正在做的事情，这样的服务应该会有市场。2006年，多尔西与他人合伙创办了Twitter；巅峰时期，Twitter每天要处理6亿条推文。2010年，他又开始了一项新的科技创业项目，创办了移动支付平台Square。

有任何结果。1998年，迪士尼公司收购了Infoseek，并开始将公司的业务重点从搜索转向内容。李彦宏决定跟随自己的直觉，继续钻研搜索技术，便离开了Infoseek。1999年，他与徐勇一起创办了自己的公司。

百度的诞生

李彦宏打算用自己在道琼斯工作时创建的RankDex算法，开发一款中文搜索引擎。他和徐勇通过硅谷的熟人，从风险投资种子基金获得了120万美元，又从两家科技媒体公司融到了1000万美元，然后回到北京创业。他们研发了中文搜索引擎，并授权给中国网络公司新浪和搜狐。用户的每次搜索都会为业务合作伙伴带来收入。

2000年1月，由于许可费纠纷，李彦宏和徐勇创建了他们自己的搜索网站——百度，意为"无数次"，并租了北京大学旁边一间宾馆的房间开始办公。

2001年起，百度开始向希望搜索排名靠前的广告商收取费用；同时，如果用户点击了广告，广告商也需要向百度付费。此举不仅增加了网络流量，为广告商带来了业务，还为百度带来了收入。到了2003年，李彦宏还在百度新增了新闻搜索、图片搜索等功能。

迅速成功

2004年，徐勇离开了百度，创立了自己的风险投资公司，李彦宏成为百度的

首席执行官。此后，百度先后收到了来自雅虎、微软和谷歌等公司的价值数十亿美元的收购邀约。2005年8月5日，百度在美国纳斯达克证券交易所正式上市。上市当日收盘时，百度股价上涨了354%，李彦宏所持股票的市值超过了9亿美元。

在李彦宏的领导下，百度不断发展壮大。作为全球公认的现代搜索技术先驱，李彦宏很早就洞察到了互联网搜索引擎的巨大潜力。趁着中国数字应用爆炸式增长的机遇，百度实现了搜索引擎的商业化。这种高瞻远瞩的能力是李彦宏成功的关键。

李彦宏不断挖掘市场需求，为百度用户增加了各种各样的产品，比如音乐文件、地图、论坛和手机网页浏览等。如今，他还打算进军互联网电视以及包括无人驾驶和语音助手在内的人工智能等领域。

从800多年前的宋词中选择了"百度"这个名字

百度提交了2368项人工智能专利申请

连续3年入选"福布斯最具影响力人物榜"

李彦宏不断拓宽百度的业务范围，开始进军人工智能领域。围绕建设"智能"城市的终极目标，推出了多款智能产品，包括机器人助手、无人驾驶汽车、小鱼机器人，以及Raven R六轴情感机器人等。

1968— 杨致远

杨致远从电气工程专业毕业后，遇到了校友大卫·费罗。二人在分类网站方面志同道合，合伙创建了互联网门户网站雅虎。随后，杨致远又成立了雨云创投，对数据类创业公司进行投资。

1968 年，杨致远出生于中国台湾台北，10 岁时随家人移居美国加利福尼亚州的圣何塞。他考上了斯坦福大学，并获得了电气工程硕士学位。在斯坦福，他遇到了校友大卫·费罗（David Filo）。1994 年，二人在攻读博士时共同建立了一个网站目录，名叫"杰瑞和大卫的万维网指南"（Jerry and David's Guide To The World Wide Wed）。为了记录自己感兴趣的网站，他们设置了具体分类规则，将网站书签归纳入不同的目录和子目录。后来，他们将网站更名为"雅虎！"（Yahoo！）。1995 年，雅虎推出了搜索引擎功能，就此进入快速发展阶段。1996 年 4 月雅虎成功上市，并成为当时最受欢迎的门户网站，杨致远也成功入围全球 35 岁以下创新者的 100 强。2005 年，杨致远投资了中国企业阿里巴巴。对冲基金创始人埃里克·杰克逊（Eric Jackson）将这次投资誉为"美国公司有史以来在中国进行的最佳投资"。2007 年，杨致远成为雅虎的首席执行官，并于同年成立了雅虎人权基金（Yahoo! Human Rights Fund）。

> "成功并非源自超高的智商或天赋，而是**需要奋斗的**。"
>
> ——杨致远，2009 年

生平大事

创建雅虎	投资阿里巴巴	成立雨云创投
1995 年，杨致远和费罗同意用"雅虎"命名公司，并获得了近 200 万美元的投资。	2005 年，雅虎收购了中国电子商务巨头阿里巴巴 40% 的股权。	2012 年，杨致远离开了雅虎，成立了雨云创投，投资了 50 多家科技初创企业。

1972—

安娜·梅克斯就职的尖端神经科技公司破产时,她认为公司的研发中心很有前途,便出资将其买下。后来,梅克斯创建了神经科技的衍生公司,并担任首席执行官。

1972年,安娜·梅克斯(Ana Maiques)出生于西班牙的巴伦西亚。她在英国伦敦城市大学获得了欧洲经济学工商管理硕士学位,然后进入了科技公司星际实验室(Starlab)位于巴塞罗那的研发中心工作。2001年,星际实验室宣告破产。当时,梅克斯的丈夫物理学家朱利奥·鲁菲尼(Giulio Ruffini)也在这家公司上班。夫妻二人和另一位同事都认为神经科学技术具有巨大商业潜力,便共同出资买下了研发中心。2011年,梅克斯创办了神经科技衍生公司Neuroelectrics,并将星际实验室在大脑健康领域的研究成果推向市场,同时提供技术支持——利用患者能够买得起的脑部刺激设备,帮助患者治疗各种神经疾病。其中一种便携设备看起来就像一个有电线的游泳帽,患者可以带回家,遵医嘱自行使用。该设备通过释放微量电流刺激大脑,据说对抑郁症、慢性疼痛、中风康复和睡眠障碍等疾病均有疗效。梅克斯不断地在各种国际会议和科学研讨活动上对其进行宣传,目前该产品在40多个国家均有销售。

生平大事

购买公司
2001年,梅克斯买下了星际实验室在巴塞罗那的研发中心。

普遍认可
2010年,梅克斯被评为西班牙40岁以下具有影响力的企业家之一。

获得奖项
2014年,梅克斯获得欧盟委员会颁发的欧盟女性创新奖第三名。

治疗癫痫
2019年梅克斯宣布,星际实验室的经颅直流电刺激技术(Starstim)对癫痫有较好疗效。

> "最重要的就是永远**不要忘记自己的创业初衷**。"
> ——安娜·梅克斯,2019年

安娜·梅克斯

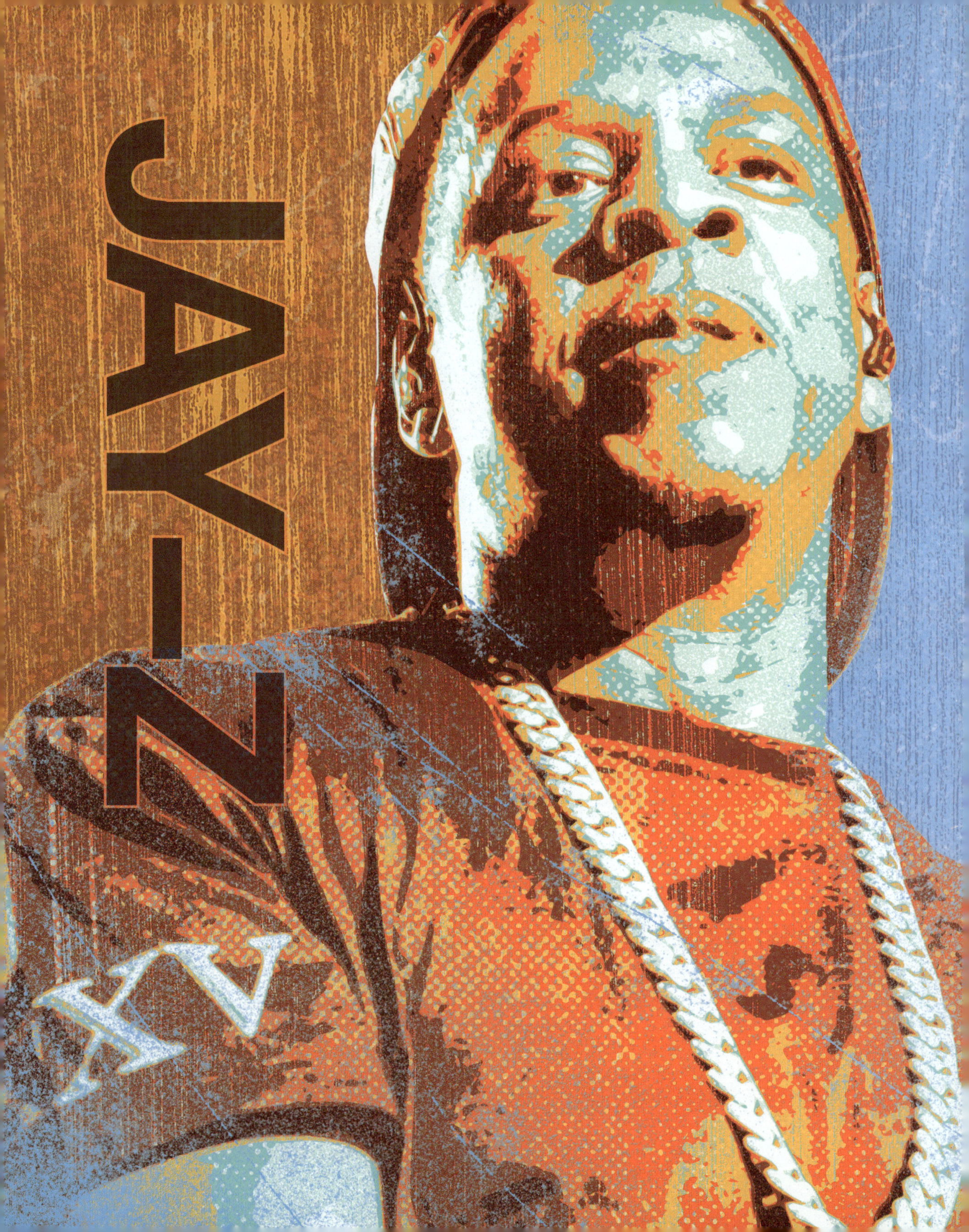
JAY-Z

1969—

　　Jay-Z的童年和青春期充斥着贫穷、斗殴。然而，他凭借自己的说唱天赋，成功逃离了贫民窟，变成了一名声名显赫的说唱巨星。他还成功投资了多家娱乐公司及服装公司，成为世界上首位跻身亿万富翁行列的说唱歌手。

　　Jay-Z原名肖恩·科里·卡特（Shawn Corey Carter），在美国纽约布鲁克林的马希贫民区长大，这里曾是臭名昭著的暴力街区。Jay-Z 11岁时，他的父亲抛妻弃子，留下了母亲格洛丽亚（Gloria）独自抚养4个孩子。Jay-Z的青春期过得很艰难，经历过枪战，还遭遇过3次枪击。格洛丽亚为了培养儿子对音乐的兴趣，给他买了一台重低音手提录音机。此后，Jay-Z开始自己写歌词，并爱上了自由说唱。

　　1989年，为了摆脱困窘的生活，他开始与本地说唱歌手Jaz-O一起做音乐，并很快获得了Jay-Z的绰号。但苦于签不到唱片合约，Jay-Z不得不将CD放进自己汽车的后备厢中四处兜售。1995年，一心想要成功的他与朋友达蒙·"达姆"·达什（Damon "Dame" Dash）和卡里姆·"比格斯"·伯克（Kareem "Biggs" Burke）一起成立了独立唱片公司Roc-A-Fella。次年，他发行了首张个人专辑《合理质疑》（Reasonable Doubt）。虽然这张专辑并未使他一炮而红，但直到今天，它依然是歌迷心中最经典的嘻哈音乐，还被《滚石》（Rolling stone）杂志列为"史上最伟大的500张专辑"之一。

　　1998年，Jay-Z推出了第3张个人专辑《人生不易2.0》（Vol. 2…Hard Knock Life），主打歌《人生不易（贫民窟之歌）》风靡全球，在美国公告牌单曲榜上排名第15位。这张专辑大获成功，在美国大卖了500多万张。Jay-Z在说唱界声名鹊起，变得越来越有钱。此后，他又推出了一系列热门单曲和专辑。

　　2003年，Jay-Z告别了唱片行业，凭借自己的商业头脑和对音乐圈的了解，用了3年的时间专心进行其他投资。他将自己的Roc-A-Fella唱片公

"因为**罗莎·帕克斯**不给白人让座而被捕，所以**马丁·路德·金**才要上街抗议；因为马丁·路德·金上街抗议，所以奥巴马才要竞选美国总统；因为**奥巴马在竞选总统**，所以我们黑人才有机会飞。"

——Jay-Z，2008年

生平大事

唱片公司
　　1995年，Jay-Z与他人共同创立了Roc-A-Fella唱片公司，1996年推出了获得专业好评的专辑《合理质疑》。

榜上有名
　　1998年，Jay-Z推出了第3张个人专辑《人生不易2.0》，并创下了全球数百万张销量的好成绩。

扩大投资
　　1999年，Jay-Z与他人共同创立了潮流服饰品牌Rocawear，并开始投资美容、体育、饮料和地产等行业。

迎娶碧昂丝
　　2008年，Jay-Z与歌星碧昂丝结婚，他们成为音乐界成功的佳偶之一。

重大成就
　　2017年，JAY-Z入选词曲作家名人堂。2019年，他成为首位拥有亿万财富的说唱歌手。

方时赫

韩国人方时赫（Bang Si-hyuk）不顾父母劝阻，投身于音乐事业并取得了巨大成就。

方时赫（1972— ）是韩国家喻户晓的音乐人。他曾在韩国JYP娱乐公司担任作曲、编曲和音乐制作人。2005年，他成立了自己的Big Hit娱乐公司，旗下艺人包括全球知名的防弹少年团（BTS）和TXT男团等。方时赫并不满足于唱片公司老板的身份，依然坚持写歌和编曲工作，在防弹少年团2016年备受好评的新专辑《翅膀》（Wings）中，有6首单曲是由他创作的。截至2019年，他总共获得了16项音乐大奖。

2003年成立肖恩·卡特基金会，推广继续教育

22届格莱美奖得主

司卖给了美国街头教父唱片公司（Def Jam）。2008年，他与演唱会和音乐节推广公司Live Nation签订了一份金额高达1.5亿美元的合作协议。9年后，双方又续签了为期10年的合作协议，金额高达2亿美元。

业务拓展

Jay-Z进行了许多自己感兴趣的投资，比如各类音乐节目、潮流服饰、体育活动等，并且大部分投资项目都变成了摇钱树。最重要的是，他注重打造自有品牌，而不是仅仅推广别人的品牌。他的第一个自有品牌是潮流服饰品牌洛卡薇尔（Rocawear）。1999年，Jay-Z与说唱歌手达蒙·达什共同创立了这个服装品牌。8年后，他将洛卡薇尔以2.04亿美元的价格卖给了艾康尼斯品牌管理公司（Iconix Brand Group），当时该品牌的年销售额为7亿美元。

2003年，Jay-Z在纽约开了第一家40/40 Club酒吧，以现场乐队和体育主题纪念品为主要特色，后来又开了一系列连锁酒吧。Jay-Z也是棒球和篮球的热爱者。他于2004年投资了新泽西网队篮球俱乐部。2012年，作为投资团队的一员，Jay-Z将篮球队搬回了自己的家乡，并更名为布鲁克林网队（Brooklyn Nets）。后来，他卖掉了自己手中的股份，成立了体育明星经纪机构洛克帝国体育经纪公司（Roc Nation Sports）。2014年，他还收购了最畅销的香槟品牌黑桃A香槟（Armand de Brignac）。

Jay-Z参加过许多慈善活动，他曾向经历了波多黎各飓风"玛利亚"的幸存者提供物资。

Jay-Z开始做说唱音乐，借此摆脱贫民窟生活。凭借精明的商业头脑，他成功投资了连锁酒吧、潮流服饰和体育俱乐部等。

洛克帝国体育经纪公司

洛卡薇尔潮流服饰

40/40 Club 酒吧

Roc-A-Fella 唱片公司

生平大事

把握互联网机遇

1995年，马斯克放弃了斯坦福大学的博士学业，和弟弟创办了Zip2公司。

投资太空

2002年，马斯克创办了SpaceX，并与NASA（美国国家航空航天局）签订了国际太空站补给运输合约。

热心慈善

2002年，马斯克和弟弟创办了马斯克基金会，为可再生能源的研究提供资助。

领导特斯拉

2014年，马斯克成为特斯拉公司的首席执行官，加速推动可再生能源在全球的普及。

埃隆·马斯克是科技创新领导者、工程师和慈善家，他因创办电动汽车特斯拉而闻名于世。他的多项创业都取得了成功，其中，美国太空探索技术公司SpaceX于2012年发射火箭成功，成为商业航天史上的里程碑。

1971年，埃隆·里夫·马斯克（Elon Reeve Musk）出生于南非，他从小就对计算机表现出了浓厚的兴趣。9岁起，他开始与父亲单独生活。12岁时，他开发并出售了自己的第一款电子游戏。1989年，马斯克离开了南非的比勒陀利亚，前往加拿大读大学。后来，他去了美国斯坦福大学继续深造，但为了抓住一个创业的好机会而放弃了学业。

1995年，整个加利福尼亚州的互联网发展呈现出一片欣欣向荣的景象。马斯克和弟弟卡姆巴（Kimbal）一起创办了网络地图公司Zip2，成为首批互联网地图和网络导航服务商之一，并帮助《纽约时报》（The New York Times）等传统媒体开发线上内容。4年后，两兄弟将Zip2卖给了康柏计算机公司（Compaq），成为千万富翁。

投资创意

后来，马斯克和弟弟一起投资了电子支付服务。他们用卖Zip2赚来的钱创办了电子支付公司X.com，后来发展为PayPal，并于2002年被eBay公司收购。马斯

马斯克见证了特斯拉所有产品的发展过程，包括2012年以来逐渐铺开的超快充电站网络。

埃隆·马斯克

1971—

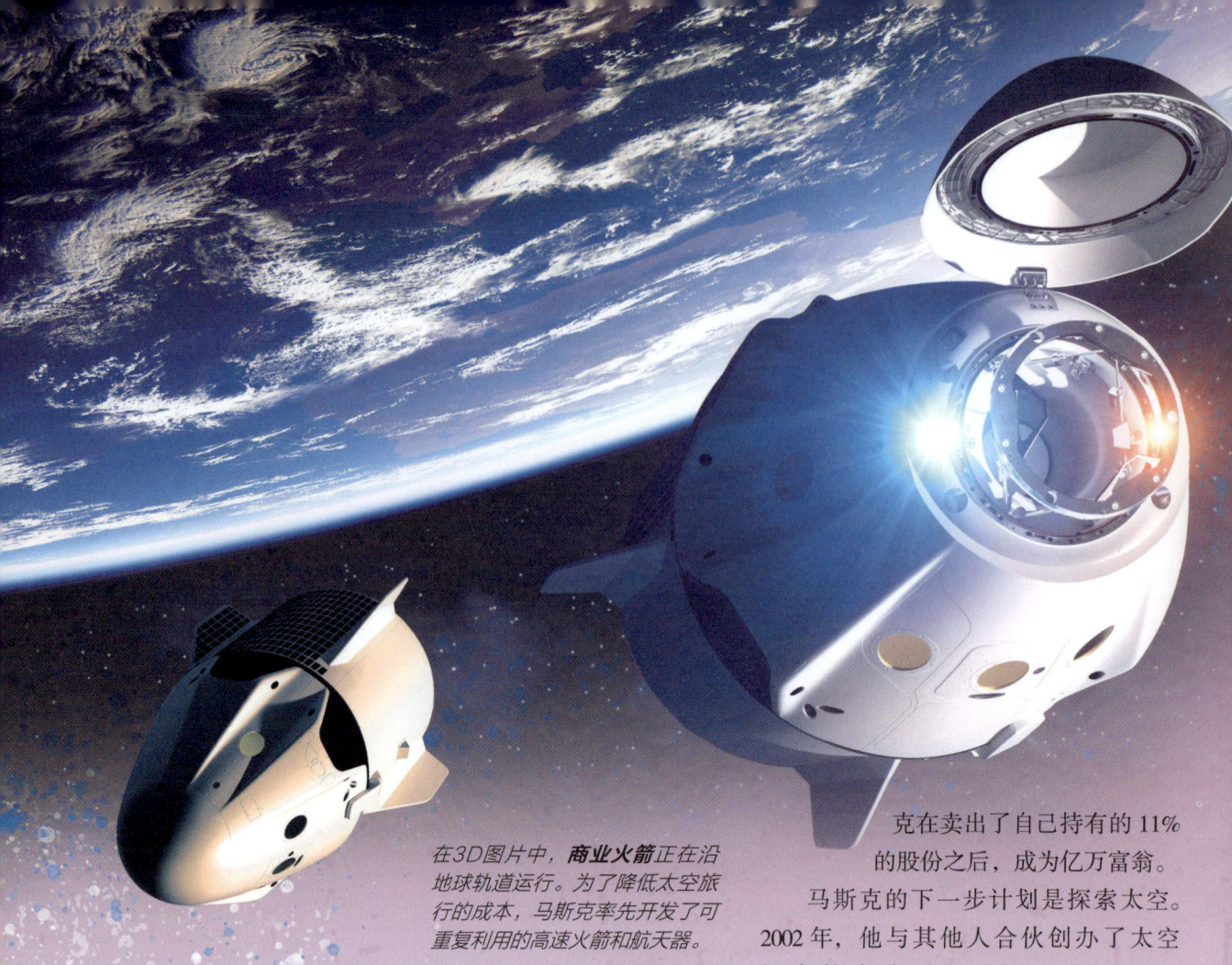

在3D图片中，**商业火箭**正在沿地球轨道运行。为了降低太空旅行的成本，马斯克率先开发了可重复利用的高速火箭和航天器。

克在卖出了自己持有的11%的股份之后，成为亿万富翁。

马斯克的下一步计划是探索太空。2002年，他与其他人合伙创办了太空探索技术公司SpaceX（Space Exploration Technologies），实现了商业航空领域的重大突破，举世瞩目。

他对火箭动力进行了创新，并于2012年向国际空间站发射了第一枚商业运载火箭，并成功返回。为了实现在火星创建自给自足的社区和开发太空旅游的美好愿景，马斯克身为总设计师和公司的首席执行官，继续承担着新型火箭的开发工作。

2016年，马斯克创建了一家隧道钻探公司（The Boring Company），作为SpaceX

马克·贝尼奥夫

马克·贝尼奥夫（Marc Benioff）是美国技术先驱和著名慈善家。他创建的云计算公司Salesforce彻底改变了人们访问和使用软件的方式。

贝尼奥夫（1964— ）14岁时就编写并出售了自己的第一个应用程序。他获得工商管理学位后在甲骨文公司工作了13年，并成为公司最年轻的副总裁。1999年，他创立了Salesforce公司，开创"云计算""软件即服务"之先河。他是许多创新奖项的得主，也是企业慈善的领导者。他最早提出了"1-1-1"模式，号召企业投入1%的产品、时间和资源来帮助社区发展。

的子公司。他希望通过建造平价的快速隧道，打造一个全电动公共交通系统，改善市内交通和城际交通的拥堵问题。

接管特斯拉

马斯克涉猎广泛，还投资了与可持续能源相关的公司。2003年，马丁·艾伯哈德（Martin Eberhard）和马克·塔彭宁（Marc Tarpenning）创办了特斯拉汽车公司（Tesla Motors），旨在打造一款全电动汽车并实现商业化发展。2004年，马斯克加入了特斯拉，成为公司董事长和主要投资人。2008年，特斯拉发布了首款电动跑车Roadster。在与老牌汽车制造商戴姆勒和丰田汽车开展合作之后，特斯拉于2010年成功上市，融资2.26亿美元。2016年，特斯拉收购了美国的大型太阳能系统供应商太阳城（SolarCity），旨在实现马斯克的愿景，让人们能够生产、储存和使用自己的能源。

马斯克是特斯拉的首席执行官和形象代言人，主要负责电动汽车、电池产品和太阳能屋顶等产品的设计和制造。然而，2018年，他因在Twitter上发布了有关特斯拉融资的误导性信息，被迫辞去董事长一职，并且在3年内不得复任，还被处罚了2000万美元。

神经技术

2015年，马斯克成立了OpenAI公司，旨在推动人工智能技术的发展。此外，他还对人类大脑和神经技术之间关系很感兴趣，于2017年与他人合伙创办了脑机接口公司Neuralink，研发可植入大脑并连接计算机的超高带宽脑机接口。

马斯克在许多领域都取得了史无前例的成就，为自己赢得了许多奖项和掌声。2019年，在《福布斯》发布的全球最具创新力领导人榜单上，他和杰夫·贝索斯并列第一。他的慈善事业也反映出他的兴趣所在，其中马斯克基金会（Musk Foundation）资助了多项与可再生能源、人工智能、太空探索和教育有关的科研项目。

> "失败其实是一种选择。如果你做事不会失败，说明你的创新程度还不够。"
>
> ——埃隆·马斯克，2005年

9岁开始计算机编程

向慈善组织TeamTrees捐赠了100万棵树

SpaceX的员工人数超过6000名

美国女商人萨拉·布雷克里独立创办了塑身内衣和束腹裤品牌Spanx，产品畅销65个国家。她是全球最年轻的、白手起家的亿万富翁，也是个乐善好施的慈善家。

生平大事

创意时刻
1998年，布雷克里把连裤袜的袜子剪掉，穿在派对服装里面，既无痕又显瘦。

开始生产
2000年，她找到了一家工厂生产塑身裤，并选定了Spanx为品牌名字。

销量飙升
2000年年末，电视明星奥普拉将Spanx塑身裤列为自己非常喜欢的单品之一，使其销量飙升。

热衷慈善
布雷克里成立了同名基金会，专门资助女性创业者，并于2013年签署了"捐赠誓言"。

1971年，萨拉·布雷克（Sara Blakely）里出生于美国佛罗里达州。布雷克里上高中时，身为辩护律师的父亲从不问她取得了什么好成绩，而是问她有哪些地方做得不够好，教导她从失败中总结经验。后来，布雷克里考上了佛罗里达州立大学，并获得了传播学学位。在报考法学院失利之后，她在迪士尼乐园工作了3个月，期间做了多种工作。后来，她去了丹卡办公用品公司（Danka）销售传真机。作为一名天生的销售者，布雷克里业绩突出，25岁时就当上了公司的全国销售培训师。

一次，布雷克里准备参加一个派对时，突然产生了塑身裤的灵感。当她穿白色长裤时，总是会露出内裤的边痕，而在长裤内穿连裤袜时，包着的脚又会特别不舒服。于是，她找来一把剪刀，把连裤袜的袜子部分剪掉了。一瞬间，她意识到自己创造了一款全新的打底服装，它不仅能让外裤看起来更贴身、更流畅，不留任何痕迹，还能在穿凉鞋时不必为袜子破洞而尴尬。于是布雷克里嗅到了这一商机。白天，她继续推销传真机；晚上，她就潜心研究设计、专利和商标。2000年，她开始生产自己的第一款主打塑身裤产品。

*2010年，**身着Spanx塑身裤的超级英雄**在英国伦敦的牛津街头做了很多好事，为Spanx男性系列入驻英国塞尔福里奇百货公司宣传造势。*

"不要被未知的东西吓倒。"
——萨拉·布雷克里

萨拉·布雷克里

1971—

> "在心中勾勒出自己当前的位置、未来的方向和最终的目标极为重要。"

——萨拉·布雷克里

布雷克里花掉了自己 5000 美元的积蓄,洽谈了一家北卡罗来纳州服装厂,生产自己设计的塑身裤。

奥普拉效应

布雷克里为自己的发明申请了专利,设计了商标,创立了 Spanx 品牌。不久后,她收到了美国著名百货公司内曼·马库斯(Neiman Marcus)的第一笔大订单。作为一名出色的销售人员,布雷克里放弃了自己的全职工作,开始专心向零售商们推销塑身裤,并亲自担任品牌模特。2000 年,也就是塑身裤面世的第一年,脱口秀节目主持人奥普拉·温弗瑞将 Spanx 塑身裤列为自己非常喜欢的时尚单品之一。Spanx 的销量随之直线上升,包括布鲁明戴尔百货店、萨克斯第五大道精品百货店在内的美国老牌百货商店内很快就推出了 Spanx 专柜。后来,就连当时的第一夫人米歇尔·奥巴马(Michelle Obama)也对这个品牌赞不绝口。

Spanx 的产品线日渐丰富,增加了胸罩、内衣、丝袜等各种女性服饰。2004 年,布雷克里参加了电视真人秀节目《富贵险中求》(Rebel Billionaire),与维珍集团创始人理查德·布兰森一起环游世界。布兰森对她的创业精神印象深刻,给了她 75 万美元。布雷克里用这笔钱建立了萨拉·布雷克里慈善基金会(Sara Blakely Foundation),专门为有抱负的女性创业者提供奖学金和创业资金。

到了 2012 年,也就是 Spanx 品牌创立 12 年之后,公司估值已达到 10 亿美元。同年,布雷克里在弗吉尼亚州开了自己的第一家 Spanx 专卖店,并作为全球最年轻的白手起家的女性亿万富翁登上了《福布斯》杂志的封面。

2013 年,布雷克里签署了由比尔·盖茨夫妇发起的"捐赠誓言",承诺将自己一半的个人财富捐赠给慈善事业。

凯茜·琪丝敦

凯瑟琳·伊莎贝尔·奥黛丽·琪丝敦(Catherine Isabel Audrey Kidston)是一名英国设计师,她创立了自己的同名家居用品零售品牌凯茜·琪丝敦(Cath Kidston)。

琪丝敦(1958—)起初是一名室内设计师助理。1993 年,她在英国伦敦的荷兰公园开了自己的第一家小店,里面放满了古董、装饰织物和从旧货市场淘来的二手家具,打造出自己独特的"现代复古"风格。很快,琪丝敦就开始设计产品,并制作了自己的家具用品目录。随后,凯茜·琪丝敦推出了邮购服务,门店的数量也随之增长。截至 2015 年,全球已经有 200 多家凯茜·琪丝敦专卖店。2010 年,琪丝敦因其出色的服务而获得了大英帝国员佐勋章(MBE)。

*2009年，**萨拉·布雷克里**出席了纽约萨克斯第五大道精品百货店Spanx高级系列的新品发布会。*

| 两次申请法学院失败 | 2004年在理查德·布兰森的电视真人秀《富贵险中求》中排名第二 | 自己投资了5000美元来生产塑身裤 |

1998年，马化腾与他人共同创立了软件公司腾讯，并大获成功。凭着自己对计算机软件的一腔热忱，马化腾抓住了中国互联网发展的绝佳机遇，将腾讯打造成为世界上著名的互联网集团。

生平大事

和朋友创业

1998年，马化腾与同学共同创办了腾讯公司并担任首席执行官。

即时通信

1999年，马化腾在中国推出了即时通信服务OICQ，后更名为QQ，QQ很快就流行起来。

网络游戏繁荣

2003年，马化腾推出了腾讯游戏；2019年，腾讯游戏成为全球最大的在线游戏公司。

推出微信

2011年，腾讯推出了即时通信应用程序——微信，截至2018年，微信用户已超过10亿名。

马化腾出生在广东省汕头市。后来，他的父亲在深圳找到了一份港口经理的工作，一家人一起搬到了离香港很近的深圳。他从小就对科学有着浓厚的兴趣，长大后学习了计算机，并于1993年从深圳大学毕业，获得了计算机科学学位。

毕业后，马化腾去了深圳润迅通讯发展有限公司，从事寻呼机软件的开发工作。虽然他做的是自己热爱的工作，但当时月收入还不到200美元。后来，他跳槽到公司的一个竞争对手那里，并开始有了自己创业的想法。当时，中国每100个人中只有1个人拥有计算机，但马化腾却已经意识到了即将到来的数字革命的巨大潜力。马化腾意识到，对于那些有创意、有资金且愿意投资的人而言，互联网行业蕴藏着巨大机会。1998年，他和4位大学同学一起创立了深圳市腾讯计算机系统有限公司。

腾讯的起飞

数年前，马化腾曾参加过ICQ的宣传活动。ICQ是全球第一个基于个人计算机的即时通信程序。马化腾决心在中国也开发一款类似程序，并于1999年2月推出了腾讯版的即时通信服务OICQ。很快,ICQ的母公司美国在线（AOL）对其提起了侵权诉讼。马化腾败诉后将其更名为QQ，立即在中国网友中引起了轰动。到了1999年年底，QQ的注册用户已超过了100万名。随着手机的

"勇敢地尝试，不要犹豫。"

——马化腾

马化腾

1971—

丹尼斯·科茨

2001年，英国企业家丹尼斯·科茨（Denise Coates）在一个停车场的移动小屋里创建了博彩网站Bet365，并将其发展成为世界上最大的在线博彩公司之一。

科茨（1967— ）一边上学，一边在自家开的博彩店帮忙收钱，后来，她彻底改变了小型博彩店的命运。她意识到随着互联网的出现，大多数人更愿意舒舒服服地待在家里赌球，不再愿去博彩店。为了创业，她借钱创办了Bet365博彩网站，并实现了惊人的发展：2018年，网站用户多达4500万名，吸引了500多亿美元的投注。2012年，她成立了Bet365基金会（现在的丹尼斯·科茨基金会，Denise Coates Foundation）用公司的利润资助当地、国内和国际的慈善机构。

使用呈现指数级增长，马化腾于2001年扩展了服务种类，开发了手机QQ。3年后，腾讯的利润实现了飙升，并在香港证券交易所上市，融资2亿美元。

随着互联网在全球的蓬勃发展，马化腾为腾讯QQ用户推出了更多的产品，以全方位满足用户需求。在接下来的10年中，腾讯陆续推出了在线手机游戏、社交网络、电子商务和各类娱乐服务，成为人们日常生活中不可分割的一部分。2011年，腾讯推出了巅峰之作——微信，并迅速成为世界上最受欢迎的即时通信服务之一。微信具备手机聊天、移动支付和社交媒体等功能，允许用户在同一个应用程序中满足所有的日常电子服务需求。

马化腾的成功要归功于他对用户需求的敏锐洞察，以及他根据不断变化的互联网环境，因势利导，快速推出创新产品的能力。他注重产品的品质和设计，通过内部良性竞争，培养了一支年轻的技术队伍，不断推动创新。他还提出了著名的"10/100/1000"规则，即产品经理必须每个月对10名终端用户进行调查，

与用计算机上网相比，中国消费者更愿意用手机上网，马化腾充分利用这一特点，推出了一系列成功的手机应用程序。

腾讯网

> "服务是以服务对象的**满意度和需求为中心，定义所做的一切的。**"
> ——马化腾，2014年

阅读100名用户的博客，收集1000名用户的体验反馈。

马化腾清楚用户所需，并通过手机服务一一实现，从而占据了数字市场的主导地位，成为中国最有影响力的科技开发者和行业领袖之一。马化腾的愿景是将业务延伸至人工智能、机器人、空间技术等领域，希望不断丰富腾讯产品，并将业务触角延伸到全球乃至太空。

第一份工作月薪仅为176美元

27岁创立腾讯公司

2016年向慈善机构捐赠了价值20亿美元的股票

QQ音乐

腾讯游戏

微信

"财富不会带给你满足感，创造出一款深受用户喜爱的好产品，才是最重要的事情。"

马化腾
摘自在Facebook发表的博文，2019年10月

马化腾通过收购人工智能专家和机器人公司BTech Robotics等公司的股份，不断扩大腾讯的影响力和产品线。2018年，腾讯对该公司投资了1.2亿美元。▶

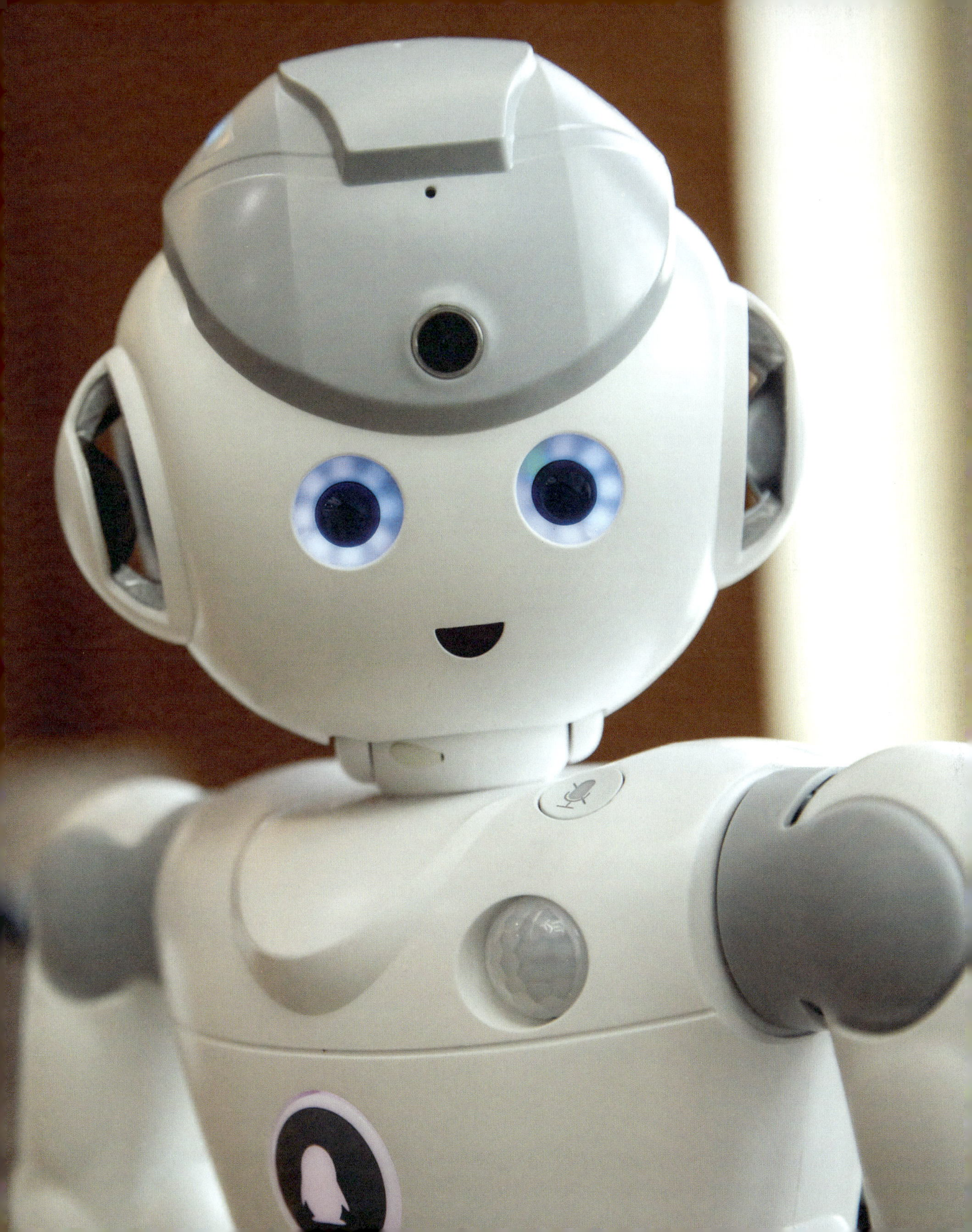

澳大利亚女商人阿比盖尔·福赛斯是KeepCup品牌的联合创始人和总经理。该品牌推出了世界上首款达到咖啡杯标准的可重复使用的随行杯。福赛斯一直乐此不疲地呼吁用环保随行杯代替一次性杯子,帮助全球消费者改变过去的消费习惯。

生平大事

早期成就
1998年,福赛斯在墨尔本开了一家咖啡店,以健康饮食和可持续性为特色,生意红火。

咖啡杯革命
2007年,福赛斯创立了KeepCup品牌,研发可重复使用的环保咖啡杯,并于2009年正式面世。

全球发展
2013年,福赛斯在美国洛杉矶设立了KeepCup办事处和仓库,2016年她将生意做到了英国。

销售纪录
2017年,澳大利亚ABC电视台推出了纪录片《向浪费宣战》之后,KeepCup的销量暴增400%。

全球荣誉
自2012年起,福赛斯在美国、英国、澳大利亚和欧洲获得了多个商业和环保奖项。

1971年,阿比盖尔·福赛斯(Abigail Forsyth)出生于苏格兰,从小就搬到了澳大利亚的墨尔本生活。11岁时,她第一次显露出创业天分。她在父亲工作的商业园区卖自制三明治,并用赚来的钱给自己买了一双旱冰鞋。后来,福赛斯考上了澳大利亚墨尔本大学,攻读法律和艺术的联合学位。在担任律师期间,她在一个公益的法律援助中心当志愿者,为难民和移民提供法律咨询。不过,她天生的商业才能和创造力促使她做出一个大胆的决定,放弃法律事业,勇敢地追求自己的梦想。

重新开始
1998年,福赛斯和弟弟杰米·福赛斯(Jamie Forsyth)一起在墨尔本开了一家名为"蓝袋"(Bluebag)的咖啡馆,以健康概念为特色,提供高品质咖啡和新鲜的时令食品。后来,姐弟俩在墨尔本共开了6家咖啡店和一家餐馆。随着业务越做越大,产生的垃圾也越来越多。咖啡店使用的一次性杯子是不可回收的聚乙烯材质,导致每周都有成千上万的杯子被送到垃圾填埋场。

福赛斯开始寻找可重复使用的替代品。但是,市面上的环保咖啡杯都是为美式过滤咖啡设计的,与浓缩咖啡机并不配套,也不美观。因此,福赛斯只能自己设计并制造合适的环保咖啡杯。

创新产品
福赛斯和弟弟杰米开始一起想办法,试图减少咖啡店中一次性杯子的垃圾产出。然而,并非所有人都支持他们的想法。一位设计师认为这是"史上最愚

> "许多行动看起来**不起眼**,却能产生**巨大**的影响。"
>
> ——阿比盖尔·福赛斯,2019年

1971—

阿比盖尔·福赛斯

凯蒂·佩奇

凯·莱斯利·"凯蒂"·佩奇（Kay Leslie "Katie" Page）是澳大利亚商界极具影响力的女性企业家。在20年的时间里，她将家具家电零售企业哈维诺曼（Harvey Norman）打造成了一家发展良好的跨国公司。

1983年，佩奇（1956— ）在哈维诺曼家居店当助理。由于经营才能出众，她在公司顺利晋升。截至1999年，她先后从事了销售、市场营销、宣传和采购等多项工作，并当上了公司的首席执行官，负责品牌的持续发展。2001年，佩奇推出了线上购物服务。2016年，她将业务发展到了8个国家，直营店和加盟店数量达到了280家。她还积极支持女性运动员，赞助了赛马、澳式足球和橄榄球联盟等多项女子赛事奖项。

蠢的想法"。可福赛斯还是坚持自己的想法。2007年，她和杰米创立了KeepCup品牌，花了两年时间设计并制作了一种随身咖啡杯——既可用于咖啡店，也适合消费者自用，不仅环保，而且实用，外观也很漂亮。

2009年6月，KeepCup随身杯在墨尔本正式面世。因外观时尚，触感舒适，色彩鲜艳，这款随身杯在短短6个小时内就卖出了1000个。它的与众不同就在于它将出色的产品设计和明确的商业目标结合起来，其初衷是为了减少一次性

"我们坚持**本地制造**，将自己融入社区，**减少**企业发展带来的**环境污染**。"

——阿比盖尔·福赛斯，2018年

2017年，劳埃德银行的报告称，KeepCup的倡议避免了43489个一次性杯子的浪费

使用KeepCup随身杯24次，即可抵消生产它所带来的碳排放

福赛斯估计，自2009年推出KeepCup随身杯至今，已经避免了35亿个一次性杯子的浪费。

塑料杯的使用，避免为了方便而污染环境。福赛斯还成功说服了其他咖啡店也销售这款随身杯，极大地扩大了分销网络，同时也增加了KeepCup随身杯在商业街上的影响力。

改变世界

2010年，福赛斯姐弟卖掉了蓝袋咖啡店，专心经营KeepCup随身杯。自2014年以来，阿比盖尔·福赛斯作为该品牌的唯一拥有者，一直坚持在环保条件达标且具备产能的地方就近生产，尽可能降低公司的碳排放。KeepCup随身杯在澳大利亚、英国和美国等地进行手工组装，再进入当地市场销售。截至2019年，随身杯在全球65个国家卖出了1000多万个，避免了数十亿个一次性杯子的生产和浪费。福赛斯坚持以可持续发展为核心经营原则，与此同时，也不会为了追求利润而偷工减料。在不到10年的时间里，福赛斯的年营业额已经达到了1500多万美元。

2015年，福赛斯成立了KeepCup线上环保总部（KeepCup Reuse HQ），用户可在此平台上对品牌的环境影响进行评价。福赛斯的努力和她在经营和环保方面的成就使她获得了全球赞誉。

拉里·佩奇

1973—

美国互联网企业家拉里·佩奇的父母都是计算机编程专家。求学期间,他和同学谢尔盖·布林共同创立了世界领先的搜索引擎谷歌,迅速改变了人们访问互联网的方式。

生平大事

与布林相遇
1995年,佩奇在攻读计算机科学博士时,与谢尔盖·布林相遇。

开发网页排名算法
1996年,佩奇创建了网站排名算法,为谷歌搜索引擎打下了基础。

创立谷歌
1998年,佩奇成立了谷歌公司,开始在加利福尼亚州门洛帕克的一个车库里办公。

全球企业
2015年,佩奇宣布成立控股公司Alphabet,负责谷歌的多样化投资组合。

劳伦斯·爱德华·佩奇(Lawrence Edward Page)的童年是在计算机环绕的环境中度过的。1973年,他出生于美国的密歇根州,父亲是计算机科学教授,母亲是计算机编程讲师,家里随处可见科技杂志和科学书籍。在哥哥的鼓励下,佩奇经常把家里的物件拆开,查看它们的内部构造和工作原理。佩奇还喜爱音乐,曾学过长笛、萨克斯管和作曲。后来,他曾表示自己受到了音乐的启发,开始痴迷于计算过程中的时机和速度。1995年,佩奇考上了斯坦福大学,攻读计算机科学博士,并在那里遇到了同学谢尔盖·布林。两人共同开发了搜索引擎谷歌(Google),作为佩奇博士研究项目的一部分。

佩奇痴迷于技术创新,曾投资飞行汽车创业公司Kitty Hawk和Opener,以及从事小行星有价值资源开采的太空探索公司。

谢尔盖·布林

1973—

谢尔盖·布林是美国的计算机科学家和数学家。他在斯坦福大学攻读博士时，与拉里·佩奇合伙创建了搜索引擎谷歌。谷歌可根据受欢迎程度对网页进行排名，彻底改变了人们访问互联网的方式，这也使布林跻身亿万富翁的行列。

1973年，谢尔盖·米哈伊洛维奇·布林（Sergey Mikhaylovich Brin）出生于莫斯科。在布林6岁时与家人搬离了俄罗斯。他的父母曾在莫斯科国立大学接受过良好的教育，后来都在美国找到了工作：母亲在美国国家航空航天局戈达德太空飞行中心（NASA's Goddard Space Flight Center）当研究员，父亲在马里兰大学当数学教授，也很注重培养儿子的计算能力。布林19岁时读完了大学，获得了计算机科学和数学学位。1993年，布林被斯坦福大学计算机科学专业录取，开始攻读博士。在一次学校的迎新活动中，他遇到了拉里·佩奇，并且布林很快便加入了佩奇的科研项目，调查不同网站之间的关联性。他凭借自己的数学能力，创建了一个根据重要性对网站链接进行排名的系统。到了1996年，二人已经创建了搜索引擎的算法，为谷歌的诞生打下了基础。

1998年，谷歌网站Google.com问世之后，布林一直专注于新技术的开发。谷歌公司制订了"登月"创新

生平大事

移民美国
1979年，布林与家人一起移民美国。

在斯坦福读博
1993年，布林获得了美国国家科学基金会奖学金，去斯坦福大学攻读博士，并在那里遇到了拉里·佩奇。

研究网页
布林参与开发了对网站链接排名的算法，为1998年创建谷歌搜索引擎打下了基础。

展望未来
2012年，布林推出了他负责研发的系列创新产品之一：具备面部计算机功能的谷歌眼镜。

"我们希望谷歌能够成为**你的第三个脑半球**。"

——谢尔盖·布林，2010年

2004年，**佩奇和布林**增加了谷歌的**地图功能**，通过收购卫星成像公司Keyhole，推出了谷歌地球（*Google Earth*）。2005年，谷歌地图增加了街景功能，以方便用户规划路线。

> 佩奇在大学时用乐高积木做了一台喷墨打印机
>
> 佩奇关于搜索引擎的创意是梦中想到的
>
> 布林和佩奇曾打算以100万美元的价格卖掉谷歌
>
> 《福布斯》杂志将布林和佩奇共同评为2009年全球第五大最具影响力人物

计划,包括自动驾驶汽车、智能眼镜、可持续能源开发、无人机物流等项目。

布林遇到佩奇的时候,已经在斯坦福大学读博士两年了。当时,他正忙于各种研发项目,包括一个电影评级平台和一个将学术论文转换成 HTML 文件的转换工具。在短短一年之内,两人就建立了牢固的友谊,成为最好的搭档。

当时,还有一个名叫斯科特·哈桑(Scott Hassan)的学生和他俩一起研发,不过他在谷歌创建之前就离开了团队。他们三个人一起合作创建了 BackRub 搜索引擎,通过算法来计算每个网页的"反向链接",并根据重要性对它们进行排序。当时,其他效率较低的搜索引擎一般是用关键字对网站进行排名的。起初,BackRub 搜索引擎使用的是斯坦福大学的服务器,但是很快,它就让服务器不堪重负了。

不久之后,他们于 1997 年 9 月正式注册这款搜索引擎,并更名为"谷歌"。这个名字来源于数学术语"Googol",也就是 10^{100},象征着谷歌搜索引擎获取和组织海量信息的能力。很快,谷歌就引起了斯坦福大学学术界和硅谷投资人的注意。

1998 年 8 月,太阳微系统公司的联合创始人安迪·贝克托斯海姆(Andy Bechtolsheim)向其提供了 10 万美元的投资,谷歌公司正式成立。佩奇和布林从斯坦福大学搬了出来,开始在他们的第一间办公室——位于加利福尼亚州门洛帕克郊区的一间车库里办公。车库的所有者名叫苏珊·沃西基(Susan Wojcicki),也是谷歌的元老之一,后来成为视频网站 YouTube 的首席执行官。

不走寻常路

1999 年,佩奇和布林想把谷歌卖给竞争对手,但由于找不到买家,他们决定自己继续经营。谷歌第一台服务器的机箱是用乐高积木拼成的,公司有各种各样的涂鸦、标识,上班也不需要着正

迈克·坎农·布鲁克斯和斯科特·法夸尔

澳大利亚人迈克·坎农·布鲁克斯（Michael Cannon Brookes）和斯科特·法夸尔（Scott Farquhar）共同创建了软件公司Atlassian。

坎农·布鲁克斯（1979— ）和斯科特·法夸尔（1979— ）是大学校友。毕业不久，二人合伙在悉尼创立了Atlassian公司，主营团队协作管理软件、问题跟踪及项目管理软件，客户包括美国宇航局、特斯拉和SpaceX。目前，这家纳斯达克上市公司的估值高达250亿美元。2006年，他们承诺将股权、产品、利润和时间的1%拿出来做慈善。

装。从一开始，谷歌就不走寻常路。

1999年，随着谷歌的迅速扩张，公司从车库搬到了帕洛阿尔托市的一间办公室里，后来又搬到了位于加利福尼亚州山景城的Googleplex综合楼里。2000年前后，佩奇和布林将"不要作恶"作为公司格言，来体现公司反对垄断的企业文化。但随着谷歌人气的增长，投资人要求公司加强管理，谷歌也开始卖与搜索关键词相关的广告。2001年，埃里克·施密特（Eric Schmidt）被聘为谷歌董事长兼首席执行官，带领谷歌开启了大规模扩张时期。

2004年8月，谷歌公司正式上市，这让佩奇和布林31岁时就成了亿万富翁，他们也继续保持着与谷歌的紧密联系，佩奇任谷歌产品总裁，布林任技术总裁。

在接下来的10年中，谷歌先后收购了YouTube、摩托罗拉、Waze导航和DeepMind人工智能等公司，极大地扩展了业务范围。2015年，佩奇和布林又成立了一家谷歌旗下的伞形公司Alphabet，负责谷歌X实验室、生物研究公司Calico、家居产品公司Nest等独立业务。该公司由佩奇担任Alphabet的首席执行官，布林担任总裁。然而，他们都在2019年辞去了上述职务，同时保留了Alphabet的大量股权。

穿越互联网

除了谷歌的核心业务之外，佩奇和布林还一直致力于开发能够提高日常生活水平的新技术。2004年，他们以10亿美元的启动资金成立了慈善组织Google.org，专注于改善气候变化和全球贫困等问题。他们还投资了多个与电子书、可再生能源、人工智能和无人驾驶汽车有关的研发项目。

佩奇和布林不仅让谷歌成为数字时代极具影响力、功能强大的公司，还让"谷歌"成为一个人们常用的动词。谷歌从当初那家致力于改进信息获取方式的公司，发展成为一家全方位提升人们现代生活水平的全球企业，使人们的沟通方式、导航服务、现代化家庭取暖、照明管理等方面发生了重大变化。

2017年，谷歌发布了Nest家用迷你智能音箱。

"显然，人人都渴望成功，但我希望当人们回忆起我时，认为我是一个具有创新精神、值得信赖且有道德的人，一个最终改变了世界的人。"

谢尔盖·布林
摘自ABS新闻《一周人物》专栏采访，2004年

玛莎·莱恩·福克斯

1973—

英国女商人玛莎·莱恩·福克斯是欧洲最大的旅游休闲网站"最后一分钟"的创始人之一。目前，她致力于发展数字项目造福社会，还创办了慈善机构Doteveryone，旨在利用可靠的技术帮助每个人在数字世界中尽情遨游。

生平大事

创建网站
1998年，福克斯与布伦特·霍伯曼一起创建了"最后一分钟"网站，并迅速将业务从旅游扩展到其他产品。

公司上市
公司于2000年上市，是互联络泡沫破灭前最后一批上市的互联网公司之一。

交通意外
2004年，福克斯因遭遇严重车祸而改变了人生道路，开始专注慈善和公共服务。

出售网站
2005年，福克斯将"最后一分钟"卖给了旅游科技公司Sabre，净赚了1850万英镑。

新的目标
2015年，福克斯创办了Doteveryone，旨在推动可靠且合乎道德的互联网技术。

1973年，玛莎·莱恩·福克斯（Martha Lane Fox）在英国伦敦出生，她的父亲是著名的历史学家和园艺作家罗宾·莱恩·福克斯（Robin Lane Fox）。十几岁时，她曾立志长大后要到监狱做管理工作。然而大学毕业后，她的第一份工作是在媒体和电信咨询公司Spectrum Strategy。一次，公司安排她写一篇关于新兴互联网的研究文章。也正是这次任务，她对日新月异的互联网科技有了深入了解，也对互联网带来的大好机遇有了深刻认识。在Spectrum Strategy工作期间，福克斯遇到了牛津大学的校友布伦特·霍伯曼（Brent Hoberman）。后来，她离开这家公司，到一家电视台工作时，同样已经离职的霍伯曼邀请她加入自己刚刚创建的网站"最后一分钟"（Lastminute.com）。他创建这个网站的初衷很简单，就是为用户提供打折机票、音乐会门票等各种临时在线订票服务。当时是1998年，互联网才刚刚起步。莱恩·福克斯起初拒绝了霍伯曼的邀约，但在他的说服下，她选择了辞职，与他一同创业。

"最后一分钟"的崛起

二人从风投和投资人那里筹集到了60万英镑，解决了他们面临的第一个资金难题。然后，他们开始寻求与旅行社和网站开展合作。虽然他们很年轻，也很缺乏经验，但凭借百折不挠的精神，他们亲自给航空公司打了数百个电话。为了提高网站的可信度，他们成立了一个旅行专家委员会，邀请了荷兰皇家航空公司（KLM）的前董事长兼首席执行官出任主席。虽然他们也曾担心是否有人愿意在网上订票，但该网站一经推出，马上就火了。仅仅两年时间，"最后一

> **"我从未见过一款工具能像互联网这样强大。"**
>
> ——玛莎·莱恩·福克斯，2015年

25岁时创建了"最后一分钟"网站 | 40岁时成为英国上议院最年轻的女性议员 | 入选英国最具影响力的100位女性

分钟"就拥有了超过65万名的稳定用户。

到了2000年,"最后一分钟"在伦敦、巴黎、慕尼黑和斯德哥尔摩等地均设了办事处,福克斯和霍伯曼也开始着手筹备上市事宜。就在互联网泡沫破裂的前几周,公司正式上市,并从英国、美国和欧洲各地募集到了1亿英镑。随后,股市的大崩盘接踵而至。但随着客户不断增长,加上他们精明而及时地低价收购了数家小型旅游公司和网站,"最后一分钟"依然保持着蓬勃发展的良好势头。2004年,福克斯辞去了公司总经理的职务。次年,"最后一分钟"以5.77亿英镑的价格被Sabre旅游公司收购。时年32岁的福克斯成为一位备受尊敬的千万富翁,她的心中对未来充满了期待。她原本打算加入塞尔福里奇百货公司,但不幸的是,她在摩洛哥遭遇了一场严重车祸,住院治疗了一年多时间。她凭着顽强不屈的精神挺过了这次磨难,人生轨迹也发生了重大变化。

2005年,福克斯与他人合伙开了一家名为"Lucy Voice"卡拉OK公司,她对科技和互联网的关注点也越来越集中于社交层面,而非商业层面。

普惠技术

2009年,福克斯开始担任公职,被英国政府任命为"英国数字冠军",负责在普通民众中普及互联网,鼓励民众在网上获取政府服务资讯,并对技术改革及相关政策提出建议。为了完成这些任务,她于2012年成立了Go ON UK慈善机构,帮助人们学习上网技能。2013年,她辞去了政府职务,以伦敦苏豪区莱恩·福克斯女男爵的身份,成为英国上议院中最年轻的女性议员。

2015年,福克斯萌生了创办

贝琳达·帕玛

英国企业家贝琳达·帕玛(Belinda Parmar)是同理心公司(The Empathy Business)的首席执行官,她全球首创的共情指数(Empathy Index)成为企业共情能力和绩效的考核指标之一。

2010年,帕玛(1974—)创建了女极客公司(Lady Geek),旨在让更多女性从事科技工作。但她很快发现,其实影响公司业绩的不是性别,而是同理心,便将其更名为"同理心公司"。帕玛开始为企业提供咨询服务,指导它们如何在经营的各个方面增强同理心。2014年,帕玛被世界经济论坛评为全球青年领袖。她还发起了"极客小女孩"活动,鼓励小女孩们从小立志成为科技先锋。

"面对自己要**解决的问题**,要有**雄心壮志**,要让它变得有价值。"

——玛莎·莱恩·福克斯,2019年

通过"最后一分钟"网站,福克斯巧妙地利用了互联网的即时性,让用户不断获得最新的娱乐、旅游和住宿服务,而这样的打包服务在其他地方是无法同时获得的。

Doteveryone 的想法。她希望通过这个组织,推动并发展可靠的、人人受益且合乎道德的互联网技术,促进互联网环境更加公平。她还资助了许多慈善机构,同时也是 Twitter 和香奈儿等公司的董事会成员。

福克斯与同期的其他成功企业家的不同之处在于,在她的职业生涯中,她实现了从一个科技企业家到一个社会企业家的转变。

加勒特・坎普

1978—

加勒特·坎普是加拿大的科技创新先行者。他创办了打车服务公司优步（Uber），以解决打车的成本和时间问题。作为一个系列创新者，他还开发了浏览器插件StumbleUpon，并创建了创业帮扶平台Expa。

加勒特·坎普（Garrett Camp）出生在一个商人家庭，其父母开了一家住宅建筑公司，经营得非常成功。坎普还在上学时就创办了自己的第一家公司。2002年，他在加拿大卡尔加里大学攻读软件工程硕士时，开发了一款名为StumbleUpon的"推荐引擎"插件，可以向人们推荐更符合自己兴趣的网站，这为坎普吸引了来自硅谷的投资。2006年，坎普搬到了旧金山。次年，他将StumbleUpon卖给了eBay。

2008年，他想到了一个可以节省朋友们在市内通勤时间的点子，于是开发了打车应用程序优步。2009年，坎普和同行特拉维斯·卡兰尼克（Travis Kalanick，详见第309页）在仅有几辆车的情况下，推出了优步叫车服务。这款应用程序一经上线，就在美国及至全球实现了快速发展。到了2019年，在优步上网约私家车的用户已经超过了1亿人。坎普在分享自己创业经验的同时，还在不断寻找新的创意，并于2013年创办了Expa平台，专门为创业者提供帮助。

> "在创业过程中，每当我犯了错误，我都会把它写下来，然后分析清楚出错的原因。"
> ——加勒特·坎普，2013年

*2018年，**坎普收购了共享单车平台JUMP bikes**，并在优步上推出了单车和摩托车租赁服务。*

生平大事

钻研技术

坎普于2001年获得了电气工程学位，后来又获得软件工程的硕士学位。

开发STUMBLEUPON

坎普于2002年开发了浏览器插件StumbleUpon，2007年以7500万美元的价格卖给了eBay。

创建优步

2009年，坎普推出了"优步出租车"服务，2011年为安抚出租车公司，更名为"优步"。

不断创新

2013年，坎普成立了创业工作室Expa平台，资助创业者成立并发展新公司。

碧昂丝

1981—

作为20世纪90年代全球顶级女团的队长，碧昂丝凭借自己作为R&B（节奏蓝调）歌手、创作人和舞者的非凡才华及魅力，成为拥有百万粉丝的知名公众人物。后来，她成长为一名成功的商人，成为全世界黑人女性的楷模。

20世纪80年代，碧昂丝·吉赛尔·诺尔斯－卡特（Beyoncé Giselle Knowles-Carter）在美国得克萨斯州休斯敦出生并长大。从小，父母就常常鼓励她唱歌、跳舞。9岁时，她与表姐凯莉·罗兰（Kelly Rowland）以及另外两位同学组成了Girl's Tyme组合，并参加了选秀节目《寻找新星》（Star Search），但却无功而返。碧昂丝的父亲马修（Matthew）相信女孩们的潜力，便辞去工作专心培养她们，为她们争取到了人生转机。

她们将组合的名字改为"天命真女"（Destiny's Child），由碧昂丝担任主唱。1997年，"天命真女"与哥伦比亚唱片公司签约，女孩们多年来在声乐和舞蹈方面付出的努力终于得到了回报。她们的首张同名专辑推出之后成绩不俗，不过与第二张相比，就不值一提了。她们的第二张专辑《有迹可循》（The Writing's on The Wall）仅在美国就大卖了600万张，囊括了两项格莱美大奖，而由碧昂丝创作的单曲《账单满天飞》（Bills, Bills, Bills）更是首次登上了公告牌排行榜第一名。此后，更多的金曲和国际赞誉接踵而至。

> "我们都有自己的目标，也都有自己的优势。"
> ——碧昂丝，2012年

生平大事

天赋异禀
1990年，碧昂丝成立了Girl's Tyme组合（后改名为"天命真女"），并于1992年参加了选秀节目《寻找新星》。

唱片合约
1997年，哥伦比亚唱片公司签约"天命真女"，首支单曲在美国歌曲排行榜上名列第三。

开始单飞
2003年，碧昂丝发行了第一张个人专辑，第一周就卖出了30多万张。

嫁给JAY-Z
2008年4月，碧昂丝与说唱巨星JAY-Z结婚，成为流行音乐史上第一对亿万富翁夫妇。

碧昂丝在2018年"奔跑II"巡回演唱会上演出，这是她与丈夫Jay-Z合开的第二场演唱会，总收入超过2.5亿美元。

托里·伯奇

托里·伯奇（Tory Burch）于2004年创立了自己的同名服装和时尚生活品牌。从第一家门店开张，到门店遍布世界各地，伯奇只花了不到10年的时间，而她自己也成为亿万富翁。

伯奇（1966—）从艺术史系毕业之后，当了一名时尚作家。后来，她开始亲自设计时尚单品。2004年，她创立了自己的同名品牌托里·伯奇（TORY BURCH），并在纽约曼哈顿开了一家专卖店。奥普拉·温弗瑞的代言迅速提升了该品牌的知名度。到了2018年，伯奇专卖店已超过250家，在全球数千家商场都能买到伯奇牌的产品。此外，伯奇还发起了"怀揣理想，无畏进取"的慈善活动，鼓励女性追逐自己的创业梦想。

追求成功

2003年，碧昂丝发表了个人专辑《危险爱情》（Dangerously in Love），开启了自己的单飞生涯。她参与此次专辑创作，并担任专辑的联合制作人。这张专辑获得了5项格莱美奖，全球销量超过1100万张。碧昂丝开始"唱而优则演"，在2001年的电影《卡门：嘻哈戏剧》（Carmen: A Hip Hopera）中出演女主角。次年，她又与迈克·梅尔斯（Mike Myers）共同主演了电影《王牌大贱谍3》（Austin Powers in Goldmember）。2019年，她还参与了迪士尼动画片《狮子王》（The Lion King）中狮子娜娜的配音工作。

其他投资

唱歌和演戏并不是碧昂丝的唯一收入来源。她与许多国际大牌均有合作，广告收入高达数百万美元。2006年，碧昂丝与母亲蒂娜一起创建了自己的时尚品牌House of Deréon。2010年，碧昂丝进一步丰富了旗下产品，并发布了系列香水。

全面掌控

为了全面掌控自己的事业，碧昂丝于2010年成立了帕克伍德娱乐公司（Parkwood Entertainment），主要负责音乐、视频和电影的制作及其他项目的管理，并连续发行了3张个人专辑。

碧昂丝也非常希望提升自己在时尚圈的影响力。2014年，帕克伍德娱乐公司和英国服装大牌Topshop合作，推出了街头运动服饰Ivy Park系列，并最终获得了产品的完全控制权。随后，Ivy Park与运动品牌阿迪达斯（Adidas）合作，推出了同名系列产品。除了投资时尚品牌，碧昂丝在食品行业也有涉猎，先后投资了一家饮料初创公司和一家素食外卖公司。

碧昂丝参与了许多慈善项目。2005年，她与他人共同创立了幸存者基金会（Survivor Foundation），为卡特里娜飓风的受害者提供住所，并为2010年海地地震的幸存者捐款捐物。2013年，碧昂丝与多家慈善机构携手发起了BeyGood慈善募捐活动，旨在提高人们对社会问题的重视。

史上收入最高的黑人歌手 | **她的"热力四射"香水在发售第一个小时内就大卖了72000瓶**

"我永远都有危机感，我也总想尝试叛逆的事情；每当我有所成就，就一定会制订一个更高的目标。我就是这样一步一步成为今天的自己。"

碧昂丝
摘自《公告牌》杂志的采访，2011年

马克·扎克伯格是计算机编程天才。19岁时，他为朋友们编写了一个好玩的程序，后来发展成了Facebook（脸书）。如今，Facebook已经成为世界上著名的社交媒体公司。作为全球年轻的白手起家的亿万富翁之一，扎克伯格将自己赚到的大部分钱都捐给了慈善事业。

1984年，马克·艾略特·扎克伯格（Mark Elliot Zuckerberg）出生于美国纽约。在扎克伯格11岁时，他的父亲第一次教他编程。他很爱学习，成绩优异，同时还利用业余时间制作计算机游戏。大约12岁时，扎克伯格开发了自己的第一个网络通信软件扎克网（ZuckNet），实现了自己的计算机与父亲牙科手术计算机的联网。高中阶段，他开发了一个音乐系统，利用人工智能按照人们的听歌习惯来推荐歌曲。微软公司和美国在线公司都想买下扎克伯格的这款系统，还想将他招致麾下，而扎克伯格却选择去哈佛大学读书，学习心理学和计算机科学。

Facebook 的诞生

进入哈佛大学后，扎克伯格很快就因为编程的才华而声名鹊起。他开始在自己的寝室里做网站。第二年，他又做了一个选课程序 Course Match，帮助同学们组成学习小组，并参考其他同学的选课情况选择自己的课程。紧接着，他又开发了好感度排名程序 FaceMash，用户在浏览学生照片之后，可评选出自己心中最受欢迎的人。结果这个程序太火了，直接导致校园网崩溃。这让扎克伯格陷入了麻烦，遭到了不少攻击和批评。哈佛大学关闭了他的网站，扎克伯格也进行了道歉，称这只是一个实验。

> "快速行动，打破常规。如果**墨守成规**，如何能**快人一步**。"
> ——马克·扎克伯格，2009年

*2004年2月，**扎克伯格和克里斯·休斯**在哈佛大学的宿舍里用笔记本计算机联合创建了The Facebook。*

生平大事

开始编程
1996年，扎克伯格为其父亲的牙科诊所做了自己的第一个聊天软件"扎克网"。

成功上市
2012年，Facebook上市，筹集了160亿美元。

多样化发展
扎克伯格收购Instagram（照片墙）和WhatsApp等公司，不断扩大业务范围。

1984—

马克·扎克伯格

"帮助10亿人建立联系的感觉很棒,很有成就感,这是迄今为止我人生中最令我自豪的事情。"

——马克·扎克伯格

2014年,扎克伯格收购了VR(虚拟现实)智能头盔制造商Oculus,旨在将VR打造成为下一个大型计算和通信平台。

一个学期后的2004年,扎克伯格创建了 The Facebook（后更名为 Facebook）。该创意来自私立学校随处可见的学生名单,在爱德华多·萨维林（Eduardo Saverin）、安德鲁·麦科勒姆（Andrew McCollum）、达斯廷·莫斯科维茨（Dustin Moskovitz）和克里斯·休斯（Chris Hughes）等室友和同学的帮助下,The Facebook 得以顺利上线,上线当晚就有数百人注册,上线一个月时,有超过半数的哈佛本科生都注册了账号。

那年夏天,扎克伯格选择从哈佛辍学,在加利福尼亚州的硅谷租了一间房子开始创业,专心开发 Facebook。到了2004年年底,几乎美国和加拿大的所有大学都成为 Facebook 的会员,大学生们全都迫不及待地注册账号。

Facebook 创意的影响力之大,让风险投资趋之若鹜。起初,Facebook 的用户主要面向各所高校的学生,后来,Facebook 开始对微软公司、苹果公司等信息技术公司的员工开放。扎克伯格拒绝了许多公司的收购邀约,不断扩大用户范围。

全球影响力

2006年9月,Facebook 开始向所有13岁以上、拥有有效电子邮箱地址的人开放,并推出了时间轴、点赞按钮、即时通信等新功能,这让 Facebook 迅速风靡全球。

2012年5月,扎克伯格带领 Facebook 在纳斯达克正式上市。这是历史上备受瞩目的首次公开募股（IPO）之一。作为 Facebook 的最大股东,扎克伯格成为亿万富翁。不过,他的成功也并非没有争议,主要争议集中在 Facebook 的庞大规模和巨大影响力。

尽管如此,扎克伯格还是通过收购 Instagram（照片墙）和 WhatsApp 等公司并不断参加各类慈善活动,继续践行着他促进世界交流的初心。2015年,他与妻子普丽西拉·陈（Priscilla Chan）承诺将大部分财富捐赠给慈善事业,以利用科技手段解决疾病、儿童教育等一系列迫在眉睫的全球难题。

简·库姆

简·库姆（Jan Koum）是一名乌克兰裔的美国计算机程序员。2009年,他与他人共同开发了移动短信应用程序 WhatsApp,并于2014年以190亿美元的天价将它卖给了脸 Facebook。

16岁时,库姆（1976— ）从乌克兰基辅近郊的一个贫困村庄移民到了美国,并自学了计算机编程。大学时,库姆辍学去雅虎做全职工作,他的同事布莱恩·阿克顿（Brian Acton）与他合作,共同创建了 WhatsApp。2009年,库姆在购买 iPhone 时,意识到了开发手机应用程序的无限潜力。他推出的 WhatsApp 将手机号码和状态更新相结合,很快就在世界各地取得了成功。

12岁时开发了自己的第一款计算机程序 | **19岁时创建了 Facebook** | **付给自己1美元年薪**

"完成使命和经营公司是相辅相成的。让我感到兴奋的是使命。但我们始终都明白，我们要做的是两者兼顾。"

马克·扎克伯格
摘自2012年TechCrunch Disrupt大会采访

2012年5月18日，万众期待的Facebook首次公开募股在纳斯达克证券交易所上演，纽约时代广场进行了现场直播。▶

09:28:20

1990—

安妮-玛丽·伊玛菲顿

安妮-玛丽·伊玛菲顿在参加计算机行业女性庆祝活动时了解到从事科学、技术、工程和数学相关行业的女性人数正在下降，她对此感到忧心忡忡。于是，从小就是数学和计算机天才的伊玛菲顿专门编写了一个程序，试图扭转这种趋势。

生平大事

数学神童
2001年，11岁的伊玛菲顿取得了计算机A和数学AS的好成绩。

牛津毕业
2010年，伊玛菲顿获得了牛津大学数学和计算机科学硕士学位。

创办STEMettes
2012年，伊玛菲顿在参加完一个计算机行业女性庆祝活动之后，决定创办STEMettes。

获得荣誉
2017年，伊玛菲顿获得了大英帝国员佐勋章；2018年，她荣登《福布斯》发布的"科技行业女性50强榜单"。

安妮-玛丽·伊玛菲顿（Anne-Marie Imafidon）的父母都是尼日利亚人。1990年，她在英国出生，在伦敦的沃尔瑟姆斯托区长大。10岁时，伊玛菲顿就会说6种语言。一年后，她成为英国有史以来计算机成绩得A的年纪最小的女学生，数学成绩也十分优异。13岁时，她获得了美国巴尔的摩的约翰霍普金斯大学数学系的奖学金。20岁时，伊玛菲顿成为英国牛津大学数学和计算机科学硕士学位获得者中最年轻的一位。

毕业后，伊玛菲顿先后在高盛、德意志银行等全球性银行的金融部门工作。一次，她在巴尔的摩参加会议时，第一次了解到从事科学、技术工程和数学（据英文首字母简称"STEM"）行业的女性人数正在减少。尽管在学校里，女生在STEM科目的成绩通常优于男生，但是在英国，这些领域中的女性工作者占比不到1/4。伊玛菲顿决心改变这种现状。2013年，她通过合伙融资，创办了公益企业STEMettes公司。

STEMettes主要面向5岁以上的女孩，在英国以及欧洲各地组织免费培训班，培养女孩们对科学和技术的兴趣。公司成立6周年时，已经为40000名女孩提供了免费的学习活动、参观展览和辅导方案。2014年，伊玛菲顿提出了"发件箱孵化计划"，向社区居民讲授产品开发知识，并教他们如何向投资人介绍产品。3年后，伊玛菲顿由于在培养STEM年轻女性人才方面的突出贡献，被授予大英帝国员佐勋章（MBE）。

> **"科技引领经济，女性在科技领域所起的作用也至关重要。"**
>
> ——安妮·玛丽·伊马菲顿，2013年

名人录

在过去 30 年中,随着互联网的快速发展,企业家们迎来了一系列全球性挑战和机遇,公益事业和商业网络也不再受国界的局限。智能手机无处不在,在全球范围内为消费者和产品搭建了一个全新平台。

劳拉·泰尼森
（1967— ）

劳拉·泰尼森（Laura Tenison）出生于威尔士。1993 年,她创立了英国母婴零售连锁店 JoJo Maman Bébé,销售孕妇装和婴儿用品。她最初做的是邮购订单,4 年后推出了购物网站。1999 年,随着公司进入快速发展阶段,泰尼森将公司总部搬到了威尔士的一个仓库中。2002 年,她在伦敦开了第一家品牌专卖店。目前,该品牌在英国和爱尔兰有约 90 家专卖店,不久前又将业务发展到了美国。2003 年,泰尼森被授予大英帝国员佐勋章（MBE）。

谢尔盖·加利茨基
（1967— ）

加利茨基出生于俄罗斯南部,原名谢尔盖·阿鲁廷扬（Sergey Arutyunyan）,在与妻子结婚后改随妻姓。1998 年正值俄罗斯经济严重衰退时期,他在俄罗斯克拉斯诺达尔市开了第一家马格尼特超市（Magnit）,通过低价营销吸引顾客,将马格尼特发展成一家俄罗斯的全国连锁超市、便利店和化妆品零售商。2006 年,马格尼特正式上市。两年后,加利茨基成立了自己的克拉斯诺达尔足球俱乐部（FC Krasnodar）,还为俱乐部修建了体育场,购置了最先进的体育设施。2018 年,他以 24 亿美元的价格,将马格尼特超市 29.1% 的股份卖给了俄罗斯外贸银行,并辞去了首席执行官一职。

菲尔·亨特
（1967— ）

菲尔·亨特（Phil Hunt）出生于英国。20 世纪 90 年代,他开始当电影制片人,专门制作小型独立电影。在此之前,他还做过广告、音乐摄影等工作。2002 年,他与他人共同创办了 Head Gear 电影公司,提供影片制作服务,同时还进行与电影、电视和电子游戏相关的媒体投资。2007 年,亨特又与他人合伙创立了 Bankside Films 公司,主要从事电影营销、融资工作,并帮助独立电影制片方在全球范围发行影片。亨特是该公司的联合总经理。2010 年以来,该公司总共投资了 50 多部电影。

萨哈尔·哈希米
（1968— ）

1995 年,萨哈尔·哈希米（Sahar Hashemi）结束了自己的律师生涯,与哥哥共同创立了咖啡连锁品牌咖啡共和国（Coffee Republic）。在英国伦敦开设了第一家咖啡店之后,哈希米将业务扩展到英国各地,一共开了 100 多家分店。2001 年,她从咖啡共和国辞职。2005 年,她开始二次创业,开了一家瘦身糖果店 Skinny Candy,生产并销售低脂糖果。2012 年,哈希米因其对经济和慈善事业的贡献而被授予大英帝国官佐勋章（OBE）。

肖恩·库姆斯
（1969— ）

"吹牛老爹"肖恩·约翰·库姆斯（Sean John Combs）出生于美国纽约。他在大二时辍学,来到以嘻哈及 R&B 音乐为主的上城唱片公司（Uptown Records）实习,后来成为公司的副总裁。1993 年,库姆斯离开了上城唱片,创办了自己的坏男孩娱乐公司（Bad Boy Entertainment）,发现并签约了多位艺人。1997 年,他以"吹牛老爹"的名字发行了 6 张音乐专辑中的第一张。次年,他又推出了自己的个性服装品牌肖恩·约翰（Sean John）。2001 年,库姆斯将艺名改为"P. 迪迪",2005 年又去掉了字母"P"。在美国娱乐圈,他是极具影响力的人物之一。

马丁·罗伦森
（1969— ）

马丁·罗伦森（Martin Lorentzon）出生于瑞典,大学期间主修经济学和工程学。1995 年,他搬到了美国加利福尼亚州,为搜索引擎网站 AltaVista 公司工作。他认识了瑞典老乡费利克斯·哈格诺（Felix Hagnö）之后，两人于1999年一起成立了在线广告公司Netstrategy（TradeDoubler的前身）。2006年，罗伦森认识了广告网站创始人丹尼尔·埃克（Daniel Ek），二人共同开发了音乐流媒体服务平台Spotify，并于2008年正式推出。罗伦森担任该公司董事会主席一职，直至2016年卸任。

珊达·瑞姆斯
（1970— ）

美国编剧兼制片人珊达·瑞姆斯（Shonda Rhimes）在美国芝加哥长大。她的首部编剧作品是1998年美国HBO电视台播出的一部电影。之后，瑞姆斯又做了两部电影的编剧，而后转战电视剧，创作了2005年首播的热门医疗题材剧《实习医生格蕾》（Grey's Anatomy）。该剧由瑞姆斯自己的Shondaland公司制作。后来，公司又接连推出了许多优秀的电视剧作品，包括2012年的《丑闻》（Scandal）和2014年的《逍遥法外》（How To Get Away With Murder）。2017年，瑞姆斯开始涉足在线流媒体，并签署了相关制作协议。

塔玛拉·希尔-诺顿
（1972— ）

塔玛拉·希尔-诺顿（Tamara Hill Norton）是一名白手起家的英国女商人。她曾是内衣品牌尼克博克斯（Knickerbox）的采购员，但于1997年被裁。她与其丈夫共同创立了运动品牌Sweaty Betty，主要生产和销售女性运动服，于1998年在伦敦开了第一家专卖店。该品牌的新品运动服款式好看，深受女性顾客的青睐。希尔-诺顿亲自担任品牌的创意总监，不断扩大产品范围，从产品的设计到生产，都由公司独立完成。目前，Sweaty Betty专卖店在英国各地开了60多家，不久前还开到了美国。

斯图尔特·巴特菲尔德
（1973— ）

达尔玛·杰里米·巴特菲尔德（Dharma Jeremy Butterfield）在加拿大一个小镇长大，12岁时改名为斯图尔特·巴特菲尔德（Stewart Butterfield）。2004年，他创建了照片共享网站Flickr。次年，Flickr被雅虎收购，巴特菲尔德继续担任Flickr的总经理，直至2008年才卸任。2009年，巴特菲尔德与他人共同创办了游戏开发公司Tiny Speck。2014年，该公司推出了团队协作办公软件Slack。他将公司也更名为Slack。

凯尔西·拉姆斯登
（1976— ）

加拿大人凯尔西·拉姆斯登（Kelsey Ramsden）在获得了MBA学位之后，当上了Belvedere Place建筑承包公司的总裁。在她的领导下，该公司不断发展，承接了加拿大和加勒比地区的多项大型住宅和基础设施项目。后来，拉姆斯登开了一家自己的房地产开发和物业管理公司，可惜她不幸患上了宫颈癌。从疾病中慢慢康复之后，她于2012年创办了亲子早教用品公司SparkPlay，每月向订购用户邮寄玩具和早教用品套装，鼓励孩子和父母之间进行互动和学习。目前，她担任布兰森创业学院的导师，并开办了自己的管理咨询机构。她还写过一本自传，在其中分享了自己的人生故事和创业经历。

特拉维斯·卡兰尼克
（1976— ）

1998年，美国人特拉维斯·卡兰尼克（Travis Kalanick）从大学辍学，与同学共同创建了文件搜索和传输服务公司Scour。2000年，Scour被收购。次年，卡兰尼克与他人合伙创办了一家新的文件共享公司RedSwoosh；2007年，他以1900万美元的价格卖掉了公司。2009年，卡兰尼克拿着卖公司的钱，与计算机程序员加勒特·坎普共同创办了打车服务公司优步。优步逐步成长为一家全球性公司，2010年，卡兰尼克成为优步的首席执行官。2017年，他在争议声中辞职。2019年，他以25亿美元的价格出售了自己手中剩余的优步股份，并离开了优步董事会。

皮埃尔·安杜兰德
（1977— ）

法国商人皮埃尔·安杜兰德（Pierre Andurand）于2000年就职于高盛，担任石油交易员。2002年，他进入美国银行工作。2008年，安杜兰德与他人共同创立了对冲基金BlueGold。鼎盛时期，BlueGold管理的资产规模高达24亿美元。后来，由于收益率待续走低，该基金于2012年倒闭。接着，安杜兰德又创立了专门从事石油和能源投资的对冲基金——安杜兰德资本（Andurand Capital），此外，他还是荣耀格斗搏击赛事（Glory World Series）推广公司的联合创始人。

朱莉安娜·罗蒂奇
（1977— ）

朱莉安娜·罗蒂奇（Juliana Rotich）出生于肯尼亚，在美国学习了计算机科学。2008年，为了应对肯尼亚选举危机，她与他人共同创立了非营利性平台Ushahidi。该平台利用网络、手机和地理位置等数据，将与暴乱有关的信息以可视化方式呈现在地图上。2013年，罗蒂奇开发了网络连接设备BRCK，使得用户在电力不稳定的地区也可以访问互联网。目前，BRCK 已成为撒哈拉以南非洲地区最大的无线网络提供商，而罗蒂奇则在继续开发其他免费开源软件。

奥斯卡·萨拉查
（1977— ）

奥斯卡·萨拉查（Oscar Salazar）出生于墨西哥，在加拿大卡尔加里大学获得了电信博士学位。上大学时，他遇到了计算机程序员加勒特·坎普。2008 年，坎普告诉萨拉查，他和特拉维斯·卡兰尼克打算共同创业，开一家名为 UberCab 的叫车服务公司。萨拉查帮助他们一起开发了优步应用程序的原型，并获得了公司股权。2011 年，公司更名为 Uber。事实证明，叫车服务利润可观，优步逐渐发展成了一家成功的全球企业。萨拉查离开优步之后，又继续投资并创办了几家科技公司。

马特·弗兰纳里
（1977— ）

2005 年，美国计算机程序员马特·弗兰纳里（Matt Flannery）与杰西卡·杰克利共同创立了非营利小额贷款机构 Kiva。Kiva 致力于为低收入人群发放贷款，主要受众为女性、企业主和学生。2005 年，第一批贷款如期归还，弗兰纳里成为 Kiva 的首席执行官。Kiva 的业务范围覆盖 80 多个国家，总贷款数多达 160 多万笔，总金额超过 13 亿美元。2015 年，弗兰纳里从 Kiva 离职，目前是手机贷款银行 Branch 的首席执行官。

巴尔加夫·斯里·普拉卡什
（1977— ）

巴尔加夫·斯里·普拉卡什（Bhargav Sri Prakash）是一名印度工程师。在美国留学期间，他创办了自己的汽车发动机设计公司 CAD（CADcorporation）。2005 年，他将 CAD 公司卖给了通用汽车（General Motors）。接着，他又创立了 Vmerse 在线游戏平台，帮助大学招生并吸引捐款。2009 年，普拉卡什卖掉了 Vmerse，并于 2011 年创办了 FriendsLearn 公司，旨在利用手机普及公共健康知识。2012 年，该公司推出了应用程序"Fooya!"，旨在通过游戏让孩子们了解营养知识，并鼓励孩子们健康饮食。

凯伊斯·阿尔·孔吉
（1978— ）

凯伊斯·阿尔·孔吉（Qais Al Khonji）出生于阿曼首都马斯喀特。2010 年，他在阿曼开办了自己的凯伊斯联合企业贸易公司（Qais United Enterprises Trading），从中国进口商品。他也是信息技术公司创世国际（Genesis International）的创始人，还创立了创世工程投资公司（Genesis Projects and Investments），分析油价走势，并与阿曼多家大型石化公司开展合作。阿尔·孔吉热心教育事业，积极推动当地的少儿早教项目，并资助阿曼学生到国外大学留学。

肖恩·范宁
（1980— ）

肖恩·范宁（Shawn Fanning）是美国计算机程序员。他还在读高中时，就开始研究互联网的音乐下载及分享服务。后来，他从大学退学，专心开发音乐下载软件。1999 年 6 月，范宁和朋友西恩·帕克（Sean Parker）一起推出了 Napster 软件，很快就收获了数百万用户。2001 年，Napster 因遭到音乐公司的起诉而被迫关闭。2002 年，范宁与他人联合创立了在线音乐公司 Snocap，后于 2006 年离开。他还先后联合创立并出售了 Rupture 和 Path.Com 等两家社交网络服务公司。2012 年，他与帕克再次相聚，并共同推出了视频聊天平台 Airtime.com。

赫尔南·博特博尔
（1981— ）

2005 年，阿根廷人赫尔南·博特博尔（Hernán Botbol）与兄弟和同事共同创立了自己的第一家互联网托管公司 Wiroos Internet Hosting。次年，他们收购了拉丁美洲最大的社交网站塔林加（Taringa!），并由博特博尔出任首席执行官。塔林加在西班牙语地区的注册用户高达 3000 万名。2015 年，博特博尔与比特币托管服务公司 Xapo 联袂推出了新功能，让塔林加用户在发布热门内容时，可以赚比特币。这个名为"塔林加创作营"的系统不仅带动了广告收入，还使用户上传的内容数量几乎翻了一番。

布莱恩·切斯基
（1981— ）

美国人布莱恩·切斯基（Brian Chesky）在美国罗德岛设计学院上学时，认识了乔·杰比亚（Joe Gebbia），并与其在旧金山合租了一套公寓。2007 年，他们开始以"气垫床和早餐"（Airbed and Breakfast）为招牌，将公寓租赁给来这里出差开会的人，为后来的民宿公司爱彼迎（Airbnb）打下了基础。2008 年，二人与朋友内森·布莱沙奇克（Nathan Blecharczyk）正式创办了爱彼迎民宿公司，由切斯基担任首席执行官。爱彼迎从投资人那里获得了启动资金，为住宅业主提供了一个房屋租赁平台，并逐步成长为一家大型全球企业。

乔·杰比亚
（1981— ）

乔·杰比亚（Joe Gebbia）出生于美国亚特兰大，是民宿租赁平台爱彼迎的3位联合创始人之一。2008年，他在旧金山与两位朋友布莱恩·切斯基和内森·布莱沙奇克共同创办了爱彼迎民宿公司。随着公司的民宿业务在全球持续扩张，其业务范围已经覆盖了将近200个国家。杰比亚是爱彼迎的关键成员，负责带领公司的产品设计团队 Samara 不断开发创新项目。2017年，他还亲自设计并推出了一系列组合式家具。

内森·布莱沙奇克
（1983— ）

内森·布莱沙奇克（Nathan Blecharczyk）是波士顿的一名计算机工程师。读高中时，他就创办了自己的第一家信息技术公司。在哈佛读大学时，他一边学习，一边继续编程和开发网站，毕业后当了一名计算机工程师。2008年，他与布莱恩·切斯基和乔·杰比亚共同创办了爱彼迎民宿公司，并为公司开发了第一个网站。在爱彼迎迅速崛起并走向成功的过程中，他牵头组建了数据监控、工程构架和绩效营销等团队，发挥了重要作用。2017年以来，布莱沙奇克一直担任爱彼迎的首席战略官和爱彼迎中国区董事长。

丹尼尔·埃克
（1983— ）

丹尼尔·埃克（Daniel Ek）出生于瑞典，十几岁时就成了一名网站开发人员。大学时，他为了专心发展自己的创业公司而选择辍学。2006年，他将自己的在线广告公司 Advertigo 卖给了瑞典营销公司 TradeDoubler。同年，埃克与 TradeDoubler 的联合创始人马丁·罗伦森（Martin Lorenzon）展开合作，共同打造合法的流媒体音乐服务平台声田（Spotify）。2008年，声田正式上线，利用广告费收入，一边向音乐人支付版税，一边向用户提供免费音乐。在埃克担任首席执行官期间，公司实现了迅速发展，歌单新增了数百万首歌曲，还吸引了大量投资。2018年，声田公司正式上市。

帕维尔·杜罗夫
（1984— ）

帕维尔·杜罗夫（Pavel Durov）出生于俄罗斯列宁格勒（今天的圣彼得堡），父亲是一名俄罗斯学者。2006年，他从大学毕业，创建了面向俄语用户的社交媒体网站 VKontakte（后更名为 VK）。杜罗夫和自己的兄弟一起将 VK 发展成了俄罗斯最大的网站之一。2014年，VK 被俄罗斯互联网公司 Mail.ru 收购之后，杜罗夫辞去了首席执行官一职。目前，他主要经营即时通信公司 Telegram，该公司是他和兄弟于2013年创办的。

戴维·卡普
（1986— ）

戴维·卡普（David Karp）出生于美国纽约。他从很小时就开始编程，曾是互联网论坛 UrbanBaby 的网页开发人员。2006年该论坛被卖出后，他开始做软件咨询工作。2007年，卡普创建了博客和社交网站 Tumblr。在5年之内，Tumblr 就拥有了7000多万名用户，公司的员工人数也增加至100人左右。2013年，雅虎公司出资11亿美元收购了 Tumblr，卡普继续担任 Tumblr 的首席执行官，直至2017年离职。

米歇尔·潘
（1987— ）

米歇尔·潘（Michelle Phan）出生于美国波士顿，后来在佛罗里达州长大。2005年，她开了自己的彩妆博客，制作并发布在线化妆教程。2007年，她又在视频网站 YouTube 上建了一个账号，视频总播放量超过10亿次。2011年，米歇尔·潘与人合伙创办了化妆品电商 MyGlam（后更名为 Ipsy），每月向订购用户邮寄化妆品小样。2013年，她与欧莱雅开展合作，推出了自己的彩妆产品。

菲瓦·恩坎布勒
（1992— ）

菲瓦·恩坎布勒（Phiwa Nkambule）出生于斯威士兰（今天的斯瓦蒂尼），十几岁时就开始帮人修理计算机。2007年，他搬到了南非生活。2014年，他在大学毕业后创办了技术公司 Cybatar。一年后，恩坎布勒又与他人联合创办了 Riovic 公司，为客户在线提供保险解决方案，并通过众筹降低保费。该公司使许多南非人得以首次购买汽车、家庭或医疗保险。恩坎布勒还创建了一个在线众筹平台，帮助学生偿还学费贷款。

卡尔·克罗尼卡
（2000— ）

2014年，14岁的丹麦高中生卡尔·克罗尼卡（Carl Kronika）创办了 Copus 公司，旨在为创业公司提供通信网络解决方案。公司的总部位于哥本哈根附近的欧登塞，主要从事网页设计、视频制作、发布社交媒体活动等业务。刚开始，Copus 公司通过向非营利组织提供免费服务来吸引客户。在创业不到一年时，克罗尼卡又找来一位比自己大5岁的合伙人。随着业务不断发展，公司吸引到更大更知名的客户，比如2017年的新客户丹麦啤酒公司嘉士伯（Carlsberg）。克罗尼卡在担任 Copus 首席执行官的同时，还在继续高中学业。

ACKNOWLEDGMENTS

Dorling Kindersley would like to thank the following; Dr Rachel Doern for content advice, Jess Cawthra for additional design assistance, Sonia Charbonnier, Andy Hilliard, and Gillian Reid for additional production assistance, and;

Proofreader: Debra Wolter
Indexer: Helen Peters
DTP Designer: Rakesh Kumar
Jackets Editorial Coordinator: Priyanka Sharma
Managing Jackets Editor: Saloni Singh

PICTURE CREDITS

The publisher would like to thank the following for their kind permission to reproduce their photographs:

(Key: a-above; b-below/bottom; c-centre; f-far; l-left; r-right; t-top)

1 Alamy Stock Photo: Pictorial Press Ltd. **2-3 Getty Images:** David Paul Morris. **8-9 Alamy Stock Photo:** Interfoto. **10 Getty Images:** DEA / G. Roli / Contributor (Background). **Musei Comunali di Rimini:** Rimini, Museo della Città "Luigi Tonini". **12 Alamy Stock Photo:** World History Archive (clb). **Dreamstime.com:** Roman Egorov (Ribbons); Bernd Schmidt (r). **Getty Images:** DEA / A. Dagli Orti (Florins); Universal History Archive (Crowns); Heritage Images / Hulton Archive (crb). **Musei Comunali di Rimini:** Rimini, Museo della Città "Luigi Tonini" (tc). **13 123RF.com:** Vladimir Yudin / rraven (tc). **Alamy Stock Photo:** Granger Historical Picture Archive (crb). **14 Alamy Stock Photo:** Classic Image. **15 Alamy Stock Photo:** Interfoto. **16-17 123RF.com:** Marek Uliasz. **17 Alamy Stock Photo:** Dpa Picture Alliance (tr). **19 Alamy Stock Photo:** Artexplorer. **20 Alamy Stock Photo:** GL Archive. **21 Alamy Stock Photo:** Pictorial Press Ltd. **22 Alamy Stock Photo:** Ian Dagnall. **24-25 Library of Congress, Washington, D.C.:** LC-USZC4-7217. **25 Dreamstime.com:** Teewara soontorn / Slalomp (tr). **30 Getty Images:** Apic / Hulton Archive. **32 Alamy Stock Photo:** Science History Images. **33 Alamy Stock Photo:** The Print Collector. **34-35 Alamy Stock Photo:** Prisma Archivo. **35 Getty Images:** Bettmann (tr). **37 Alamy Stock Photo:** The Granger Collection. **38 Getty Images:** Niday Picture Library. **39 Library of Congress, Washington, D.C.:** LC-USZC4-4160. **40-41 Alamy Stock Photo:** Unknown. **40 Library of Congress, Washington, D.C.:** LC-USZC4-4160 (tr). **41 Alamy Stock Photo:** Unknown (r). **Getty Images:** Bettmann (tc); Museum of the City of New York / Archive Photos (r). **42 Library of Congress, Washington, D.C.:** LC-DIG-ppmsca-32620. **43 Library of Congress, Washington, D.C.:** LC-DIG-ppmsca-35586. **44 Alamy Stock Photo:** Granger Historical Picture Archive. **46 Alamy Stock Photo:** Granger Historical Picture Archive. **47 Getty Images:** Fotosearch / Stringer (br); Heritage Images / Hulton Archive (cb). **48 Getty Images:** Popperfoto. **49 Getty Images:** Hulton Deutsch / Corbis Historical. **50 Alamy Stock Photo:** Agefotostock. **51 Alamy Stock Photo:** Science History Images. **52 Getty Images:** Apic / Hulton Archive. **53 Library of Congress, Washington, D.C.:** LC-DIG-det-4a19413. **54-55 Alamy Stock Photo:** History and Art Collection. **54 Dreamstime.com:** Teewara soontorn / Slalomp (tr). **57 Library of Congress, Washington, D.C.:** LC-USZ62-68497 (cb). **58 Getty Images:** Heritage Images / Hulton Archive. **60 Courtesy Tata Central Archives. 62 Getty Images:** Transcendental Graphics / Archive Photos. **62-63 Getty Images:** General Photographic Agency / Hulton Archive. **63 Alamy Stock Photo:** Bettmann. **64 Alamy Stock Photo:** The History Collection (tc). **64-65 Alamy Stock Photo:** Imapi History Collection. **67 Getty Images:** Bettmann. **68 Getty Images:** Heritage Images / Hulton Archive. **69 Alamy Stock Photo:** Hi-Story. **70 Getty Images:** Ullstein bild Dtl. **70-71 Dreamstime.com:** Swisshippo (c). **71 Getty Images:** ND / Roger Viollet (c); Print Collector / Hulton Archive (crb). **72 Library of Congress, Washington, D.C.:** LC-DIG-ds-13079. **73 Library of Congress, Washington, D.C.:** LC-USZ62-105139. **74 Getty Images:** Bettmann; Welgos / Stringer / Archive Photos (cla); Vintage Images / Archive Photos (clb); Schenectady Museum Association / Corbis Historical (tr). **Library of Congress, Washington, D.C.:** LC-USZ62-98067 (cl). **74-75 Dreamstime.com:** Maryna Kriuchenko (Railroad). **Getty Images:** Hulton Archive / Stringer (Telegraph poles). **75 Getty Images:** Bettmann (tl); Hulton Archive (tc); Science & Society Picture Library / SSPL (fcrb, crb). **76 Getty Images:** Bettmann. **77 Getty Images:** Hulton Archive / Stringer / Archive Photos. **78-79 Getty Images:** Underwood Archives / Contributor / Archive Photos (cb). **Library of Congress, Washington, D.C.:** LC-DIG-det-4a27964. **78 Alamy Stock Photo:** Martin Bennett (cb/Tractor). **Getty Images:** Fotosearch / Stringer / Archive Photos (cla, fclb); Underwood Archives / Contributor / Archive Photos (cb). **Library of Congress, Washington, D.C.:** LC-DIG-hec-28787 (tc). **79 123RF.com:** Kittisak Taramas (tr). **Dreamstime.com:** Roman Belogorodov (br). **Getty Images:** Bettmann (tc); Underwood Archives / Contributor / Archive Photos (bc, fbr). **80 Getty Images:** Bettmann. **82 Alamy Stock Photo:** GL Archive. **83 Alamy Stock Photo:** Science History Images. **84 Alamy Stock Photo:** The History Collection. **85 Getty Images:** adoc-photos / Corbis Historical. **88 Getty Images:** Bill Ray / The LIFE Picture Collection. **90 Library of Congress, Washington, D.C.:** LC-USZ62-25665. **91 Library of Congress, Washington, D.C.:** LC-DIG-ggbain-35656. **92-93 Library of Congress, Washington, D.C.:** LC-DIG-npcc-30671. **92 Getty Images:** Bettmann (c). **93 Dreamstime.com:** Teewara soontorn / Slalomp (br). **Getty Images:** Francis Miller / Contributor / The LIFE Picture Collection (bc). **94-95 Alamy Stock Photo:** Pictorial Press Ltd. **94 Getty Images:** Lipnitzki / Contributor / Roger Viollet. **96-97 Alamy Stock Photo:** Hugh Threlfall (Chanel pin). **96 123RF.com:** Chris Mouyiaris (bc/Coachman). **Dreamstime.com:** Valentyna Chukhlyebova (br); Isselee (bc, bc/Horse). **Getty Images:** Mark Von Holden / Stringer / WireImage (tc). **97 Getty Images:** Lipnitzki / Contributor / Roger Viollet. **99 Getty Images:** Lipnitzki / Contributor / Roger Viollet. **100 Getty Images:** John Kobal Foundation / Moviepix. **101 Getty Images:** John Springer Collection / Corbis Historical. **102 Alamy Stock Photo:** Everett Collection Inc (ca). **Dreamstime.com:** Irochka (c). **Getty Images:** Bettmann (b); Universal History Archive / Universal Images Group (tr). **102-103 Dreamstime.com:** Gl0ck33 (Filmstrip). **103 Library of Congress, Washington, D.C.:** LC-DIG-ds-13079 (tr). **104 Panasonic. 105 Getty Images:** Bill Ray / The LIFE Picture Collection. **106 123RF.com:** Saranya2908 (l). **Panasonic:** (cl). **107 123RF.com:** Nikola Roglic (ca). **Getty Images:** The Asahi Shimbun (r). **Panasonic:** (cb). **108 Getty Images:** Ullstein bild Dtl. (cb). **109 Getty Images:** Bill Ray / The LIFE Picture Collection. **111 Getty Images:** Mondadori Portfolio. **112 Getty Images:** Bettmann (br). **Library of Congress, Washington, D.C.:** LC-DIG-highsm-12949 (br). **113 Getty Images:** Bettmann. **115 Getty Images:** Bloomberg (Background); Dinodia Photos / Hulton Archive. **116-117 Alamy Stock Photo:** Andrew Oxley. **116 Getty Images:** Bettmann (cb). **117 Getty Images:** Uwe Deffner (tr). **Getty Images:** Howard Sochurek / The LIFE Picture Collection. **Magnum Photos:** (cla). **120 Getty Images:** Steve Dykes / Getty Images Sport. **122 Alamy Stock Photo:** Everett Collection Inc / CSU Archives. **124 123RF.com:** Kittisak Taramas (tb). **124-125 Getty Images:** Terry Fincher / Hulton Archive. **125 Alamy Stock Photo:** Granger Historical Picture Archive (cr). **127 Getty Images:** Ron Galella / Ron Galella Collection. **129 Alamy Stock Photo:** Archive PL. **130-131 Alamy Stock Photo:** The History Collection. **131 Getty Images:** Thomas D. McAvoy / The LIFE Picture Collection. **132 Getty Images:** Mondadori Portfolio (tc). **132-133 Getty Images:** Mondadori Portfolio. **134 Getty Images:** Graham Bezant / Toronto Star. **136 Alamy Stock Photo:** Agefotostock (crb). **Getty Images:** R. Gates / Staff / Archive Photos (tr). **137 Getty Images:** Luke Frazza / AFP. **138-139 Alamy Stock Photo:** Ilene MacDonald (b). **Dreamstime.com:** Beata Becla / Acik (c/fruits). **138 123RF.com:** nito500 (Yogurt). **Dreamstime.com:** Yvdavyd (Bagels). **140-141 Getty Images:** Jack Garofalo / Paris Match Archive. **142 Getty Images:** Jack Garofalo / Paris Match Archive (cr). **Rex by Shutterstock:** Neal Ulevich / AP (c). **142-143 Getty Images:** Science & Society Picture Library / SSPL. **143 Dreamstime.com:** Julynx (cra). **Getty Images:** Clodagh Kilcoyne / Getty Images News (crb). **144 Getty Images:** The Washington Post. **145 Getty Images:** Henry Groskinsky / The LIFE Picture Collection. **146 Alamy Stock Photo:** Tom Bible. **147 Getty Images:** Daniel Acker / Bloomberg. **148-149 Rex by Shutterstock:** Ibl. **149 Getty Images:** Jonathan Nackstrand / Stringer / AFP (Background). **150 Alamy Stock Photo:** Roger Tillberg (cr). **Dreamstime.com:** Ifeelstock (tr); Kettaphoto (br). **Getty Images:** Casper Hedberg / Bloomberg (ftr); Don Werner / The Enthusiast Network (c). **151 Alamy Stock Photo:** ALDI SÜD / Dpa Picture Alliance (cra). **152 Getty Images:** Sven Nackstrand / Staff / AFP. **153 Alamy Stock Photo:** Marka. **154 Alamy Stock Photo:** Independent Photo Agency Srl. **155 Getty Images:** Jean-Claude Deutsch / Paris Match Archive. **156 Getty Images:** Steve Dykes / Getty Images Sport. **157 Dreamstime.com:** Ruslan Gilmanshin. **158-159 123RF.com:** Kchung (Shoe box, Shoe box lid); Sihasak Prachum (Stadium). **158 Alamy Stock Photo:** Alexey Panferov (b, cr); xMarshall (ca/Onitsuka Tiger shoes). **Dreamstime.com:** Sergey Kohl (c/Car). **Getty Images:** Rich Clarkson / Sports Illustrated Classic (cr); Patrick McMullan (tc); Focus on Sport (crb). **159 Alamy Stock Photo:** xMarshall (cb). **Dreamstime.com:** Pojoslaw (cb). **162 Getty Images:** Steve Granitz / WireImage. **164 Getty Images:** Andrew Harrer / Bloomberg. **165 Getty Images:** Adam Dean / Bloomberg. **167 Getty Images:** Christian Liewig / Corbis Historical. **168 Dreamstime.com:** Ilyach (cl); Teewara soontorn / Slalomp (fclb). **Getty Images:** John van Hasselt / Sygma (crb); Noah Seelam / Stringer / AFP (cb, bc). **168-169 123RF.com:** Kolesnikov90 (Palm trees). **Dorling Kindersley:** Amit Pashricha / Avinash Pashricha (Path). **169 Getty Images:** Chip HIRES / Gamma-Rapho (cb); Viviane Moos / Corbis Historical (cb); Farjana K. Godhuly / Stringer / AFP (bc); Michael Loccisano (tr). **170 Alamy Stock Photo:** Christopher Pillitz. **171 Alamy Stock Photo:** David Pearson / AFP. **172 Getty Images:** Martin Spurny (Recycle sign). **Dreamstime.com:** 7xpert (c). **Getty Images:** Georges Gobet / AFP (cla); Edward Wong / South China Morning Post (bc). **173 Dreamstime.com:** Teewara soontorn / Slalomp (c). **Rex by Shutterstock:** Times Newspapers (cr). **174 123RF.com:** Martin Spurny. **175 Getty Images:** Staff / Mirrorpix. **176 Alamy Stock Photo:** Photo 12. **177 Getty Images:** Terry O'Neill / Iconic Images. **179 Getty Images:** Dickson Lee / South China Morning Post. **180 Alamy Stock Photo:** Angus Lamond. **Dreamstime.com:** Jeremy Swinborne (l). **182 Alamy Stock Photo:** Adrian Sherratt. **184 Alamy Stock Photo:** Razorpix (fcr). **Dorling Kindersley:** Museum of Design in Plastics, Bournemouth Arts University, UK (cr). **Getty Images:** Michael Nagle / Bloomberg (l). **184-185 Dreamstime.com:** Zoya Fedorova. **185 Alamy Stock Photo:** Frankie Angel (c); Hugh Threlfall (cla, tc); Alistair Heap (crb). **Getty Images:** Alex Tai / SOPA Images / LightRocket (cr). **186-187 Getty Images:** Chalkie Davies / Premium Archive. **187 Getty Images:** Fairfax Media Archives (Background). **188 Alamy Stock Photo:** James Jagger (cra); Jan Palmer (cb). **Getty Images:** Simon Dawson / Bloomberg (cla); Chris Ratcliffe / Bloomberg (c); Chris Jackson (cr); Fairfax Media Archives (tr). **188-189 Dreamstime.com:** creativecommonsstockphotos; Sdbower (Turntable). **Getty Images:** Oli Scarff / Getty Images News (c/Train). **189 Getty Images:** David Paul Morris / Bloomberg (cl). **191 Getty Images:** John Downing / Hulton Archive. **192 Alamy Stock Photo:** Wenn Rights Ltd. **194 Getty Images:** George Osodi / Bloomberg. **195 Getty Images:** Bandeep Singh / The India Today Group. **196 Getty Images:** Daniel Acker / Bloomberg. **198 Dreamstime.com:** Teewara soontorn / Slalomp (cra). **199 Getty Images:** Jeff Haynes / AFP (clb, ca, cr); Stephen Hilger / Bloomberg (c). **199 Getty Images:** Jeff Haynes (cr); Neil Rasmus / Patrick McMullan (tr). **200-201 Getty Images:** Steve Granitz / WireImage. **202 Dreamstime.com:** Akkaranant (ca/TV). **Getty Images:** Jamie McCarthy / WireImage (cla, ca). **202-203 Dreamstime.com:** Monkey Business Images. **203 Getty Images:** Jim Spellman (tr). **205 Getty Images:** Andrew Chin. **206 Alamy Stock Photo:** Imaginechina Limited. **207 Alamy Stock Photo:** Imaginechina Limited. **210 Getty Images:** Chesnot. **212-213 Getty Images:** Elsa. **213 Alamy Stock Photo:** Craig Joiner Photography (Background). **214 123RF.com:** Agnieszka Murphy (cl). **Dreamstime.com:** Scott Winer / Rewniwimagery (cr). **215 123RF.com:** Sergey Nivens (b). **Alamy Stock Photo:** Dpa Picture Alliance Archive (cl); IndiaPicture (tr). **216 Getty Images:** David Paul Morris. **218 Getty Images:** Phillip Faraone (tr). **218-219 Getty Images:** Apic / Hulton Archive. **219 Getty Images:** Ty Wright / Bloomberg (cl). **221 Getty Images:** Justin Sullivan. **223 Getty Images:** Ron Galella, Ltd. / Ron Galella Collection. **224 Getty Images:** Wei Leng Tay / Bloomberg. **227 Getty Images:** Jim Bennett. **228 Dreamstime.com:** Julynx (clb). **Getty Images:** G Fiume (tc). **231 Alamy Stock Photo:** Imaginechina Limited. **232 Getty Images:** Tibrina Hobson. **234 Getty Images:** Visual China Group. **235 Getty Images:** Fabrice Coffrini / AFP. **236 Dreamstime.com:** 7xpert (cra). **Getty Images:** Wang HE (cb). **236-237 Getty Images:** China Photos. **237 Getty Images:** David M. Benett (tr). **238 Getty Images:** STR / AFP. **240 Getty Images:** Emmanuel Dunand / AFP; Matthew Horwood (Background). **241 Getty Images:** Saul Loeb / AFP. **242 Alamy Stock Photo:** WorldFoto. **243 Getty Images:** Marlene Awaad / Bloomberg. **245 Getty Images:** David Paul Morris / Bloomberg. **246 Alamy Stock Photo:** Imaginechina Limited. **247 Getty Images:** KK Ottesen / The Washington Post. **248 Getty Images:** Noah Berger / Bloomberg (fcrb). **260 Getty Images:** Drew Angerer. **Getty Images:** Brian Ach (fcrb); David Paul Morris / Bloomberg (crb). **252 Getty Images:** JB Reed / Bloomberg. **254-255 Getty Images:** James D. Wilson / Liaison Agency / Hulton Archive. **255 Getty Images:** Norm Betts / Bloomberg (tr). **256 Getty Images:** 258 Alamy Stock Photo:** Imaginechina Limited (tr). **Getty Images:** Bertrand Rindoff Petroff / French Select (tc). **258-259 Alamy Stock Photo:** Imaginechina Limited (Background). **259 Alamy Stock Photo:** Imaginechina Limited (cb). **Getty Images:** Glenn Chapman / AFP (crb); Gilles Sabrie / Bloomberg (cb); Giulia Marchi / Bloomberg (fcrb). **260 Getty Images:** Drew Angerer. **261 Neuroelectrics:** Daniel Loewe. **262 Getty Images:** Ollie Millington / WireImage. **264 Alamy Stock Photo:** Newscom (tc). **264-265 123RF.com:** Olaf Herschbach (b). **Dreamstime.com:** Ollie Millington / WireImage. **265 Dreamstime.com:** Maksym Yemelyanov (t/Speakers). **266 Alamy Stock Photo:** Allen Creative / Steve Allen. **267 Alamy Stock Photo:** Alex Mateo. **268 Alamy Stock Photo:** Konstantin Shaklein (cl, tl). **269 Getty Images:** Nicholas Kamm / AFP (cb). **270 Getty Images:** Samir Hussein. **271 Getty Images:** Paul Morigi. **272 Getty Images:** Rune Hellestad / Corbis Entertainment (cb). **273 Getty Images:** Joe Kohen / WireImage. **274-275 Getty Images:** Visual China Group. **276 Alamy Stock Photo:** Imaginechina Limited. **276 Dreamstime.com:** Mohamed Ahmed Soliman (cr). **Getty Images:** Sean Dempsey / WPA Pool (tc). **277 123RF.com:** Vasilis Ververidis (b). **Dreamstime.com:** Ilia Burdun (crb); Teewara soontorn / Slalomp (tcr). **278 Getty Images:** Rafael Henrique / SOPA Images / LightRocket (cr); Anthony Kwan / Bloomberg (cla). **279 Getty Images:** Qilai Shen / Bloomberg. **281 © KeepCup. 282 Dreamstime.com:** Dan Bar (Cups). **Getty Images:** Marc Grimwade / WireImage (tl). **283 123RF.com:** Kittisak Taramas (tr). **© KeepCup:** (cl). **284-285 Getty Images:** James Leynse / Corbis Historical. **286 Alamy Stock Photo:** Gordon Shoosmith (cr). **Getty Images:** Kim Kulish / Corbis Historical (tc). **288 Alamy Stock Photo:** CoinUp (b); Trevor Collens (tl). **290 Alamy Stock Photo:** John Davidson Photos. **292-293 Dreamstime.com:** Scanrail. **292 Getty Images:** Stephen Yang / Bloomberg (c). **293 123RF.com:** Alhovik (tl/Masks); Jakub Krechowicz / sqback (tl). **Alamy Stock Photo:** M4OS Photos (b). **Dreamstime.com:** Draghicich (c); Ml12naan (crb). **294-295 Dreamstime.com:** Kiyoshi Ota / Bloomberg. **295 Getty Images:** Stefano Montesi / Corbis News (br). **296 Getty Images:** Kevin Mazur. **297 Getty Images:** Larry Busacca / PW18. **298 Dreamstime.com:** Teewara soontorn / Slalomp (bl). **Getty Images:** Jamie McCarthy (tc). **300-301 Alamy Stock Photo:** Chesnot. **300 Getty Images:** Rick Friedman / Corbis News. **302 Getty Images:** Glenn Chapman / AFP. **303 123RF.com:** Kittisak Taramas (br). **Alamy Stock Photo:** Tobias Hase / Dpa Picture Alliance (tr). **305 Getty Images:** Emmanuel Dunand / AFP. **306 Alamy Stock Photo:** Jeff Gilbert

All other images © Dorling Kindersley
For further information see: www.dkimages.com